빅데이터 시대에 10대가 꼭 읽어야 할

콘텐츠력을 키우는 고전소설 3

초판 인쇄일 2026년 3월 30일
초판 발행일 2026년 4월 13일

지은이 임제 외
펴낸이 김순일
펴낸곳 주니어미래
신고번호 제2024-000016호
주소 경기도 고양시 덕양구 삼송로 222, 현대헤리엇 업무시설동(101동) 301호
전화 02-715-4507
팩스 02-713-4805
이메일 mirae715@hanmail.net
홈페이지 www.miraepub.co.kr
블로그 blog.naver.com/miraepub

ISBN 978-89-7299-594-4 (44140)
ISBN 978-89-7299-565-4(세트)

주니어미래는 미래문화사의 청소년 브랜드입니다.

빅데이터 시대에 10대가 꼭 읽어야 할

콘텐츠력을 키우는 고전소설 3

임제 외 **지음**

미래문와사
MIRAE

일러두기

1. 중요한 내용만 발췌하고 나머지 줄거리는 짧게 실은 부분이 있습니다.

2. 한자가 많아서 지나치게 어려운 부분은 다소 쉽게 풀어 썼습니다.

3. 각 작품의 뒤에는 작품 소개와 작품 해설, 단어 해설이 있습니다.

4. 어려운 단어나 한자어는 각 작품의 마지막에 달아두었습니다.

차례

계축일기 癸丑日記

작자 미상

《서궁록》[1] 제1권

임인년[2]에 중전[3]께서 잉태하셨다는 이야기를 듣고 유가[4]가 중전을 놀라게 하여 낙태하시게 할 양으로 대궐 안에 돌팔매질도 하고 궐내 사람들을 움직여 나인들의 변소에 구멍을 뚫고 나무로 쑤시며 강도가 들었다고 소문을 내니, 이때 궁중에서도 유가를 의심하는 바 없지 않았다. 계묘년에 중전께서 공주를 낳으셨다. 그런데 대군을 낳으셨다고 유가는 잘못 듣고 아무런 대답도 않고 있다가 공주를 낳으셨다는 것을 알게 된 뒤에야 무엇을 주더라니, 이로 미루어 보아도 얼마나 중전을 미워했는지 알 만하지 않은가.

그 후 병오년[5]에 대군[6]을 낳으셨다는 소식을 듣고 유자신은 집에서 음흉한 생각을 한 나머지, 적자가 태어났으니 동궁[7]의 자리가 위태롭다며 동궁을 모시고 있는 권세 있는 신하들과 정인홍에게 동궁을 위하여 굿도 하고 점도 치도록 하라고 하였다. 그리고 한편으로는 임해군[8]이 자식이 없으니 임해군으로 세자를 삼았다가 대군에게 전하려 하신다는 소문을 냈다. 광해군을 세자로 봉한다는 사연을 중국 황제에게 주청하기를 재촉했다.

그러나 상감께서는, "둘째 아들을 세자로 세움은 집과 나라가 한가지로 망하는 일이니, 중국 황제는 온 천하에 법을 펴고 다스리는 마당에 한 조정을 위해 이런 처사를 허용하지 못할 것이라"라고 하셨다.

그러다가 선조께서 병환이 나셨을 때 정인홍 등으로 하여금 상소를 올리게 하였다.

"유영경[9]이 임해군을 위하여 광해군 세자 책봉을 주청하지 않으니 유영경의 머리를 베소서."

상감의 뜻에 거슬리는 상소로 그지없이 광포狂暴한 것이었다. 상감께서는 이 상소문을 보시고 분을 이기지 못해 인홍 등을 귀양 보내라고 전교하시고 운명 하셨다. 승하하실 때 광해군에게 다음과 같은 유교를 내리셨다.

"참언이나 모함하는 일이 있어도 마음에 두지 말고 어린 대군을 가엾게 생각 하라."

이로 보아도 대군이 왕위에 오르시게 할 생각이 없었음이 분명하건만 주위에 이간질하는 사람이 있어서 임해군을 없앨 계책을 꾸미곤 하였다.

광해군이 어렸을 때부터 불민不敏하다고 여겨왔으면서도 임진왜란 때 광해군 을 왕세자로 정하시고는 항상 교훈하시고 전교를 내리시지만 도무지 순종하는 일이 없어, 상감께서 타이르시면 도리어 원수처럼 생각하니 상감께서는 마땅치 않게 생각하셨다.

"자식이 되어서 어버이에게 하는 도리가 어찌 저럴 수 있으리오?"

그러던 참에 돌아가신 의인왕후[10]의 장례도 마치지 않았는데 후궁의 조카를 데려다가 첩을 삼으려 하므로 상감께서 꾸짖으시고 허락하지 않으셨다.

"못 한다. 어째서 부덕한 일을 하려 하느냐?"

광해군은 그 일을 두고두고 원망하다가 병오년에 큰 화를 일으켰을 때 상감 을 속이고 들어가서 후궁을 위협하고 나인을 보내 조카를 빼앗아 갔던 것이다.

“내가 하는 일을 상감께 아뢰거나 조카를 주지 않거나 하면 후일에 삼족을 멸할 것이니 그리 알아라.”

상감께서 그 일을 들으시고 아주 추잡한 일로 여기시고 이르시되, “어린 계집 하나가 무엇이 귀하다고 아버지까지 속이고 데려가니 흉악한 뜻이로다”.

그 후 병오년에 대군이 태어나면서부터는 대군을 없앨 마음을 품다가 대군이 점점 커감에 따라 큰 변을 일으켜서 갑작스럽게 없앨 계책을 유가와 의논하곤 하였다.

정인홍 등이 미처 귀양까지 가지 않았는데 상감께서 운명하시니 광해군은 그날로 궁궐로 불러들여 절차를 밟지 않고 그들에게 벼슬을 주고, 곧이어 형님인 임해군을 외척으로 몰아 사헌부와 사간원에 죄목을 꾸며 올리도록 하고는 그 문서를 보이며 임해군에게 말하였다.

“이제라도 대궐에서 나가면 죄를 벗을 수가 있지만 궐내에 그냥 머문다면 죄가 더 무거워질 것이니 빨리 나가도록 하시오.”

임해군이 대궐 밖으로 나가니, 미리 잠복해 있던 군사들이 달려들어 교동으로 귀양 보내 감금해버렸다.

이때 명나라 사신이 임해군에 대한 사실을 조사하기 위해 서울에 들어오니, 그는 임해군에게 말했다.

“몸을 못 쓰는 체하면 처자와 함께 살도록 해주겠거니와 만일 명령대로 하지 않는다면 죽이겠다.”

임해군은 명령대로 하였다. 그러나 명의 사자가 돌아가자 광해군은 독약을 내려 임해군을 죽였다. 임해군을 죽일 때 광해군은 대군도 함께 죽이려고 하였으나, 조정에서 시비가 벌어지길, “지금 강보에 싸여 있는 어린 몸이고 또 형제를 둘씩이나 함께 죽인다는 건 어려운 노릇이오”라고 하여 그만두었다.

그러나 드디어 난을 일으키고야 말았다. 임자년 겨울에 유자신의 아내 정씨가 대궐에 들어와 딸과 사위 셋이 머리를 맞대고 사흘 동안 자정이 넘도록 의논하였다. 계축년 정월 초사흘부터 저주를 시작하되, 털이 하얀 강아지의 배를 갈라 들여오며, 사람을 쏘는 그림을 바깥의 사람들이 다니지 않는 곳과 또 담 너머와 대전의 책상 밑이며 베개 밑에 놓기로 한 것이었다.

4월에는 유가, 이이첨, 박승종 등 심복들과 꾀하여 대비의 친정아버지요 대군의 외조부이신 김제남이 광해군을 몰아내고 대군을 왕위에 앉히려고 한다는 소문을 퍼뜨리고, 사형수 박응서를 달래 이러이러하게 대답하면 살려주겠다고 꾀었다. 박응서가 그들이 시키는 대로 김제남과 함께 대군을 왕으로 세우기 위해 역적모의하였다고 거짓 자백을 하게 했던 것이다. 이리하여 김제남과 그 아들 그리고 많은 나인을 역적으로 몰아 죽이고 마침내 대군을 끌어내려고 하였다.

"조정에서 대군을 내놓으라고 성화입니다. 처음엔 듣지 않으려고 고집했지만 이제 와서 조정이 노하니 하는 수 없습니다. 그 노여움을 풀어주기 위하여 잔치에 참석케 하려 하니 잠깐 문밖에만 내보내어 노여움을 풀게 해주소서."

내관의 전언을 들은 윗전께서는 말이 하도 흉측스러워 차마 바로 듣지를 못하시고, 모시는 이들도 마음이 그지없이 산란하여 가슴이 미어지는 듯하였다. 그러나 말에 대답하지 않을 수 없어 입을 열었다.

"이 세상에서 저지르지도 않은 큰 변을 만나 아버님과 동생을 죽이셨으니 내 자식의 일로 인하여 어버이께 큰 불효가 되어 세상에 용납되지 못하게 되었습니다. 그건 그렇다 치고 대군이 나이가 들어 제법 철이라도 났다면 자식을 내주고 어버이를 살려달라 하는 게 옳지만, 이제 내 슬하를 떠나지 못하며 동서도 분간치 못하는 여덟 살 어린애니 애초에 대군을 데려다 종으로 삼아 제 명이

나 다하게 하시고, 아버님과 동생을 살려주십사 하며 내 머리털을 친히 베어 친필로 글월을 써서 보냈건만 받지 않으시고는 이제 와서 어찌 이런 말씀을 하십니까? 어린애가 어찌 알기나 할 노릇이며, 어른의 죄가 아이한테 당키나 합니까?"

광해군이 대답하길, "선왕께서 불쌍히 여기라고 하신 유교도 계신 터이고 대군에 대해선 아무 염려 마십시오. 머리털은 두지 못할 것이니 도로 드리는 것입니다".

이에 대비께서 말씀하셨다.

"아버님께서 돌아가신 일을 생각하면 간장이 미어지는 것 같으나 나라의 법이 중하여 내 마음대로 살려드리지 못했습니다. 그러나 이 아이는 선왕의 유자[11]인 만큼 그래도 좀 생각을 해주실까 했는데 새삼스럽게 그런 말씀을 하시니 말의 앞뒤가 맞지 않음을 생각할 때 서러울 따름입니다. 어린애를 어디다 감추어두겠습니까? 내가 품에 안고 함께 죽을지언정 내보낸다는 건 차마 못할 노릇입니다."

그러자 광해군은 또 글월을 써 보냈다.

'아무려면 아이더러 아는 노릇이냐고 족치겠습니까? 아무튼 문밖으로 비접[12]을 나는 일도 예부터 있는 일이니, 그 정도로 여기시고 좀 내보내주십시오. 조정에서 하도 보채어 그들의 마음을 풀어주려는 노릇일 뿐입니다. 대군에게 해로운 일이 있을까 하는 근심은 조금도 마십시오.'

이에 윗전은 대답하였다.

"내 낯을 봐서가 아니라 대전도 선왕의 아드님이시고 대군 또한 아들이니 정을 생각해서 설마 해할 리야 있겠습니까? 그러나 대군의 나이 열 살도 못 되었고 대전도 아시다시피 한 번도 대궐 밖을 나가본 일이 없으니 어디다 숨겨두겠습니까? 선왕을 생각해서 인정을 베풀어주십시오."

"문밖에 내주십사 해놓고 설마하니 먼 곳으로 떠나보낼 리야 있겠습니까? 이 서소문 밖 궐내 가까운 곳에 벌써 거처할 집을 정해놓았습니다. 궐내에 두면 조정에서 계속 성화같이 보챌 것이니 내보내어 그들의 마음을 시원하게 해주는 게 대군에게도 좋은 일입니다. 어련히 잘 보살피겠습니까? 거짓말을 하는 게 아닙니다. 이 말을 철석같이 믿으시고 부디 내보내주십시오."

"여러 번 이렇게 말씀하시니 서러운 중에도 감사합니다. 선왕을 생각하고 옛날에 국모라 하시던 일을 생각해서라도 대전께서는 다시 한번 고쳐 생각하십시오. 사람이 자식을 많이 두어도 하나같이 다 귀여운 법인데, 두 어린애를 두고 선왕께서 돌아가셨으니 내 그때 바로 죽었을 것이나 어미의 정으로 차마 어린것들을 버려두고 죽을 수 없어 지금까지 목숨을 연명해왔습니다. 그런데 오늘날 또 이런 일을 당함은 대왕을 위하여 죽지 않고 살아남은 죗값인가 합니다. 죽을지언정 차마 어린것을 혼자 내보낼 수는 없습니다. 나도 따라가게 해주신다면 함께 가겠습니다."

그러나 광해군은 듣지 않았다.

"그 말씀은 옳지 않습니다. 대군이 궐내에 있으면 오히려 조정에서 노하여 죽여버리고 말 것입니다. 나는 전[13]을 보나 대군을 보나 서로 좋도록 하려 했는데 끝내 이토록 들어주시지 않으니, 그렇다면 나도 내 마음대로 할 수 없으니 조정에서 하는 대로 할 뿐입니다. 이제라도 내보내주시면 살 수 있도록 하겠거니와 거역하고 내보내주지 않으신다면 살지 못합니다."

그리고 내관을 시켜 다시 말을 전하였다.

"어서 내놓도록 하십시오. 지체하면 그만큼 죄가 더 커집니다."

이렇게 되자 더 이상 버텨도 소용없을 줄을 아시고 윗전은 대답하셨다.

"이 설움을 어디다 견주어 말할 수 있으리까마는 대군을 곱게 있게 해주마고 벌써 여러 날을 두고 말씀을 전하신 터이니 그 말을 믿고 내보내겠습니다."

그리고 살아남은 두 어린 동생을 부탁하였다. 이에 광해군은 기꺼이 대답하였다.

"두 동생은 고이 살게 하겠습니다. 대군을 빨리 내보내주십시오. 종이며 그릇이며 궐내에 있던 대로 갖추어 보내십시오. 비접을 나가는 것이니 오히려 편안하고 좋을 것입니다. 날마다 안부 전하는 사람을 드나들게 하겠습니다. 먹을 것도 보내십시오. 하시고자 하는 일은 다 들어드리겠습니다."

이런 일이 있은 다음 날 장정 내관 여남은 명이 안으로 몰려와 사잇문을 여니, 안에 있던 나인들은 하도 두려워 구석구석에 몸을 웅크리고 있었다. 그러자 그들은 침실에 올라앉으며 말하였다.

"무엇이 부족하며 무엇이 마땅치 않아 이런 일을 저지르시는고? 대군 곁에 돈이 없던가, 명례궁明禮宮[14]에 돈이 없던가? 대비의 칭호라도 바치시고 대군을 살리려 하실 일이지 어찌하여 이런 역모를 하실꼬? 어린애가 뭘 알까마는 일을 저질렀으니 뉘 탓으로 돌릴꼬? 어서 대군을 내보내소서."

말이 하도 흉악 망측스러워 사람이 차마 들을 수가 없었다. 하도 말 같지 않아 윗전이 잠자코 있으려니 그들은 또 꾸짖는 것이었다.

"다 옳은 말을 했으니 무슨 할 말이 있다고 대답하겠는가? 여러 말씀 안 하시는 걸 보면 정말 우리의 말이 옳군그래. 너희 나인들이 대군을 어서 나시게 해야지, 만약 그렇지 않고 지체하여 더디 내보내시게 한다면 너희 나인들은 모조리 죽임을 당할 것이니 그리 알아라."

윗전께서는 인사불성이 되어 돌아가실 뻔하다가 겨우 정신을 차리시고 곁에서 부축하는 나인 우두머리 네댓 사람을 들어오라 하셨다.

"너희들도 사람의 탈을 썼으면 설마 나의 애매함을 모르지 않겠지? 내가 무신년에 죽지 않고 살아온 것은 대전이 선왕의 아드님이시기에 두 아이를 의탁하여 편안히 살게 해줄까 함이었는데, 여러 해를 두고 하루도 마음 편할 날이 없이 근심으로 살아왔거니와 이제 흉적에 의해 이 세상에서 용납할 수 없는 대역이란 죄명을 뒤집어쓰게 되었으나 하늘이 알지 못하여 이토록 애매한 처지를 변명조차 안 해주니 내가 무슨 말을 한단 말이냐? 이제 밖으로는 아버님과 동생을 죽였고 안으로는 나를 받들던 나인들을 죽였으니, 이 어린것의 몸에 죄가 미칠 까닭이 없겠건만, 또 대군을 내놓으라고 강요하니 차라리 내가 저희 앞에 바로 죽어서 이런 기막히고 서러운 말을 듣고 싶지 않다, 했더니 대전이 은근한 말로 회유해 오기에 그 말을 철석같이 믿고 대군을 내보내기로 했거니와, 두 어린 동생만은 놓아주셔서 어머니를 모시게 해주신다면 대군을 내보내련다. 이 말대로 대전과 내전에 전하도록 해라."

"그렇게 말씀하시지 않더라도 대전께서 어련히 알아서 잘하시겠습니까? 속히 내보내도록 해주십시오."

윗전이 애통해하며 대군을 내보내지 못하고 시간을 끌자, 금부 하인들이 밀고 들어와 대군을 업고 나갔다.

그 후 한 달 만에 대군 아기는 강화로 옮겨 가게 되었다. 그런데 미리 알려주지도 않고 늦도록 안부 전하는 사람도 찾아오지 않으므로 윗전께서는 수상히 여기시고 근심하시는 것이었다.

"어째서 오늘은 여태껏 안부도 알려 오지 않는고? 필시 무슨 까닭이 있도다. 아무든지 높은 데 올라가 궁 밖 길의 동정이나 살피고 오너라."

밀령을 받고 한 사람이 전에 침실로 썼던 다락 근처에 올라가 바라보니 사람들이 돈의문을 빙 둘러싸고 있었다. 성 위로 올라가 굽어보니 화살을 차고 창과 칼을 가진 사람이 수없이 많고 말을 탄 사람도 많았다. 이제 죽이려나 보다 하고 내려와 바깥사람들이 길 닦는 곳이 있기에 거기 가서 물어보고서야 대군을 강화로 옮긴다는 사실을 알게 되었다.

윗전께서는 나인을 시켜 내관에게 말하였다.

"안부는 언제고 알 수 있게 해준다더니 벌써 여러 날째나 안부를 알 수 없으니 어디 가 있으며 어찌 언약과 다른가? 먹을 것을 마음대로 보내라 하셨기에 임금으로서 설마 속이랴 했더니 이제 와서 보면 속인 게 분명하니 간 곳이나 일러라."

그러나 대답조차 없었다.

대군이 아직 밖으로 안 나가셨을 때였다. 대군은 김 상궁에게 업혀 슬픔을 이기지 못하니 우시면서 말씀하셨다.

"내 발을 씻겨라. 목욕도 시켜다오."

김 상궁이 물었다.

"무슨 일을 하시려고 목욕을 하시렵니까?" 하자 대군은 슬피 흐느껴 우셨다. 그래서 김 상궁이 다시 물었다.

"무슨 일로 그렇게 슬피 우십니까?"

"오늘이 며칠이야?"

"날은 알아서 무엇 하시렵니까?"

"알 만한 일이 있어 그렇다."

이렇게 대답하고는 대군은 더욱 서럽게 우셨다. 그래서 좌우의 사람들이 수상히 여기고 있었거니와 바로 그날 대군을 끌어내 갔던 것이다.

그날은 6월 스무하룻날이었다. 대군은 정신이 기특해서 당신에게 닥칠 화를 아신 것 같았다.

윗전께서는 더욱 서러워서 곡기를 끊고 밤낮 서럽게 우는 것으로 세월을 보내시더니, 주위에서 하도 권하는 바람에 콩가루를 냉수에 풀어 간장 종지로 잡수시고 그것도 하루에 한 번씩도 안 잡수시면 변 상궁이 울며 간절히 아뢰었다.

"목이나 적시시고 우십시오."

그러면 겨우 두어 번씩 마시는 것이었다.

계축년, 갑인년, 을묘년까지는 꿀물에 콩가루 탄 것을 하루에 한 번씩만 잡수시더니 문안을 오는 내관더러 말씀하셨다.

"대군의 기별을 알고 싶구나."

그러나 아무리 말씀을 하셔도 내관은 들은 체도 않는 것이었다.

안으로 장정 나인 10여 명과 바깥에 장정 내관을 보내는 일은 윗전께서 대군을 데려오시려고 밖에 나가실까 하는 염려에서인 것이었다. 그래서 문을 다 밀어서 닫고 사잇문도 탕탕 소리나게 닫아버렸다. 그리고 아기 나인들이 혹시 울기라도 할 것 같으면 은덕이, 갑이 등이 욕설로 꾸짖으며 때렸다.

"요년들, 대군이 죽든지 살든지 네년들이 무슨 상관이 있느냐? 네 어미나 아비가 죽거든 울어라. 대군을 위해 울 까닭이 어디 있느냐? 우는 눈구멍에 재나 집어넣을까 보다."

달포가 다 되어가도 대군을 강화로 옮겼다는 말을 안 해주므로 기별을 들을 길이 없어 그들은 그렇게 서러워하였던 것이다.

그런 중에도 한편 윗전은 본가의 노모가 살아 계신지 어쩐지 통 알 수가 없어 문안 오는 내관에게 물었다.

"문을 열어 노모의 생사에 대한 기별이나 듣고 죽게 하여라."

그러나 임금의 명을 받은 내관은 아무런 대답도 안 했다. 그러다가 윗전께서 부탁을 임금께 아뢰었다. 그러자 임금은 내관을 시켜 꾸짖는 것이었다.

"역적의 집이란 것은 삼족을 멸하게 그 집을 부수고 못 살게 하는 법이다. 하건만 내 굳이 고집하여 누르고 내수사에 일러 양식이나마 들여보내도록 했다. 그런데도 이렇게 지나치게 문 열고 기별을 듣고 싶어 하시게 하느냐? 너희들 나인이 붙어 앉아서 어버이의 기별이나 들으시라고 보채니까 그러시는 게 아니냐? 다시 말을 하면 너희들을 다 죽일 것이니 다시는 말하지 말아라."

또 이해 가을에 윗전께서 문을 열어달라고 날마다 내관에게 일러 보채시니 처음 한 번은 들은 체를 않다가 내관에게 전언하는 것이었다.

"그렇다고 한두 해를 닫아두며 3년을 닫아두겠느냐? 잡지 못한 죄인을 마저 잡으면 문을 열어주마."

탄일이 되어 내전에서 별문안 드리는 내관을 보내시니 윗전께서는 또다시 말씀하셨다.

"나도 사람이요 내전도 사람이니 사람의 정은 한가지인 줄 압니다. 모든 일에 그저 탈만 잡고 어버이, 동생이며 다 끌어내 죽였고, 대군마저 데려가더니 어디로 갔단 말도 없으니 그 서러움이란 비길 데가 없습니다. 그러나 모진 목숨이 죽지를 못하고 살아서 노모의 안부나 듣고자 밤낮으로 바라고 있으니 문을 열어 안부나 듣고 죽게 주선해주시면 지하에 가서도 잊지 않을 것이요, 죽어도 눈을 감고 죽을 수 있겠습니다."

그러나 그 대답이 없었다.

이해 정초에도 문안 내관을 통하여 또다시 간절히 빌었으나 역시 대답이 없었다. 그렇게 되자 마음을 달리 잡수신 윗전께서는 나인들을 보고 이렇게 말씀하셨다.

"설움을 끈기 있게 견뎌라. 나는 나라의 어른으로서 남에게 잡힌바 인질이 되어 본가의 안부도 모르고, 잠시도 떠나지 않고 내 곁에 있던 대군을 내주었으니 어찌 분하고 서러우며 답답하지 않으랴. 그러나 어지럽게 내관더러 통사정하지 말고 나나 너희들이나 답답함을 꿋꿋이 견디자. 너무 그러다가 도리어 화를 입을까 두렵기 때문이다. 조심하자.”

나인 중환이와 경춘이라는 하인은 예부터 입궐하여 살고 있었다. 임자년 6월 18일은 왕자 되시는 경평군[15]의 생일인데, 소주방 하인이 진지 받으러 간 틈을 타 중환이는 망을 보고 경춘이는 잠근 문고리를 뜯고 바리[16]를 내다가 조정의 밀정인 나인 가히에게 주고 오니 사람들이 모두 수군거렸다.

“경춘이와 중환이는 한통속이다.”

그러나 침실 상궁들은 말을 안 하니 뉘라서 그 소문을 낼 수 있으랴. 그들은 닥치는 대로 물건을 훔치는 한편, 밤이면 사잇문을 열고 들어가서 윗전의 모든 동정을 알아다가 가히에게 낱낱이 보고하였다.

우리는 그들이 그렇게 어울려 사귀는 줄을 몰랐는데, 계축년 변이 일어나자 그들은 그렇게 될 줄을 미리 알고 가히의 심복이 되고서도 우리가 보는 데서 아주 슬픈 체하고 다녔던 것이다.

계축년 동짓달이었다. 이렇듯 엉큼한 중환이는 윗전께 아뢰었다.

“대군이 살아나시고 닫힌 문이 쉽게 열리게 하실 방도를 취하셔야지, 이렇게 손들고 앉아만 계시면 어찌합니까? 경을 읽어보시면 좋을 것 같습니다.”

“경이란 것은 무엇보다 정성을 들인 것이라야 덕을 입는다 하는데, 모든 사람의 마음이 산란하고 내 마음도 주야로 슬픔에 잠겨 있으니 무슨 효험이 있겠느냐? 그만두도록 해라.”

윗전께서 말리셨으나 중환이는 다시 열심히 아뢰었다.

“전교는 마땅하오나 덕을 입어 문이 쉽게 열리고 본가댁과 아기씨의 기별을 쉽게 들을 수 있으시도록, 앉아서 괴로워만 할 게 아니라 읽어보겠습니다.”

그러자 윗전께서는 너희들이나 읽도록 하라고 하셨다. 그래서 중환이는 경을 읽었다. 그런데 중환이는 얼토당토않은 말을 꾸며 참소한 것이었다.

"대비 마누라께서 친히 하늘에 제사 지내고 대전을 죽으라고 비십니다."

《서궁록》 제2권

계유년 섣달에 중환이가 문 상궁에게 말하였다.

"얼마 전에 슬며시 오라비를 불러서 어머니의 안부를 들은 일이 있는데, 혹시 동생의 안부라도 알고자 하시지 않나 하는 생각에서 이런 말 드리는 것이니 서로 내통한다는 소문이 나면 되겠습니까? 그러니 상궁만 알고 글월을 적어주십시오."

상궁은 원래 중환에 관해서는 평소 가엾게 생각하고 있었던 터라 그 오라비가 옥에 갇혀 있을 때 쌀에 반찬에 입을 것까지 주었다. 그 은혜를 중환이가 잊지 못하는 듯 항상 이렇게 말하고 있었던 것이다.

"상궁의 은혜는 죽어서 땅속에 들어가도 결코 잊을 수 없을 만큼 크니 어떻게 다 갚아드려야 할지 모르겠습니다."

이런 사이인 만큼 상궁은 추호도 의심하지 않고 오라비인 문득람에게 글월을 써서 주었다. 그랬더니 중환은 즉시 답장을 받아다 주었다.

본전 감찰상궁의 종인 부전이와 천복의 종인 은덕이가 모두 중환의 심복이 되어서 오로지 공을 세워보려고 한패가 밤낮을 가리지 않고 동정을 살피며 무슨 일이고 보는 대로 고해바치면 중환이는 들어두었다가 밤이 되면 담을 넘어서 바깥과 내통하곤 했던 것이다.

대비께서 계신 곳은 동쪽 구석이고 중환이 거처하는 곳은 서남쪽 행랑이며 전으로 통하는 곳은 서쪽 구석이니, 동쪽과 서쪽을 통틀어 알고 다닐 만한 사람이 여럿이나 나가 죽었으므로, 궁중이 텅 비어 밤이 되면 인적이 끊어져서 1만의 군사가 쳐들어와 날뛰어도 알 길이 없는 형편이었다. 중환의 행동거지를 살펴보면 차차 수상한 점이 드러나고, 나라를 향해서도 원망하고, 옥에 갇히러 가는 나인을 보고도 꾸짖었다.

"곱게 살지 못하려고 이런 큰일을 저질러 서러운 노릇을 당하는 게 다 뉘 탓인지 아는고?"

이러면서도 중환이는 태연자약하게 문 상궁에게 드나드니 문 상궁은 추호도 의심을 품지 않았고, 혹시 다른 나인이 의심하더라도 오히려 그렇지 않다고 두호하였던[17] 것이다. 이렇듯 신임을 얻은 중환이는 문 상궁을 달래었다.

"시녀 방씨는 그 전에 나가서 아무 탈 없이 잘 살고 있고 그의 오라비는 대전 별감을 지냈으니, 대군 계신 곳에도 간다더군요. 그러니 기별을 듣기가 쉽지 않을까 합니다."

"대군이 가 계신 곳이 어디라고 그런 무서운 일을 누가 할까?"

"제 오라비를 시켜서 하겠습니다."

이에 상궁은 아기씨의 안부를 알아보겠다는 일념에서 글월을 써 중환에게 주었다.

이 일은 물론 중환에 의해서 곧 폭로되고 말았다. 그리하여 문 상궁은 말할 것도 없고 그 일가가 극형에 처해졌다. 그 밖에도 많은 나인이 걸려들었다.

이런 일이 있은 후 대군이 돌아가셨다는 말을 듣고 시위인들의 서러움이 태산 같았으나 그렇다고 함부로 소리내어 울 수도 없는 노릇이었다. 그들은 다만 가슴을 두드리고 원통해할 따름이었다.

그러나 그들은 4월이 되도록 대군이 돌아가셨다는 말을 윗전께 여쭙지 않았다. 그런데 하루는 윗전께서 꿈을 꾸시니 두 젖이 흐르고 모든 사람이 아기씨를 안아다가 윗전께 안겨드렸다. 그러자 윗전께서 우시며 반가워서 젖을 먹이시다가 잠을 깨셨던 것이다. 그리고 놀라서 말씀하셨다.

"마음이 다시금 놀랍고 온몸이 떨리어 지금은 얼른 진정할 수 없을 지경이니 어째서 이런 꿈을 꾸었노?"

이에 가까이 모신 나인이 대답하였다.

"젖이란 것은 아이들 양식의 줄기이니, 아기씨께서 장수하셔서 대전의 마음을 자연히 풀어지게 하시고 서로 만나실 좋은 조짐입니다."

그 후에 또 꿈에 아기씨께서 윗전께 와 안기시며 말씀하시고 우시는 것이었다.

"머리를 빗을 사이에 하늘의 옥경을 보고 인간의 복과 운명이 다 하늘에서 하시기에 달린 줄 알았습니다. 어머님께서는 저를 보지 못하시어 서러워하시나 저는 옥황상제를 뵈었으니……."

"어디를 갔었느냐? 나는 너를 여의고는 서러워 죽을 지경이건만 어째서 간 곳도 아니 일러주느냐?"

윗전께서 붙들고 물었으나 아기씨의 대답은 간단한 것이었다.

"아셔도 아무 소용이 없어요."

이러고 보면 심상한 일일 수밖에 없었다. 그러니 윗전께서는 더 이상 참지 못하시고 안달하실 수밖에 없었다.

"죽었는데도 나를 속이는 것 같구나. 바른 대로 일러주지 않으면 나는 스스로 죽고 말겠다."

상궁은 더 이상 숨기고만 있을 수가 없었다. 사실을 말씀드리지 않을 수 없었던 것이다. 윗전은 그 자리에서 그대로 졸도하시고 말았다. 상궁은 가까스로 냉수로 윗전을 깨워 정신을 차리게 한 다음 이렇게 여쭈었다.

"아기씨는 벌써 범의 입안에 들어감을 면치 못하셨으니 이제 아무리 간장을 태우시고 서러워하셔도 살아오실 리가 없는 일입니다. 아기씨를 위해 옥체를 버리시면 저들이 더 기뻐할 것입니다. 모쪼록 서러움을 참으셔야 합니다.

저희들 종으로서도 어찌 잔인하다는 생각이야 들지 않겠습니까? 좋은 시절에 존귀하게 시위하고 살다가 이젠 나인이 초야에서 김을 매는 하인만도 못한 신세가 되어 해골이 거리에 구르고, 금부 나장에게 뒤를 쫓기게 되었으며, 선왕 마마를 가까이 모시던 사람이 모두 중형을 받아 죽었으니, 불쌍하고 애처롭기 그지없습니다. 차라리 죽어서 이런 모든 끔찍한 꼴을 안 보고 싶으나 윗전 마마를 생각하고 오늘날까지 살아온 것인데, 이제 돌아가시면 우리만 살라고 그냥 둘 리가 있겠습니까? 새로 옥사를 일으킬 것입니다. 한 아기씨를 위하여 이제 남은 신하들을 모두 서럽게 죽게 마십시오."

"낸들 그걸 모를 리가 있겠느냐만, 동서도 분별치 못하는 어린애가 슬하에서 자라는 양이나 보려고 했더니, 위력으로 빼앗고 간 곳도 가르쳐주지 않다가 죽였으니 기가 막히는구나. 어머님이며 내 일로 말미암아 서럽게 죽은 동생들을 생각하니 이제 죽으면 저승에 가서도 부형에게도 떳떳이 뵐 수 없어 부끄러운 넋이 외로이 허공을 떠돌 것이니 그래서 차마 죽지는 못한다지만, 무슨 원수를 졌기에 이렇듯 서러운 일을 겪게 하는고? 선왕으로부터 사랑을 못 받은 원한을 내게 풀어 내 친정 가문과 어린 대군을 모두 죽였으니 어쩌면 좋으냐? 앞으로 영원히 다시는 이런 땅에 태어나지 않겠거니와 문 열어주거든 노모의 안부나 알려다오."

그러나 바깥 경비가 삼엄한 만큼 노모의 안부마저 알 길이 없었다. 이런 중에도 광해군과 그 일당의 음모는 쉴 새 없이 진행되고 있었다.

나인 중에 천이란 년이 있었다. 이년이 모진 생각을 하고 섣달 열이렛날에 침실 근처에 몰래 불을 놓았다. 이때가 밤 2경이다. 침실에 잇단 상랑채에 불이 붙었다. 누군가가 "불이야!" 외치는 바람에 모든 나인이 다 쫓아 나가 옷을 벗어 물에 담가가지고 쳐서 불을 껐다. 그러나 그 후로도 이와 비슷한 불상사는 쉴 새 없이 일어났다. 그리고 밖으로부터 들어오는 생필품의 조달이 점점 끊어졌다.

이렇게 되고 보니 윗전이 계신 명례궁에서 식칼이 없어 예부터 있던 환도를 둘로 잘라서 식칼을 만들어 쓰고, 무딘 가위를 숫돌에 갈아서 날을 세워 쓰고, 나인들은 떨어진 옷을 누덕누덕 기워 입기도 하였다. 또 쌀 일[18] 바가지가 없어 소쿠리로 쌀을 일었다.

옛집이라 여러 해째 손을 보지 못하니 대들보가 꺾이고 기울어져 사람이 다치게 되었다. 그래서 윗전께서는, "대전께 아뢰라" 하고 백번도 더 빌다시피 하였건만 내관은 들은 체도 않는 것이었다. 무오년 여름에 불이 났다. 윗전은 방속에 갇힌 채 피를 토하셨다. 이 사실을 나인이 내관에게 알리니, 내관은 불은 끌 생각도 안 하고 엉뚱한 수작만 하는 것이었다.

"어디가 아프시며 무슨 연로로 피를 토하시며 하루 몇 번씩 토하시느냐? 나인의 말이 믿어지지 않으니 의녀를 들여보내 진맥케 하라."

"의녀는 그만두십시오. 우선 문을 열어주십시오."

그러나 내관은 오히려 나인을 협박할 뿐이었다.

"없는 병을 꾸며 아프다 하니 나인을 모두 죽이겠다."

그러고는 겨우 문을 열어주었다.

정사년부터는 조정에서 음력 초하루나 탄일에도 문안을 아니하고 절하러 오지도 아니하는 것이었다.

신유년 7월에는 조정에서 포수들을 달래고 꾀어서 내장사 밑에서 숙직하게 하고 자정 때쯤 해서 야경을 돌게 하니 마치 1만 군사가 들끓는 듯하였다. 나인 들은 그들이 들어와서 죽이려는 것만 같아 애가 타서 갈팡질팡하였다. 그러다 가 침실에 가서 윗전을 시위하여 함께 죽자고 말하였다.

나전에 살던 포수가 본궁에 가서 해마다 총을 쏘아 귀신을 몰아서 우리에게 로 죄다 오게 한 일이 있었다. 그리고 병든 나인들을 밖으로 끌어내 갔다. 이에 남은 나인들은 울며 호소하였다.

"집은 크고 사람 수는 적어서 밤이면 무서우니, 앓는 사람만 내가고 성한 나 인은 내가지 말아주십시오."

그러자 대전 내관은 말하는 것이었다.

"대군도 내갔는데, 나인들 따위야 무엇이 대단하다고 그러느냐? 잔소리 말아 라."

이러고 내간 일이 대여섯 차례나 되었던 것이다. 계해년 정월 초사흗날에는 죽은 나인의 종을 다 잡아 내가겠다고 하였다. 그래서 윗전께서 비셨다.

"죽이려는 생각으로 이곳에 가두었으니 서러운 생각을 한다면야 벌써 죽었 어야 한다. 그러나 내 명은 하늘에 달렸으니 사람을 뜻대로 못 하리라. 나인 30여 명을 다 죽였으니 이제 궁중이 텅 비어 까막까치와 도깨비만 꾀어 들끓 는 형편인데, 죽은 나인들의 종들까지 내놓으라니. 그러고는 나 혼자서 무서 워 살 수 없다."

그러나 조정에서는 들은 체도 않고 어서 내놓으라고 독촉만 하는 것이었다. 두어 나인의 종만 내주자 조정에선 데려다가 개 부리듯 심하게 하였던 것이다. 그리고 3월 열하룻날에 또 내관을 보내어 앓는 사람을 내놓으라고 독촉하는 것 이었다.

열이틀날에는 가죽에다 마마 귀신을 그리고 붉고 작은 주머니에 죽은 나인들의 이름을 써넣고 산 나인들의 이름은 밖에 써 매달아 가지고 내관이 와서 말하였다.

"이 가죽은 침실 문 안에 걸고 주머니는 거기 쓰여 있는 나인들의 이름을 보여주고 나인들에게 차게 하라. 없애버리면 일러바치겠다."

윗전께서 보시고 곧 땅에 파묻게 하였다.

계축년부터 겪은 서러운 일이며, 항상 내관을 보내어 공갈하고 꾸짖던 일이며, 도리에 어긋난 일이며, 박대하고 불효한 일들을 이루 다 쓸 수 없어 그중 1만분의 1이나마 여기에 쓰는 바이다.

인목대비를 모시던 어느 궁녀가 적은 것으로 짐작된다. 그러나 문장의 흐름으로 보아 인목대비가 쓴 것으로 보는 사람도 있다.

궁중의 권력다툼으로 인한 비극

작자와 연대를 정확히는 알 수 없으나 인조반정 뒤에 쓰인 것으로 보고 있다. 이본도 있다.

조선 선조 35년, 광해군과 인목대비와 영창대군을 둘러싸고 벌어진 궁중 안의 권력다툼과 살육의 비극을 일기 형식으로 서술한 것이다. 상, 하 2권 1책의 순우리말로 쓰인 궁체[19]로, 낙선재에 비장된 사본을 '서궁록'이라고 한다.

인목대비는 김제남의 딸로, 선조의 첫 정비인 의인왕후 박씨가 선조 33년에 승하하자 2년 후 계비가 되었다.

선조 36년에 정명공주를 낳고, 39년에 영창대군을 낳았다. 의인왕후에게서는 자식이 없어, 후궁의 하나인 공빈 김씨의 소생인 2남 광해군이 일찍 세자가 되었다.

선조가 57세로 승하하자 광해군이 즉위하여 친형인 임해군을 죽였다. 그 후 무옥 사건[20]은 계속 일어났고, 광해군의 광기는 더욱 심해졌다.

광해군 5년인 계축년에는 서양갑 등 서자들이 난을 일으켰는데, 이는 당시 명문가의 서자들이 천대받는 데 저항해 폭력단을 이루어 재물을 빼앗는 등 범죄를 저지르다가 포도청에 잡혔다.

이때 광해군의 심복 이이첨이 그중 한 사람인 박응서를 꾀어 인목대비의 아버지 김제남이 영창대군을 추대하려 역모를 도모한다고 무고했다. 인목대비는 덕수궁으로 쫓겨나 폐비가 되어 한 많은 청춘을 다 보냈다. 그러나 1623년 인조반정으로 복위되었다.

독서 토론

궁중의 일을 작품화한 것으로, 그날그날의 사건을 일기처럼 기록하고 있어서 소설로 분류하기는 어렵다. 그러나 표현과 구성으로 보아 소설로 봐도 이상하지 않다. 물론 사실의 기록인 만큼 넓은 의미에서 수필로 보는 것도 가능하며, 기록문학 또는 수기문학에 속한다고 할 수 있다.

《한중록閑中錄》,《인현왕후전》과 더불어 3대 궁중문학으로 꼽히며, 고전 문학의 발달에 이바지했다. 궁궐의 여인이 쓴 글이어서 궁중 생활을 속속들이 보여준다. 조선 중기 궁중의 풍속, 언어 등을 사실적으로 서술하고 있어서 가치가 있다. 더구나 중후하고 전아한 궁중어와 문체로 궁중의 비밀과 음모를 소상하게 서술하고 있어서 조선조 궁중 생활의 이면을 이해하는 데 좋은 자료다.

조선조 19대 숙종의 계비를 다룬 저자 미상의 《인현왕후전》, 21대 영조의 둘째 아들인 사도세자의 빈 혜경궁 홍씨가 쓴 《한중록》이 있다.

단어 해설

1   조선 광해군 때, 궁녀가 쓴 것으로 추정되는 한글 수필. 광해군이 어린 아우 영창대군을 죽이고 그 어머니 인목대비를 서궁에 가두었을 때의 일을 일기체로 적었다.

2   선조 35년. 1602년.

3   선조의 비 인목왕후.

4   유자신, 광해군의 장인. 인조반정으로 삭직되었다.

5   선조 39년. 1606년.

6   영창대군.

7   세자. 광해군을 뜻함.

8   광해군의 형.

9   당시 영의정으로, 영창대군을 지지했다. 광해군이 즉위하고 파직, 유배당했다가 자결당했다. 나중에는 부관참시까지 당했다.

10   선조의 정비로, 아이를 낳지 못했지만 임해군과 광해군을 친자식처럼 키웠다.

11   남은 아들.

12   피접. 앓는 사람이 다른 곳으로 옮겨서 요양함. 병을 가져오는 액운을 피한다는 뜻이다.

13   인목대비를 가리킴.

14   덕수궁의 옛 이름.

15   선조의 11남으로, 왕자였다.

16   놋쇠로 만든 여자 밥그릇.

17   남을 두둔하여 보호하였던.

18   곡식이나 사금 따위를 그릇에 담아 물을 붓고 이리저리 흔들어서 쓸 것과 못 쓸 것을 가려내다.

19   한글체의 하나.

20   무고로 처벌받은 사건을 통칭하는 표현

박씨전

작자 미상

인조대왕[1] 때 이득춘이라는 사람이 있어 벼슬이 이조참판 홍문관 부제학에 이르렀는데, 부인 강씨와의 사이에 남매를 두었으니 아들의 이름은 시백이요, 딸의 이름은 시화였다. 시백의 나이 16세요, 시화의 나이 13세가 되었을 때 왕이 이 참판에게 강원감찰사를 제수하시니 공이 부인과 시화는 집에 두고 시백만 데리고 임지로 부임하여 시백에게 시서를 강론하고 학문을 지도하였다.

이때 금강산에 박현옥이라는 선비가 있으니 별호를 유점대사라 하는데 도학에 능했다. 그는 유점사 근처에 비취정을 짓고 세월을 보내고 있었으므로, 세상 사람들은 그를 비취 선생이라 하고 혹은 유점처사라 불렀다. 그에게는 시집가지 않은 딸이 있었다. 이 참판이 유점처사의 딸을 시백의 배필로 삼기로 했다.

세월이 흘러서 이듬해 봄철이 되자, 왕께서 이 공에게 벼슬을 올려 이조참판 겸 세자빈객世子賓客[2]을 제수하고 조정으로 불러 왕을 도우라고 분부하셨다.

이럭저럭 박 처사와 약속한 일이 다가왔으므로 시백을 데리고 금강산에 이르러 박 처사 집을 찾아 아들의 혼례를 올리고 박 처사와 함께 술잔을 나누며 즐거워하는데, 신랑 시백이 신방에서 뛰어나왔다.

"아니, 너는 왜 신방에서 뛰어나왔느냐? 그런 경거망동으로 나를 욕되게 하려느냐?"

"소자가 들어갔을 때는 신부가 없더니, 나중에 들어왔는데 마치 무서운 천신의 끔찍한 괴물 같은 여자라 경악하였습니다. 그런데 몸에서 더러운 냄새까지 진동하여 토할 것만 같아서 급히 나왔습니다."

이 판서는 깜짝 놀랐으나 아들의 경솔하고 무례함을 책망했다. 시백은 부친의 명이 엄격한지라 다시 신방으로 들어갔다. 그러나 신부를 다시 보기가 싫어서 닭 울기가 무섭게 외당으로 달려 나와 우울하게 날을 보내었다.

하루는 박 소저가 시부모께 문안하고 절한 뒤에 엎드려서 이 판서에게 아뢰었다.

"내일 아침에 노복을 종로 여각³에 보내어, 거기서 매매되는 수십 필의 말 중에서 제일 못난 비루먹은 말의 값을 물으면 일곱 냥을 달라고 할 것이니 못 들은 체하고 300냥을 주고 사 오라 하십시오."

"아니, 네 말이 이상하지 않느냐?"

"그 곡절은 후일에 알게 되실 것입니다."

이 판서는 며느리의 비범한 재주를 믿기 때문에 응낙하였다.

노복이 일곱 냥에 정해놓고 말 거간꾼과 남은 돈을 나누어 먹기로 하고 비루먹은 말을 끌고 돌아왔다.

박 소저가 한참 보다가 말했다.

"저 말을 도로 갖다주라고 하십시오."

"네 말대로 300냥을 주고 사 온 말인데 왜 다시 물리라는 거냐?"

"이 말은 300냥 가치의 말인데 그 값을 덜 주고 사 왔으니 무슨 쓸모가 있겠습니까?"

이 판서가 놀라서 노복을 족치니, 노복이 빌면서 사죄하고 다시 말 여각으로 가서 300냥을 다 주고 말을 끌고 돌아왔다. 박 소저는 이 판서에게 말 기르는 법을 아뢰었다.

"이 말은 하루에 깨 한 되와 백미 다섯 홉씩 죽으로 쑤어서 3년 동안 먹이되, 초당 뜰에 풀어놓고 밤에도 찬 이슬을 맞게 하십시오. 그러면 3년 후에 긴하게 쓸 일이 있습니다."

박 소저 계획대로 후원에서 3년 동안 놓아 먹였다. 하루는 박 소저가 이 판서에게 여쭈었다.

"내일 명나라 칙사가 남대문으로 들어올 것입니다. 믿을 만한 노자[4]에게 분부하여 우리 말을 끌고 가서 기다렸다가 칙사가 값을 묻거든 3만 8천 냥에 팔라 하십시오."

과연 명나라 칙사 장수는 말을 3만 8천 냥에 사 갔다. 이 말은 천리마였던 것이다.

이 무렵에 나라에서는 과거를 시행하여 인재를 전국에서 뽑으니, 이시백이 과거에 응할 준비를 하고 내일이면 대궐 안 과장으로 들어가게 되었다. 그날 이시백은 박 소저의 시녀 계화가 전해준 박 소저의 연적을 가지고 들어가서 장원에 급제하니, 그 풍채는 만인 중에 뛰어났으며 거동은 진세의 선랑[5]이었다.

모든 재상이 이득춘을 향해 치하하매 공이 여러 손님을 이끌어 술을 내주고 즐겼다. 날이 저물어 파연곡罷宴曲[6]을 아뢰매 모든 손님이 각각 집으로 돌아가니, 아들을 거느려 내당으로 들어와 저녁 식사를 마치고 촛불로 낮을 이어 즐기나, 박 소저가 외모가 아름답지 못해 손님을 보기 부끄러워하여 깊이 들어 있음을 서운히 여겨 즐기지 않았다.

부인이 말하기를, "오늘 아들이 과거 본 경사는 평생에 두 번 보지 못할 경사이거늘 상공의 낯빛이 좋지 아니하심은 필연 추악한 박씨가 좌석에 없음을 서운히 여기심이니, 어찌 우습지 않으리까?"

이 말에 노한 이 판서는 정색하고 말했다.

"부인은 아무리 지식이 없다 한들, 다만 용모만 보고 속에 품은 재주를 생각지 아니하느뇨? 며느리의 도학은 그 신통함이 옛날 제갈무후의 부인 황씨[7]를 누를 것이요 덕행의 뛰어남은 태사에 비할 것이니, 우리 가문에 과분한 며느리거늘, 부인 말이 우습지 않으리요?"

말을 마치매 부인의 안색이 심히 좋지 않았다.

이때 계화는 이시백의 장원급제를 듣고, 소저를 향하여 기쁨을 치하하고 또 탄식하여 말했다.

"소저께서 시댁에 오신 후로 상공의 자취가 이곳에 한 번도 보이지 아니하고, 우리 소저의 어진 덕이 대부인의 박대하심을 당하사, 적막한 후원에 홀로 주야로 거처하사, 집안의 크고 작은 일에 참여하지 못하시고, 잔치에도 나가시지 못하시며 수심으로 세월을 보내시니, 소비 같은 소견으로도 신세를 위하여 슬픔을 이기지 못하리로소이다."

그러나 소저는 태연히 웃고 대답했다.

"사람의 팔자는 다 하늘이 정하신 바라 인력으로 고치지 못하거니와, 자고로 박명한 사람이 한둘이 아니니, 어찌 홀로 나뿐이리요? 분수를 지켜 천명을 기다림이 옳으니, 아녀자 되어 어찌 가부의 정을 생각하리요? 너는 괴이한 말을 다시 말라. 바깥사람들이 들으면 나의 행실을 천히 여기리라."

계화는 소저의 넓은 마음과 어진 말에 못내 탄복하였다.

이때 박 소저가 시가에 온 지 이미 3년이 되었다. 하루는 시부모께 문안 올리고 다시 옷깃을 여미고 여쭈었다.

"이곳에 온 지 3년으로, 본가 소식이 없어 부모의 안부를 알고자 잠깐 다녀오려 하오니, 대인은 허락하심을 바라나이다" 하거늘, 공이 듣고 크게 놀라 말했다.

"이곳에서 금강산이 500여 리요 길 또한 험하거늘, 네 어찌 가려 하느냐? 장성한 남자도 출입하기 어렵거든 하물며 여자의 몸으로랴! 이런 망령된 생각은 행여 하지 말라."

"저도 그러한 줄 아오나 이번에는 꼭 다녀오고자 하오니, 과히 염려하지 마소서."

공이 소저의 남다른 점을 아는지라 이에 허락하며 말했다.

"부득불 한 번 다녀오고자 하거든 내일 근친觀親[8]할 여러 물건과 사람과 말을 차려줄 것이니 속히 다녀오라."

"수삼 일 동안에 다녀올 도리가 있사오니, 사람과 말을 쓸데가 없나이다."

공이 소저의 재주를 짐작하나 이렇듯 신속히 다녀올 도리가 있음은 몰랐는지라, 이 말을 듣고 더욱 신기하에 생각하여 흔연히 허락하거늘, 소저는 시부모께 재배 하직하고 후당에 돌아와 계화를 불러 조용히 분부하기를, "친가에 잠깐 다녀오리니, 너는 내 행색을 바깥사람들에게 말하지 말라" 하고, 뜰에 내려 두어 걸음 걷다가 몸을 날려 구름에 올라 삽시간에 금강산 비취동에 다다라 부모께 재배하고 문안을 드리니, 박 처사는 딸의 손을 잡고 말했다.

"너를 시가에 보낸 지 3년에 너의 박명을 슬퍼하였으나, 이는 하늘에 매인 것으로 인력으로 움직이지 못할 바이나, 이제는 너의 액운이 다하고 복록이 무한할지라. 이달 15일에 올라가리니, 너는 잠깐 머무르다 먼저 가라."

소저는 부모 슬하에서 몇 해의 회포를 풀며 며칠 동안 머무르니, 처사 부부의 재촉이 성화같았다.

"너의 시댁에서 기다리실 테니, 빨리 돌아가 시부모께 뵈어라."

소저는 마지못하여 부모를 하직하고 다시 구름에 타 잠깐만에 후당으로 돌아오니, 계화가 바삐 소저를 맞아 신속히 다녀옴을 반가워했다.

소저는 곧 의복을 갖추고 시부모께 나아가 문안드리고 다시 꿇어 공께 여쭈오되, "제가 올 때에 가친의 말씀이, 이달 15일에 갈 것이니 아버님께 아뢰라 하더이다".

공이 흔연히 고개를 끄덕이고, 사람을 시켜 술과 안주를 갖추고 처사 오기를 기다렸다. 과연 15일에 이르러 달빛 맑고 바람 맑은데, 홀연 반공으로부터 학 소리 나며 처사가 구름을 타고 내려오거늘, 공이 황급히 뜰에 내려 처사를 맞아 방에 들어와 예를 마치고 좌정하매, 공자 또한 의관을 갖추고 처사를 향하여 절을 하고 문안을 드리니 공자의 뛰어난 풍채가 일대의 영웅호걸이라. 처사는 황홀하고 귀중히 여겨 공자의 손을 잡고 이 판서를 향하여 말했다.

"영랑이 거룩한 재주로 높은 벼슬에 올라 장원급제하여 옥당에 참여하니 이런 경사가 또 없음을 아오나, 이 시골 사람의 천성이 졸렬하여 공께 치하를 드리지 못하였더니, 금년은 딸의 액운이 다하여 지금의 흉한 용모와 누추한 바탕을 벗을 때가 되었으므로, 나와 사위의 경사를 치하하고 아울러 딸을 보고자 왔나이다."

공이 처사의 말에 무슨 뜻인가 들어 있음을 짐작하고 기쁨을 이기지 못하여 술을 나누며 밤이 깊음을 깨닫지 못하더니, 문득 닭의 소리 요란하매 처사가 비로소 소저의 침소에 들어가니 소저가 급히 마루에서 내려 부친을 맞아 절을 올리고 문안하니, 처사는 흔연히 딸의 손을 잡고 마루로 올라 남향하여 소저를 앉히고 웃으며 말했다.

"금년으로 너의 액운이 다하였도다" 하고 주문을 외며 소매를 들어 소저의 얼굴을 가리키니, 그 흉하던 얼굴의 허물이 일시에 벗어지고 옥같이 고운 얼굴이 드러나거늘, 처사는 쾌히 웃고 말했다.

"내 이 허물을 가져가고자 하나, 남의 의혹을 없앨 길이 없으리니 시부께 말씀하여 궤를 얻어다 이를 넣어 시모와 가장에게 보여 의심을 풀게 하라. 오늘 이별하면 이후 70년이 지나야 부녀가 다시 만나리라" 하고 밖으로 나가 이 판서에게 이별을 고하며 당부했다.

"이후 혹 어려운 일이 있거든 며느리에게 물으소서."

뜰에 내려 두어 걸음 걷더니, 간 곳이 없었다.

이튿날 계화가 이 판서 앞으로 와서 소저의 신기한 소식을 전했다.

"어제 처사께서 다녀가신 후로 우리 소저께서 얼굴의 허물을 벗고 절색의 부인이 되었기에 이런 신기한 술법에 놀라서 대감께 아뢰옵니다."

이 판서가 기뻐하면서 후원의 초당으로 달려가보니, 그처럼 흉하던 며느리가 절세의 미녀로 변해 있었다.

"제가 전생의 죄가 크므로 얼굴에 흉한 허물을 쓰고 세상에 태어나서 수십 년의 액운을 채웠기로 하늘이 가친께 명하여 본모습을 회복해주셨으니 의심치 마십시오."

시부모는 반신반의하며 벗은 허물을 본 다음 확신하며 신기하게 여겼다.

이때 왕은 이시백의 재덕을 사랑하고 벼슬을 올려 병조판서를 제수하시니, 시백이 은혜에 감사하고 집으로 돌아와서 부친을 뵈옵자 부친이 꾸짖었다.

"너는 지난 일을 생각지 못하느냐? 지금 무슨 면목으로 아내를 보겠느냐? 네 사람됨이 그렇게 어리석으니 국가의 중임을 어떻게 감당하겠느냐?"

이시백과 박 소저가 부부 화동한 지 수 삭이 못 되어 몸에 태기가 있더니 마침내 10삭이 되어 소저가 쌍둥이 아들 형제를 순산하였다.

왕은 병조판서 이시백에게 평안감사를 제수하셨다가 또다시 조정으로 불러서 곧 상경 벼슬을 내리셨다. 그런데 명나라의 조정이 요란하여 가달[9] 등의 외적이 변경을 침범하매 왕이 심려하시고 이시백으로 상사를 삼으시고 적당한 인물을 군관으로 삼아서 원군 발정[10]하라고 분부하시었다.

시백은 여러 장수 가운데서 임경업을 정하여 왕께 추천하였다. 북방의 호국에 이르니 호왕이 보고 임경업을 사위 삼기를 원하며 은근히 탄식하였다.

"내가 조선을 쳐 항복받고자 하던 차, 뜻밖에 가달의 침범으로 조선의 임경업의 덕을 봄으로써 조선에 뛰어난 명장이 있음을 보고 그만큼 조선의 위세가 장엄함을 알았으니, 앞으로 조선을 깔보고 범하지 못하겠도다."

옆에서 이런 호왕의 말을 들은 공주가 뜻밖의 말을 했다.

"부왕 마마는 염려 마십시오. 제가 조선에 가서 이시백과 임경업을 없애버리고 오겠습니다."

호왕이 기뻐하면서 공주가 조선 침략의 숙원을 이뤄주길 은근히 바랐다. 공주는 장담하고 조선을 향하여 길을 떠나 조선 남자의 행색으로 한성에 잠입하였다.

박 소저가 하루는 시부모께 저녁 문안을 드리고 침실에 들더니, 시백이 밤이 깊어 들어오거늘 소저는 판서 이시백을 맞아 좌정하였다. 판서가 아들을 무릎에 앉히고 소저와 더불어 이야기하였다. 드디어 밤이 이슥하자 소저가 정색하고 말했다.

"내일 날이 어둑하여, 강원도 원주 기생 설중매라 일컬으며 상공의 서헌으로 올 것이니 그 아름다움을 탐내어 가까이하시면 큰 화를 당하실 것인즉, 그 계집더러 여차여차 이르시고 내실로 들여보내시면 첩이 마땅히 여차하리니, 상공은 첩의 말을 허투루 듣지 마소서."

시백이 웃으며 말했다.

"부인의 말씀이 우습도다. 장부가 어찌 조그만 계집의 손에 몸을 바치리요?"

"상공이 첩의 말을 믿지 아니하거든, 그 계집을 후원으로 들여보내시고 상공이 그 뒤를 쫓아 들어오사, 그 계집이 말하는 것을 살펴보면 사실을 아시리다."

판서 시백이 응낙하고 다음 날 부모께 문안하고 조정에 들어가 공사를 보고 날이 늦은 후에 돌아오니 손님들이 모였거늘, 이에 술을 즐기다가 날이 저물어 손님이 각각 돌아갔다. 판서는 저녁을 마치고 서헌에 한가로이 앉아 있었다.

과연 밤이 깊은 후에 한 여자가 문을 열고 들어와 재배하거늘, 판서가 눈을 들어 보니 나이 20세쯤 되었는데 그 얼굴이 백옥 같아 천하의 미인이라 놀라 물었다.

"너는 누구인가?"

그 여자가 대답했다.

"소녀는 원주 사는 설중매이온데, 상공의 위풍이 시골에까지 유명하기로 한 번 뵙고자 하여 험한 길을 왔사오니, 어여삐 여기시길 바라나이다."

판서가 말하기를, "너의 말이 기특하나 여기는 손님들의 출입이 잦으니, 후원의 부인 있는 곳에 들어가 있으면, 손님들이 다 흩어진 후에 너를 부르리라" 하고, 시녀를 불러 후원으로 인도하게 하였다. 설중매가 부인 처소에 들어가 박씨께 뵈니 박씨가 "너는 바삐 올라오라" 하니, 설중매 사양하지 아니하고 들어오거늘, 소저는 자리를 주고 계화로 하여금 술과 안주를 가져오게 하여 부어주었다.

설중매가, "첩은 본디 술을 먹지 못하오나, 부인이 주심을 어찌 사양하리까?" 하고 받아 마시기를 이어 네댓 배 하니, 두 눈이 어지러워 술기운을 이기지 못하고 자리에 쓰러져 잠들었다. 소저가 그 여자의 자는 모습을 보니, 얼굴에 살기가 어려 그 흉독한 기운이 사람을 쏘거늘, 가만히 행장을 뒤지니 3척 비수가 들어 있었다. 소저가 그 칼을 집으려 하니 그 칼이 변화무쌍하여 사람에게 달려들거늘, 놀라 급히 피하고 주문을 외어 그 칼을 제어하고 잠 깨기를 기다리니, 날이 밝은 후 정신을 차리고 일어나 앉았다. 박씨가 말했다.

"너는 바삐 너의 나라로 돌아가라."

"첩은 강원도 원주 사는 계집으로서, 부모를 모두 여의어 의지할 곳이 없사와 가무를 배웠삽거늘, 어찌 본국으로 가라 하시나이까? 소저의 높은 이름을 듣고 왔나이다."

박씨가 소리를 높여 꾸짖었다.

"끝까지 나를 업신여기어 이렇듯 속이니 어찌 통분하지 않으리요? 호왕의 공주 기룡대가 아니냐?"

기룡대는 혼비백산하여 사죄했다.

"부인이 밝으사 첩의 행색을 아시니 어찌 조금이나마 속이리까? 첩은 과연 호왕의 공주로, 부왕의 명을 받아 귀댁에 들어왔사오니, 부인의 너그러우신 덕으로 용서하시면 본국에 돌아가 조용히 지낼까 하나이다."

"네 본색을 바로 고하기로 용서하나니, 이 길로 곧 떠나 너의 나라로 가 너의 국왕더러 이르라. 이 판서의 부인 박씨에게 행색이 드러나 성사를 못 한 바, 박씨의 말이 잠시라도 지체하면 큰 화를 만나리니 빨리 돌아가 화를 면하라 하더이다, 하라."

기룡대는 정신이 어지러워 엎드려 사죄했다.

"바라옵건대, 부인은 첩의 죄를 용서하소서. 무사히 고국으로 돌아가게 하옵심을 비나이다."

"너의 국왕이 분에 넘치는 뜻을 두어 우리나라를 침범하고자 하니, 이는 우리 나라의 운수가 불길함이나, 너의 병력이 아무리 강하다 할지라도 마음대로 침범하지 못하리니, 너는 바삐 가 자세히 이르라."

기룡대는 머리를 조아리고 사죄 후 하직하고 나왔으나, 길을 찾지 못하고 방황하여 사면으로 돌아다니기를 밤이 새도록 하되 나갈 길이 없는지라, 기룡대는 하늘을 우러러 탄식했다.

"호국 공주 기룡대가 이시백의 집에 이르러 죽게 될 줄을 어찌 알았으리요?"

이때 문득 박씨가 나타나 말했다.

"어찌 가지 아니하고 날이 새도록 그저 있느뇨?"

기룡대는 땅에 엎드려 말했다.

"첩이 부인의 덕을 입어 돌아가려 하였사오나 사면이 층암절벽이라 갈 바를 모르오니, 바라건대 부인은 길을 인도하여주옵소서."

소저가 말하기를, "너는 그냥 보내면 필연 임경업 장군을 해하고 갈 듯한 고로, 너로 하여금 나의 수단을 알게 함이라" 하고 공중을 향하여 진언을 외니, 홀연히 뇌성벽력이 진동하며 폭풍우가 일더니 기룡대의 몸이 절로 날려 순식간에 호국 궁중에 가서 떨어졌다. 이것을 본 호왕이 경악했다. 공주 기룡대가 한참 후에 정신을 차리고 일어나서 조선에 가서 겪은 자초지종의 일을 고하자 호왕은 경탄했다.

"허허, 이시백의 부부가 그런 기대한 영웅인 줄은 몰랐도다."

이후 용골대, 용홀대의 두 형제가 왕명을 받들고 군사를 교련하여 조선으로 행군을 개시하였다. 이때 이 판서의 부인 박씨가 시백에게 심상치 않은 말을 했다.

"호국의 공주 기룡대가 쫓겨 돌아간 후에 호국의 병세가 점점 강성하여 조선 침범의 야망을 버리지 않고 군사를 내어 임경업을 죽이고 위로 상감의 항복을 받고자 금년 12월 28일에 동대문을 깨치고 물밀듯이 쳐들어올 것입니다. 부디 그날을 어기지 마시고 상감을 모시고 광주산성으로 급히 피하소서. 그 뒷일은 제가 이곳에서 알아서 하겠습니다."

그러나 영의정 김자점과 좌의정 박운학의 반대에 부딪혀 상감은 판단을 내리지 못하고 주저하고 있었다. 이때 공중에서 홀연히 옆에 비수를 낀 선녀가 내려와서 뜰 아래 배알하고 상감에게 온 뜻을 아뢰었다.

"신은 도승지 이시백의 부인 박씨의 시비 계화입니다. 박 부인이 저에게 지금 성상이 간신 김자점의 참소를 들으시고 결정을 미루시니 네가 가서 아뢰어 곧 산성으로 동가動駕[11]하시게 하라 하더이다."

계화는 빼 들고 왔던 칼을 칼집에 꽂고 앞에 있던 큰 망두석을 번쩍 들어서 피난을 반대하고 있는 재상 김자점과 박운학을 겨누고 큰 소리로 꾸짖은 다음 다시 상감께 아뢰었다.

"만일 이 밤을 지체하시면 큰 화를 당할 것이니 저의 주인 박씨의 말을 범연히 듣지 마시고 곧 피난하소서."

상감은 이시백을 이조판서 겸 광주유수로 명하시고 그의 호위 아래 산성으로 떠났다.

이때 용골대가 한성에 침입하여 보니 국왕이 이미 피난하고 대궐에 없으므로 아우 용홀대에게 서울을 점령케 하고 스스로 기병 5천을 거느리고 광주산성으로 추격하여 성안을 향해 총을 쏘매, 화살이 비 오듯 했다.

상감이 이런 혼란으로 어쩔 줄 모르고 망연실색하고 있을 때 공중에서 홀연히 큰 소리가 들려왔다.

"상감께서는 항서를 써서 용골대에게 주소서. 용골대가 세자 대군 3형제를 볼모로 잡아가고 난리는 일단 끝날 것입니다. 신첩은 다른 사람이 아니라 광주유수 이시백의 처입니다. 신첩이 한번 나아가 칼을 들면 용골대의 머리와 호병 3만을 풀 베듯 할 것이나, 천의를 어기지 못함이니 신첩의 죄를 사하소서."

용골대는 항서를 받은 후에 세자대군과 왕대비전을 데리고 광주를 떠나갔다.

한편 계화는 박씨 집의 후원에서 용홀대의 머리를 베어 박 부인에게 드리니 부인은 그놈의 머리를 높은 나뭇가지에 달아매두었다가 그놈의 형 용골대가 와서 보고 낙망케 하라고 일렀다. 그 후 용골대가 한성으로 들어와서 동대문으로 들어오다가 용홀대가 박씨의 시비 계화에게 죽었다는 소식을 듣고 노기 충천하여 벽력같이 호통을 치자, 박 부인은 계화를 불러서 명했다.

"네가 저놈을 죽이지는 말고 간담을 서늘케 해서 우리 도술의 솜씨를 보여라."

계화가 맞아 싸운 지 10여 합에 용골대는 계화의 무술 실력에 당하지 못할 것을 알았으나 허세를 부리고 큰 소리로 꾸짖으며 300근 철퇴를 둘러메고 계화에게 달려들었다. 이때 계화가 거짓으로 패하여 달아나자 용골대는 의기양양하게 쫓으며 호통을 쳤다.

"이년, 네가 달아나면 안 잡힐 줄 아느냐?"

계화가 잡았던 칼을 공중에 휘저으며 진언을 외우매, 모래와 돌이 날리고 사방에서 어두귀면魚頭鬼面[12]의 병졸이 아우성을 치고, 에워싸 들어오고, 눈과 비가 크게 퍼부어서 순식간에 물이 한 길도 넘으니, 용골대는 수족을 놀리지 못하고 혼비백산하여 살려달라고 애걸했다.

"네가 그럴 뜻이라면 왕대비 전하를 이리로 모셔 오라."

박 부인이 급히 뜰에 내려 왕대비전을 맞아 통곡하며 불행을 위로하고 계화에게 명하여 용골대를 석방시키니, 계화가 박씨의 명을 받고 나와서 용골대에게 말하기를, "너를 여기서는 용서한다. 그러나 돌아가는 길에 의주에서 또 한 번 죽을 고비를 당할 것이니, 의주에 도달하는 즉시로 의주부윤 임경업 장군에게 배례하고 이 글을 보여드려라. 그러면 임 장군이 너를 용서하고 돌려보내리라".

용골대가 의주에 이르자 임경업이 비호같이 달려들며 벽력같은 소리로 용골대를 질타했다.

"이 무도한 오랑캐 장수야. 어서 내 칼을 받아라!"

용골대는 황망히 말에서 내리며, "장군은 노기를 풀고 잠깐 이 글을 보시오" 하고 이시백 부인 박씨의 편지를 올렸다.

이번 우리 조국의 국운이 불길하여 이런 일을 당하였으나 하늘이 호국과 조선 두 나라가 종속 관계가 되라고 정하신 운수여서 용골대가 상감의 항서를 가지고 세자대군 3형제분을 모시고 귀국하는 것이니, 장군은 분한 마음을 진정하시고 이 일행을 무사히 가게 하여 3년 후에 세자를 무사히 환국하시게 함이 상책입니다. 장군은 부디 이 말씀을 믿고 들어주시기 바랍니다.

상감이 산성에서 항서와 함께 왕대비전하와 세자대군을 호국에 보내시고 침식이 불안하던 중, 하루는 공중에서 선녀 한 명이 내려왔다.

"신첩은 광주유수 이시백의 처 박씨로소이다."

"경의 지략을 매양 탄복하던 중 이제 경을 보게 되니 과인의 마음이 매우 기쁘오."

임금은 이시백의 호위를 받으며 서울로 향하여 환궁하셨다.

그 후에 상감은 이시백에게 의정부 우의정에 대광보국을 제수하시고, 부인 박씨도 충렬 정경부인으로 봉하시고 부부의 충성을 항상 칭찬하여 마지않으셨다.

어느덧 세자가 호국에 잡혀간 지도 3년이 되었으므로 왕대비전과 상감이 주야로 근심하고 계시던 중, 임경업이 자원하여 발정한 후 두 달 만에 호국에 이르러 왕자 3형제를 모시고 귀국하니, 이때 전임 영의정 김자점이 이시백과 임경업을 시기하여 어명이라는 거짓말로 먼저 임경업을 잡아서 옥에 가두고 역적으로 몰아 죽였다. 이에 이시백이 김자점의 음모를 폭로하니 상감이 노하여 김자점의 목을 베고 그 처자도 목을 베어 죽이고, 가장집물을 몰수해버리셨다.

그해 가을 9월 초순에 상감이 승하하시고 세자가 19세로 즉위하니 연소한 임금을 보필하는 이시백 재상의 높은 이름이 온 나라에 진동했다. 그리고 그의 아들 형제가 모두 과거에 급제하여 하나는 평안감사를 하였고 하나는 송도유수를 지냈는데, 각각 애민의 정치를 펼쳐 청렴하였다.

그 후 3부자가 함께 조정에서 나라에 충성을 다하고 자손을 교훈하여 부귀를 더하며 가문의 영광을 빛내니, 세월이 흘러 이시백의 나이가 80이 지났다.

어느 해 가을 9월 보름께 달빛이 휘황하게 밝으므로, 공이 부인과 더불어 완월대에 올라서 남녀 자손을 좌우에 앉히고 즐거운 잔치를 베풀던 중, 공이 손수 잔을 들어 두 아들에게 주면서 뜻밖의 유언을 했다.

"소년 시절의 일이 어제 같은데 어느새 여든이 지났으니 세상일이 일장춘몽이로구나. 우리 부부는 세상 명분이 다하였으니, 너희들과 영결코자 한다. 너희들 형제는 조금도 슬퍼하지 말고 자손을 거느리고 길이 영화를 누려라."

그리고 모든 손자를 일일이 어루만지고 상을 물린 뒤에 부부가 나란히 누워서 자는 듯이 운명하였다.

상감이 이시백의 별세 소식을 들으시고 또한 슬퍼하시며 예관을 보내어 영전에 예를 올리게 하고 부의를 후히 내리시는 한편, 시호를 문충공이라 하고 박씨 부인에게는 충렬비를 봉하여 추증하셨다. 박씨 부인의 시비 계화도 상전을 따라서 역시 병 없이 자는 듯이 죽었으므로 이 판서 형제는 더욱 슬퍼하였으나,

상례를 존절撙節[13]하여 입관 성복하고 길일을 택하여 선산에 안장하고 여막을 짓고 살면서 조석 곡읍[14]으로 3년 상례를 지성으로 모셨다.

　상감이 형제의 충효를 아름답게 여기시고 다시 중임을 맡기시니, 형제가 더욱 극진한 충성으로 임금을 섬겨서 작위가 일품에 이르고 자손이 계계승승하여 대대로 충성을 다하였다.

| 작가 소개와 작품 해설 |

저자 소개

작자 연대 미상이다. 조선조 19대 숙종 때에 창작된 것으로 보이는 고전소설로 한글소설이다. 이본으로 〈박씨부인전〉이 있다.

주제

청나라에 대한 적개심과 복수심

작품 해설

조선조 16대 인조 때의 병자호란을 배경으로 하여, 당시 병조판서로 남한산성을 지켰던 이시백의 부인 박씨가 도술과 기개로 난을 수습한다는 내용이다. 역사적인 사실에 허구적인 구성을 더한 역사소설로, 청나라에 대한 적개심과 복수심을 주제로 하여 주인공 박씨의 초인간적인 힘을 표현한 작품이다.

병자호란은 조선 16대 인조 14년에 청나라의 침입으로 일어난 난리다. 군신의 관계를 맺자는 청나라의 요구에 조선이 불응하자, 청 태종이 직접 10만 대군을 이끌고 침략했다. 조정은 남한산성으로 피난했고, 이듬해 삼전도三田渡에서 항복하고 청나라 요구에 응했다.

인조반정에서 공을 세워 연양부원군에 올라 병자호란 때 병조판서를 거쳐 17대 효종 1년에 우의정이 되고 영의정에까지 오른 이시백과 그의 처 박씨를 등장시켜 이야기로 엮었다. 물론 박씨는 허구의 인물이다.

이시백은 열여섯 살에 금강산의 박 처사의 딸과 결혼했다. 부인의 모습이 흉측한데다 몸에서는 괴상한 냄새까지 났다. 그래서 이시백은 몇 달이 지나도록 부인의 방에 가지 않았다.

이를 안 아버지가 꾸짖고 타일러도 시백은 어쩔 수가 없었다. 그러자 박씨는 할 수 없이 후원에 피화당이라는 초당을 짓고, 시비 계화와 외로운 나날을 보냈다.

원래 슬기롭고 도술에 능한 박씨는 비루먹은 말을 싸게 사다가 길러서 중국 사신에게 비싸게 팔아 집안을 일으키기도 했다. 또한 시백을 장원급제시키는 등 놀라운 재주를 보여줬다.

그러나 남편의 괄시는 여전했다. 박씨는 전생의 죄로 괴상한 허물을 쓰고 있었기 때문에 이를 감수했다. 결혼한 지 3년 만에 드디어 허물을 벗어 하룻밤 사이에 절세가인이 되었다. 남편 이시백은 그제야 박씨를 극진히 사랑하게 되었다.

이때 중국이 조선을 침략할 계획을 꾸미므로 박씨는 임경업과 함께 중국으로 떠나는 시백에게 계교를 전하여 적을 평정했다. 호왕의 공주가 변복하고 비수를 들고 조선에 입국하여 시백과 임경업을 살해하려 하니, 박씨는 그것을 미리 알고 퇴치했다. 다시 용골대 형제가 침입했을 때도 도술로 청국의 병졸들을 죽여 큰 공을 세웠다. 그 후 박씨는 이시백과 행복하게 살다가 한날한시에 죽었다.

전쟁소설인 〈임진록〉이 일본을 향한 복수를 그렸듯이, 청나라에서 받은 치욕을 작품 속에서 풀어보려 한 작품인 것으로 보인다.

한편 박씨 부인의 활동은 바보 온달의 아내 평강공주의 활동을 연상케 한다. 〈박씨전〉에 온달 설화가 영향을 미쳤다고 추측할 수 있다.

또한 국가 비상시에는 여자도 적극적으로 활동할 수 있는 가능성을 제시했다. 달리 말하면, 여권 신장에 큰 계기를 만들어주었다고 할 수 있다.

　군담소설이 그러하듯이, 초인간적 허구가 더해졌다. 그렇게라도 한풀이를 하고 싶었던 것으로 보인다. 국난의 시기에 큰 힘이 되었던 의병 활동과 맥락을 같이한다고 할 수 있다.

비교 작품

　군담소설로서 〈임진록〉, 〈유충렬전〉, 〈장국진전〉, 〈유문성전〉, 〈이태경전〉, 〈장익선전〉 등의 창작소설이 있고, 역대 인물을 그린 〈임경업전〉, 〈사명당전〉 등이 있다. 또한 〈금령전〉과 같은 신비소설도 있다.

1 조선 인조1595~1649.

2 조선시대 정2품 벼슬.

3 조선 후기에 상인들의 숙박과 화물 보관, 운송 등을 맡던 상업 시설.

4 사내종.

5 신라 말기 화랑을 달리 이르던 말.

6 잔치를 끝낼 때 부르는 노래나 연주하는 음악.

7 제갈량의 부인. 《삼국지연의》에서 용모는 추했으나 기발한 재주가 있었다고 묘사된다.

8 시집간 딸이 친정에 가서 부모를 뵘.

9 몹시 사나운 사람을 이르는 말.

10 길을 떠남.

11 임금이 탄 수레가 대궐 밖으로 나감.

12 물고기 머리에 귀신 낯짝이라는 뜻으로, 몹시 흉한 얼굴을 이르는 말.

13 알맞게 절제함.

14 아침저녁으로 소리 내어 슬피 우는 것.

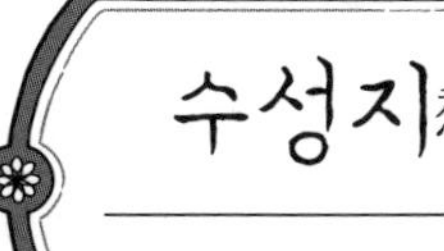

임제

천군天君[1]이 즉위하던 때는 바로 강충降衷 원년이었다. 인관人官, 의관義官, 예관禮官, 지관智官[2]이 각각 그 관부를 맡아서 자기 직무에 충실하고 희관喜官, 노관怒官, 애관哀官, 낙관樂官[3]은 모두 중심부를 장악하여 절제 있게 일을 집행하며 시관視官과 청관聽官과 언관言官과 동관動官[4]은 모두 예법에 어김이 없도록 모든 행동 범절을 통제하였다. 실정이 이러한 때 천군이 영대靈臺에 드높이 앉아 정사 일반을 재결하니 백관이 모두 그 명령에 순종하였다.

하늘에 소리개 날고 연못에 물고기 뛰노는 자연현상은 평화스러운 기운에 싸였으니 상서로운 일이 아닐 수 없었다. 어찌 순임금의 오현금과 요임금의 삼척토계三尺土階[5]만이 반드시 거룩한 것이었으랴. 그리하여 호랑이 같은 사나운 짐승을 구태여 잡으려고 애쓰지 않아도 저절로 잡히고, 산 같은 장애물을 무너뜨려도 큰 힘을 들이지 않아도 손쉽게 무너뜨릴 수 있는 위력을 발휘할 수 있을 만큼 되었다. 임금은 궁궐을 떠나지 않고 오직 단전丹田[6]에만 거동을 하니 온 나라 사람들은 그를 임금으로 섬기지 않는 이가 없었다.

즉위한 지 2년 후에 신수가 훤하고 맑으며 고박한 풍모를 갖춘 한 늙은이가 스스로 주인옹主人翁[7]이라고 일컬으며 글을 올렸다.

위태로운 일은 모름지기 안일한 데서 생기며 난리는 그릇된 정치에서 일어나는 것입니다. 그러므로 생각지 않은 변괴와 뜻밖의 재난은 현명한 임금으로서는 마땅히 삼가야 할 바입니다.《역경易經》에 이르기를 '서리를 밟으면 굳은 얼음 어는 겨울이 온다'고 하였으니 비록 적고 미미한 틈새라도 미리 막지 않을 수 없으며 조그만 징조라도 미연에 경계하지 않을 수 없는 것입니다. 미연에 밝혀내는 것은 명철한 사람의 통달한 소견이지마는 이미 얻어진 성과에만 매달리는 것은 용렬한 사람의 고루한 생각입니다. 대체 명철한 사람의 높은 의견을 무시하고 용렬한 사람의 소견을 따른다면 어찌 나라가 위태하지 않겠습니까? 지금 전하께서는 나라의 정치가 잘되고 백성이 편안히 산다고 자처하시나, 한 치도 못 되는 싹도 천 길 되는 큰 나무로 자라나며 한 잔도 못 되는 물도 모이면 바다를 이룬다는 사실을 짐작하시지 못하는 것 같습니다. 더구나 지금 나라의 기초가 튼튼하지도 못한데 한갓 글 짓는 데만 정신이 팔려 도서로 성을 쌓고, 그 속에서 밤낮으로 가까이하시는 자는 도홍陶弘[8], 모영毛穎[9] 등 네 사람뿐이오니 이러고서야 정치가 어찌 잘되겠습니까. 또 개연히 고금의 뛰어난 인물들을 동정하사 항상 마음속에 그들만 생각하고 있으나 그러한 무리들은 자칫하면 환난을 일으키기 일쑤입니다. 바라옵건대 전하께서 만일 충성스러운 신하들의 지성 어린 충고를 받아들여 화평한 정치를 힘쓰시면, 비록 그 진상이 드러나지 않더라도 옳고 그른 것을 판단할 수 있을 것이며 귀에 들리지 않더라도 백성들의 소원하는 소리를 쉽게 들을 수 있을 것입니다. 이렇게 함으로써만 모든 일이 제대로 펴서 별로 심려하지 않게 될 것입니다. 지극히 간절한 심정을 널리 살펴주시옵소서.

천군이 이 글을 다 보고 나서 그 충고를 받아들이기만 했을 뿐 끝내 안일하고 방종한 생활을 단념하지 못하고 계속하여 옛 서책에만 재미를 붙여 항상 풍월을 일삼으니, 주인옹이 재차 와서 간하였다.

"정의는 형제보다 깊고 의리는 기쁨과 슬픔을 같이하는데, 제가 어찌 위험한 환난을 앉아서 보고만 있겠습니까? 대체 현실의 제반 정세를 논의하는 정도에만 그치고 지나간 역사를 탄식이나 하는 것은 마음을 바로잡는 데 결코 도움이 될 수 없으며, 벼루나 갈고 글이나 짓는 것은 성품을 기르는 데 아무런 보탬도 되지 못할 것입니다.

대개 사단四端[10] 가운데서 부끄러워하며 미워하는 마음으로 사건을 처리하며 시시비비를 가르는 지론으로써 사리를 따지기만 하여 감찰관과 서로 통정하면서 분에 넘치게 비분강개하며 의기헌앙[11]한 나머지 조심성 있게 사람의 의견을 받아들이려 하지 않으면 이는 나라를 안정시키는 도리가 아닙니다. 물론 이러한 일이 전혀 없을 수는 없지마는, 그렇다고 해서 그러한 경향이 너무 지나쳐서는 안 될 것입니다. 비유하건대 추위와 더위, 바람과 비가 모두 천지의 기운 아닌 것이 없지마는 만일 그것이 질서를 어기면 변괴를 일으키고 시기를 놓치면 재난으로 변하는 것과 같습니다. 그러므로 양기가 퍼지고 음기가 걷히며 바람이 순조롭고 비가 때맞춰 오도록 하는 것은 바로 정치를 잘하느냐, 못하느냐 하는 데 달렸을 따름입니다.

전하께서는 한 나라의 임금이라는 중요한 책임을 느껴야 합니다. 만물의 운명을 맡아 쥐고 있다는 것을 생각하시고 중화中和의 도리를 깊이 살피어 천지 조화에 맞게 하시면 어찌 그 은혜가 크지 않으며 그 공덕이 훌륭하지 않겠습니까?《서경書經》에 이르기를 '편벽되지도 않고 기울어지지도 아니하면 임금의 정치는 공평하다'라고 했으니 바라건대 이것을 생각하시고 이것을 실행하시어 열성을 발휘하여 조심성 있게 하시면 더없이 다행한 일일 것입니다."

천군이 듣기를 마치고 침통한 태도로 주인옹과 함께 반묘당 가에 앉아서 조서를 내리니 하셨다.

"그대들 춘관春官, 인과 하관夏官, 예와 추관秋官, 의와 동관冬官, 지 및 오관, 칠정七情은 모두 모여 나의 말을 들을지어다. 내가 중한 천명天命을 받고는 일을 잘 살피지 못한 탓으로 그대들로 하여금 오랫동안 제자리를 떠나게 하였으며, 혹 예법에 맞지 않는 것이 있어도 그저 옳다고만 하고 지향만 원대하게 가져서 넓고 호탕한 기분에 싸여 있었다. 그리하여 잔치 놀음에만 빠졌는데 너희들은 어찌 바른말로 간함이 없었느뇨. 아아, 나 한 사람이 잘못할 때는 너희들에게 허물이 없을 것이지만 너희들에게 허물이 있으면 나 한 사람에게 책임이 돌아올 것이다. 그러나 바른 이치는 꺼지는 법이 없으니 머지않아 일이 다시 옳은 데로 회복될 것이다. 그대들은 마땅히 나와 함께 부지런히 힘을 써서 다시금 초기의 정치를 계승하여 하늘이 나에게 부여해준 중요한 직분에 욕됨이 없게 할지어다."

모든 신하들이 황공하여 혼연히 그의 말을 좇았다. 이에 연호까지 고치어 복초復初[12]라 하였다.

원년 8월에 천군이 무극옹無極翁[13]과 함께 주일당主一堂에 앉아서 오묘한 이치를 깊이 연구하고 있는데 갑자기 칠정 중의 하나인 애공哀公[14]이 와서 아뢰므로 감찰관과 채청관이 함께 상소를 올렸다.

"엎드려 아뢰옵건대, 하늘은 끝없이 높고 금풍은 소슬하여 우물가의 오동나무에서는 차가운 기운이 퍼지고 짙은 이슬은 대나무에 듣사옵니다. 온갖 풀이 시들어가니 귀뚜라미는 슬피 울고 기러기 소리에 구름도 한층 더 쌀쌀해 보입니다. 나뭇잎 떨어지는 소리 우수수 설레고 부채는 쓸데없어 여름날 수고한 보람도 없이 버림을 받습니다. 반악潘岳의 귀밑머리는 덧없이 희어졌고 송옥宋玉의 시름은 한결 더 심하여졌습니다.

장안長安의 조각달은 집집이 다듬이질 소리를 재촉하고 옥문관玉文關의 의로운 꿈은 여인의 치마허리를 가늘어지게 합니다. 심양강의 단풍잎과 갈대꽃은 백낙천의 푸른 적삼을 함뿍 적시고 무산의 떨기 국화와 일엽편주는 두공부杜工部의 백발을 모지라지게 합니다.

하물며 밤비는 장문궁長門宮의 외로운 베개에 돌이 뿌리고 서리 같은 달빛은 연자루燕子樓의 외로운 사람을 고요히 비칩니다. 초강의 난초 향기 사라지니 청풍나무의 설레는 소리 쓸쓸하고, 상부인想夫人의 눈물이 마르니 소상 반죽은 우수수 처량도 합니다. 그러나 전하께서는 근심이 만물 때문에 생기며 만물은 근심 그대로 근심하는 것을 알지 못하십니다. 이렇게 온 나라가 근심하고 있는데 전하는 근심하는 까닭을 모르시니 근심을 없게 하는 이치를 어이 아시오리까? 또한 백성들이 나라 형편을 보고서 근심하는 것인지, 듣고서 근심하는 것인지 알지 못하시오니 참으로 영문을 알지 못하겠습니다. 저희들이 직분을 맡아서 감히 숨기지 못하겠사옵기에 삼가 번거롭게 아뢰옵니다.”

천군이 다 보고 나서 문득 수심에 잠겨 즐겨하지 아니하니, 무극옹이 이에 한 마디 말도 없이 가버렸다. 천군은 마침내 마음을 진정하지 못하여 말에 수레를 매어서 주 목왕周穆王15의 고사를 본받아 천지가 좁다 하고 사방으로 두루 순행하려 하니, 주인옹이 말머리를 잡으면서 애타게 간하므로 할 수 없이 반묘당 가에 말을 멈추었다. 이때 마침 격현膈縣16에 사는 어떤 사람이 와서 보고하기를, “요즈음 흉해胸海에서 파도가 크게 일어나 태화산泰華山이 바다 가운데로 옮겨 갔사온데 그곳을 바라본즉 산중에 웬 사람들이 어른어른하는데 무려 수천만이 되었습니다”라고 하였다.

이러한 변괴는 고금에 드문 일이므로 천군을 비롯하여 만조백관이 망연실색하며 탄식할 즈음, 아득한 먼 곳으로부터 몇 사람이 시를 읊으면서 오는 듯하더니 급기야 가까이 왔는데, 다만 두 사람뿐이었다. 그중 앞에서 걸어오는 사람은 얼굴이 초췌하고 몸이 수척하며 절운관을 쓰고 장검을 짚었는데 지하의를 입고 초란椒蘭[17]의 패물을 찼으며 눈썹은 나라를 걱정하는 시름으로 찡그러졌고 눈에는 임금을 생각하는 눈물이 글썽거리니 이는 분명히 초희왕을 슬퍼하고 상관대부를 원망하는 사람이 아닌가 싶었다. 뒤에 따라오는 사람은 정신이 가을 물처럼 맑고 얼굴은 구슬인 양 빛나는데. 초나라 옷을 입었으며 초나라 갓을 쓰고 초나라 소리로 읊는 것이 틀림없이 일생 동안 오직 초양왕만을 섬기던 사람이 분명하였다.

두 사람은 함께 천군 앞에 와서 절을 하고 아뢰기를, "전하의 의리와 인정이 높으시다는 소식을 듣고 이렇게 찾아뵈옵니다. 천지가 비록 넓으오나 저희들은 용납될 곳이 없어 이처럼 떠도는 신세가 되었더니, 이제 저희들은 전하의 심지心地가 자못 넓으심을 보고 저 돌 무더기 한 모퉁이를 빌어서 거기 성을 쌓고 살고자 하오니 전하께서는 기꺼이 이 소원을 들어주시올는지 황송하옵니다".

천군이 이에 옷깃을 여미고 슬픈 기색으로 말하기를, "사내대장부의 회포는 예나 지금이나 매 한가지라, 내가 어찌 한 치의 땅을 아껴서 그대들의 살 곳을 마련해주지 못하리오" 하고 드디어 조서를 내려 분부하되, "그들이 와서 살기를 원하니 감찰관은 그리 알고 처리할 것이며 또한 성을 쌓겠다고 청하니 뇌외공磊魂公[18]은 그리 알고 도울지어다".

두 사람은 공손히 절을 하고 흉해를 향해 떠나갔다. 그 후로부터 천군은 항상 두 사람의 충성스러운 언행을 잊지 못하여 출납관으로 하여금 초사를 높이 읊게 할 뿐, 다른 일에는 관계하지 아니하였다.

그해 가을 9월에 천군이 친히 바닷가에 나가 성 쌓는 것을 바라보니 몇만 갈

래의 원통스러운 기운과 몇천 겹의 근심스러운 구름이 떠도는 가운데, 만고의 충신 의사들과 억울하게 화를 입은 사람들이 모두 쓸쓸하고 비참한 얼굴로 웅성거리며 오락가락하고 있었다.

그 가운데 진시황의 태자 부소도 한몫 끼어 성 쌓는 것을 감역하고 있는데, 그는 몽념과 함께 형곡의 흙구덩이 속에 생매장당한 선비 400여 명을 부려 역사를 시켰기 때문에 일을 서두르지 않고도 한나절이 되기 전에 성을 다 쌓았다. 그 성을 쌓는 데는 흙과 돌을 그렇게 많이 쓰지 않았기 때문에 흙을 운반하며 돌을 굴리는 괴로움이 별로 없었다. 성의 규모를 크게 만들자면 성 쌓을 땅이 좁고 작게 만들자면 그 안에 포괄할 것이 많으므로, 없는 것 같으면서도 있고 형체가 나타나지 않는 것 같으면서도 나타나게 하였다. 성은 북으로 태산에 의거하고 남으로 창해에 있었으니 당 줄기는 바로 아미산으로부터 시작하였는데, 우불구불하고 울퉁불퉁하여 시름과 원한이 서려 있는 까닭으로 수성이라 이름하였다. 성안에는 조고대弔古臺가 있으며 성에는 네 개의 문이 있으니 하나는 충의문이요, 하나는 장렬문이요, 하나는 무고문이요, 하나는 별리문이다.[19]

천군이 단전으로부터 바다를 건너와서 수성의 네 문을 활짝 열어젖히고 조고대에 오르니, 이때 구슬픈 바람이 소슬하게 불고 처량한 달빛이 싸늘하게 비치는데 여러 문에 있는 사람들이 원망과 울분을 가득 품고 함께 두레를 지어 들어왔다. 천군이 슬픈 얼굴로 자리에 앉아서 관성자管城子로 하여금 수성의 모습을 만분지일萬分之一이라도 기록하라 하니 관성자가 명령을 듣고 물러나서 눈물을 머금고 서 있었다.

먼저 충의문 안을 바라보니 서리같이 맵짠 기운이 서리었는데 태양이 내리쬐고 있었다. 그 안에는 죽어간 수많은 충성스러운 신하들이며 기개 있는 영웅들이 있었다. 그중에 으뜸가는 두 사람이 있는데 한 사람은 걸의 폭정을 간하다가 경궁에서 머리가 달아난 관룡봉이요, 한 사람은 주왕에게 나쁜 정치를 간하다가 포락형을 받고 염통까지 잘린 비간이었다. 또한 그 가운데는 한 고조처럼 변장한 후 황옥거를 바꿔 타고 좌독을 초패왕 항우에게 주면서 거짓 항복을 하던 기신 장군과 윤건을 쓰고 학창의를 입고 손에 백우선을 들고 있는 제갈량도 있었다. 그 밖에 웅치를 제후로 봉한 사실과 조비를 황제라 일컬은 사실과 관련된 의분에 들끓는 열사와 원한에 사무친 영웅들은 또한 얼마나 많으랴. 홍문 잔치에서 충성스러운 의분이 격동되어 한나라가 주는 옥두를 눈가루처럼 산산이 부쉬버리면서 죽어도 두 마음을 먹지 않을 기개를 보여준 범아부며, 녹색 도포에 긴 수염을 늘어뜨리고 청룡도를 비껴들고 적토마 위에 높이 앉은 풍채 좋은 영웅으로서 여몽의 꾀에 빠져 한스럽게도 강동을 평정하지 못한 관운장도 있다. 그리고 길게 휘파람을 부는 월석이며, 돛대를 치면서 맹세하던 조적 등이 크나큰 뜻을 이루지 못하고 죽어버렸으니 천지가 어찌 이다지도 무정하단 말이냐. 그 뒤에 장순, 허원, 뇌만춘, 남제운 등이 서 있으니 모두 충성스러운 장사들이며, 개개가 의로운 열사들이다. 자욱하게 쳐들어오는 오랑캐의 티끌이 햇빛을 가리고 여러 고을이 바람 앞의 풀잎처럼 쓰러지건만 수양성의 이 대장부들만이 끝까지 지조를 굽히지 아니하였던 것이다. 화살도 오히려 견고한 돌부처에 박히거늘 남제운이 손가락을 끊는 결연한 태도는 어찌 하란의 야속한 마음을 움직이지 못하였는가. 아아, 원통하구나, 정이 있는 사람이 굳은 돌덩이보다도 더 완고하단 말이 웬 말이냐. 거기에는 또한 정성스럽고 충직한 인물이건만 애매하게 역적이라는 누명을 쓰고 죽어버린 악비도 있다. 종유수 같은 충성된 사람은 왕에게 황하를 건너오라고 거듭 권하다가 그만 하릴없이 죽어버리니 출정한 군사가 이기지 못하고 말았다. 하늘은 어찌 이를 알아보지 못하고 잠잠하단 말인가. 옷이며 허리띠에 자기의 굳은 지조를 써놓고 태연히 죽음으로 나아갔던 문천상이며, 왕을 등에 업고 산 같은 파도 속에 뛰어들어 나라와 운명을 같이 한 불쌍한 육수부도 있다. 맨 뒤에는 중국과는 다른 우리나라의 의관을 차린 난파 학사와 호두 장군유응부 등 대여섯 사람들이 떼를 지어 기상도 늠름하게 오고 있으니, 이들이 바로 우리나라 500년 역사에서 빛나는 의리와 절조를 훌륭하게 보여주었던 것이다. 이 밖에 아득한 지난 역사에서 자기의 한 몸을 오직 나라에 바친 사람들과 의로운 일에 나아가서 거룩한 공로를 이룬 인물을 일일이 다 기록하기 어려웠다.

다음엔 장렬문 안을 바라보니 질풍 같은 우레 소리에 음산한 바람이 휘도는데, 그 안에는 원통하게 죽어간 만고의 의로운 열사들이 옹기종기 모여 있었다. 맨 앞에 생전에 충성과 효도로 이름을 날린 오자서가 섰는데 그는 백마를 타고 촉루검을 가로 짚고 절강 조수물처럼 노기가 등등하였다. 그다음에는 기운이 무지개처럼 뻗치고 자기의 죽음으로써 연 태자에게 보답하기 위해 척팔비수를 어루만지면서 장사의 노래를 태연히 부르던 형가며, 오추마 한 필을 타고 온 천하를 주름잡다가 한 고조와 싸운 지 여덟 해 만에 해하에서 참패를 당하고 원대한 꿈이 오강의 드높은 물결에 휩싸여버린 초패왕이며, 옷을 벗어준 은혜에 감동하여 100만 군중을 모아 싸우면 이기고 치면 빼앗아 큰 공을 세우다가 천하가 평정되자 하릴없이 버려져 마침내는 한낱 아녀자인 여후의 손에 목숨을 잃은 회음 땅의 장부 한신도 있다. 그중에 아까운 것은 사람들이 작은 패왕이라고 부르는 손백부다. 강동에 웅거하여 범 같은 형세로 천하를 노리더니, 보잘것없는 졸부의 화살에 혼백이 떨어져서 남긴 한이 속절없이 동쪽으로 흘렀다. 부견은 100만 용병을 거느리고 채찍을 던져 강을 막으려 하더니 팔공산 초목에 마음이 놀라 마침내는 제 아들의 칼을 맞아 깊은 한을 남겼으니, 아아, 슬프구나. 천하의 영웅들이 벌 떼처럼 일어나는 때를 당하여 성공하면 제왕의 자리를 차지를 차지할 수 있으나 실패하면 역적으로 지목이 되니, 소를 타고 한서를 읽는 자도 한때의 호걸이라 볼 수 있는 것이다. 당나라 이씨의 왕은이 쇠약해지니 옥좌 밖에는 모두 독사처럼 흉악하고 멧돼지처럼 탐욕한 오랑캐들이 횡행하는데, 돌궐의 종족이면서도 일편단심 당나라 왕실을 위하여 오랑캐 무리들을 쓸어버리기에 힘을 다했건만 주온이 당나라 왕조를 찬탈하자 우울하게 근심하면서 죽은 이극용도 있었다. 그 밖에 수많은 사람들은 대부분 생전에 웅대한 계획을 실현하지 못하고 공로와 업적이 죄다 인멸되어 도저히 성패로서 논의할 것이 못 되는 바 이런 것들은 이루 다 기록할 수 없었다.

다만 문밖에 두 사람이 있어 감히 들어오지 못하고 주저주저하면서 서로 마주 향하여 눈물을 흘리고 있었다. 한 사람은 한나라에서 별장을 지낸 이릉으로, 일찍이 5천 명 보병을 거느리고 40만의 오랑캐 기병을 꺾으려다가 형세가 불리하게 되자 오랑캐에게 항복하여 장차 무슨 일을 해보려고 하더니 한나라가 그 일족을 다 죽였으므로 그만 돌아오지 못하고 말았던 것이다. 또 한 사람은 현양 도독을 지낸 환온이다. 그가 북쪽을 바라보고 탄식하던 때에는 흡사히 영웅의 지기가 있는 듯하더니 더러운 이름이라도 만대에 남기겠다는 생각과 공적을 높이 평가해준다는 달콤한 유혹에 넘어간 후에는 어쩌면 그렇게도 신하답지 않은 마음을 품게 되었는가. 그러면 적에게 항복한 장군과 임금을 배반한 도둑이 무엇 때문에 여기에 왔는가? 영특한 자기 잘못을 뉘우친 나머지 온 것이나 아닌지 모르겠다.

다음으로 무고문 안을 바라보니 우중충한 구름이 떠돌며 조심스러운 안개가 자욱하고 찬비가 흩뿌리며 싸늘한 봄이 몰아치고 있었다. 거기에는 수없이 많은 원통한 심정을 안고 천추에 씻지 못할 원한에 잠긴 영혼들이 더러는 귀한 출신으로 더러는 천한 신분으로 혹은 무리를 지어, 혹은 작은 떼를 지어 옹기종기 모여 섰다. 다음은 진을 치고 오던 40만 대군이 모두 장평에서 구덩이에 생매장당한 조나라 병졸들이다. 또 30만 대군이 예두 장군 백기의 지휘하에 진을 치고 둘러섰는데, 그들은 신안에서 항우와 싸우다가 구덩이에 묻힌 진나라 병졸들로서 백기가 본디 진나라 장군이기 때문에 자기 나라 장수의 지휘하에서 부대를 편성한 것이다.

고양의 술사는 세 치밖에 안 되는 혀를 놀려서 70여 개 성을 함락시키더니 일이 낭패되어 죄없이 가마 속에 삶아내는 극형을 당했고, 여 태자는 조나라에서 넘어온 강충의 간악한 짓을 격분하다가 억울하게 죽었으니 호수 위에 우뚝 솟은 망사대는 헛되이 후회하는 슬픈 눈물을 뿌리게 할 따름이다.

술을 마시면 귀는 더워지기 마련이거니 장고를 두드리며 노래함이 세상에 무슨 애매하고 좋지 못한 폐단을 주기에 허리를 베이는 참변에까지 이르렀는가, 슬프다. 통후 평양은이 이런 참변에 죽었던 것이다. 하물며 악하고 흐린 것을 제거해 버리고 착하고 맑은 것을 드러내며 많은 선비가 무리 지어 나오는 사실은 시대에 무슨 해됨이 있기에 그들을 죽여 버리게 되었는가. 원통하구나, 범맹 박汎孟博 이하 여러 사람이 바로 이렇게 되었던 것이다. 또 이경업李敬業과 낙빈왕駱賓王은 의분을 품고 한 몸을 돌보지 않으면서 옛 임금을 복위시키려고 무한한 애를 썼다. 그들의 하늘을 꿰뚫은 의리와 역사를 빛내는 충성은 마침내 일이 글러지면서 죽게 되었으니, 아아, 신명이여, 이 사람들이 무슨 죄가 있단 말이냐. 선비의 몸으로 자기의 직분을 다하다가 죽어버렸으니 죽음이 어찌 한스러울까마는 생각할수록 원통하구나.

이 가운데서 옛날이나 지금이나 변함없는 원한과 살아서나 죽어서나 잊지 못할 절절한 울분이 너무 괴롭고 슬퍼서 차마 말할 수도 없는 것은 제齊나라 왕이 송백松栢에서 나그네가 되고 초나라 의제義帝가 강속에서 죽은 것이니, 나라를 빼앗으면 그만인데 어찌 또한 죽이기까지 하였단 말인가. 충신의 눈물은 마르지 않고 열사의 원한은 다함이 없다.

관성자가 여기까지 이르러서는 너무도 마음이 산란하여 여러 가지 사실을 한 조목씩 열거하지도 못하였다.

다음에 별리문을 바라보니 저물어가는 수풀에 석양이 비꼈는데, 가고 오고 오고 가며 생사 간에 떠나고 갈라지는 사이에 속절없이 넋이 빠진 한 많은 사람들이 있었다. 가장 한스러운 것은 한漢나라 임금이 오랑캐를 막아낼 수단이 없어서 공주와 소군昭君이 연이어 정든 고국을 떠나 낯선 먼 나라로 시집을 간 것이니, 한나라 공주로서 오랑캐 땅의 첩이 된 그 기박한 운명이야 오죽하였겠는가. 비파 줄을 퉁기며 홍곡가鴻曲歌를 부르던 사무친 원한은 지금도 오히려 새로우며 초승달이 쓸쓸한 왕소군의 푸른 무덤에 비치고 변방의 기러기는 그리운 고국의 소식조차 끊어버렸던 것이다.

자경子卿은 바닷가에서 양을 보면서 10년 동안 절개를 굽히지 않다가 머리가 백발이 되어서야 돌아오니 무릉武陵에 쓸쓸한 가을비가 흩뿌릴 따름이었고, 영위令威는 구름 속의 학 두루미처럼 떠돌다가 천년 만에 집에 돌아오니 산천은 예와 같으나 사람은 간데없고 거친 무덤 위에 외로운 달만이 싸늘히 걸려 있었다. 비록 속세와 선계의 구별이 있을 것이나 이별의 애틋한 정회는 매일 반일 것이다. 죽궁竹宮 연기 속에서 말도 않고 웃지도 않으니 가을바람에 애끊는 나그네와 마외馬嵬 언덕 밑에서 사랑하는 사람이 구슬처럼 부서지고 꽃처럼 날아가니 중천에 뜬 밝은 달 아래서 가슴이 미어지는 사나이도 있었다.

또한 깊은 규방에서 자라 연나라 아이에게 시집 간 여인이 공명을 중히 여기고 이별을 가볍게 생각하여 백우전白愚箭[20]을 지고 청해靑海에 출정할 줄 어찌 짐작이나 하였으랴. 지루한 여름날과 기나긴 겨울밤에 아리따움은 차츰 시들어가는데 누구와 함께 청춘을 즐기겠는가. 수심愁心은 맑은 볼에서 떠나지 않고 원한은 꽃 같은 얼굴을 초췌하게 하였다. 비록 차디찬 매화 가지를 꺾어도 그리운 임의 편지는 받아 보기 어려웠으며 간절한 사연을 비단 폭에 썼으나 멀리 있는 그대에게 보낼 길이 없으므로 청루靑樓에 주렴珠簾[21]을 걸고 애꿎은 꾀꼬리만 쫓아버릴 뿐이었다.

또 임금의 총애를 잃고 장신궁長信宮[22]에 오랫동안 홀로 살던 그 여자를 두고 보면 임을 멀리 이별함은 어찌할 수 없거니와 지척에 임[23]을 두고 어떻게 떨어져 살 수 있었으랴. 텅 빈 섬들에는 이끼만 무성하고 임금의 수레는 맞을 길은 전혀 없는데, 쓸쓸한 창 밑에 반딧불만 지나가며 허전한 궁전에는 사람의 자취조차 끊어졌으니 어찌 임을 그리는 간절한 마음이야 없으리오마는 끊어진 인연을 다시 이을 길이 없었으니 참말로 가련한 신세였구나.

또 초패왕의 장막에서 밤마다 향기로운 넋이 칼 빛을 쫓아 날던 우미인虞美人[24]이며 살아서 이별함보다는 차라리 죽어 떠남을 달게 여기고 금곡의 누대에서 떨어져 죽은 녹주綠珠[25]도 보였다.

무성한 망초莽草는 왕손王孫이 다시 돌아오지 않음을 한탄하고 아득하게 날아가는 구름은 효자의 어버이 생각을 간절케 한다. 친구의 의리가 절절하니 운수雲樹[26]에 생각이 간절하고 형제간 우애가 지중하니 할미새 소리 견디기 어려워라[27].

이때 관성자는 눈물이 마르고 머리가 벗어져서 더는 글쓰기가 어려웠다. 그리하여 '인간을 그만 이별한다'라는 시구를 읊고 하늘 위로 피하고자 하더니, 마침 견우직녀를 만나서 할 수 없이 다시 돌아오게 되었다. 그때 성 밖에서 한 사람이 그의 팔소매를 붙잡고 말했다.

"그대는 어찌하여 옛날을 따르고 현재를 버리며 귀신의 명부만 들추고 이 세상 사람은 본 체 만 체하는가. 나는 곧 이 세상의 호걸이라, 여기 시 한 편이 있으니 번거롭겠지만 그대는 이 시를 베낄지어다” 하고 높은 소리로 낭랑히 읊는 것이었다.

열다섯 젊은 나이 육도六道를 통했거니

만 사람이 일컫는다 기이한 사내라고,

녹이 슨 푸른 칼날 그 언제 써볼거나

아득한 변방에는 가을 기운 높았건만

중년이 다 되어서 경서를 읽은 뜻은

부귀에 탐을 내어 저만 위함이 아니노라

야속하다, 이내 심정 임에게 못 전함이,

덧없는 세월에 백발이 다 되누나

관성자는 이 시를 들은 대로 네 문에서 쓴 것과 함께 천군 앞에 바쳤더니 천군이 겨우 한 번 읽어보고는 스스로 수심을 이기지 못하여 우울한 심정으로 그 해를 보냈다.

2년 봄 2월에 주인옹이 계啓[28]를 올렸다.

“세월이 바뀌어 새봄이 되고 만물이 모두 새롭게 되었습니다. 모든 풀과 나무까지도 저절로 생기를 띠거늘, 전하께서는 가장 영험한 품성을 타고나시고 지극히 고상한 기운을 가지고서도 수성 안에 유폐幽閉[29]되어 오래도록 불안스럽게 지내시니 어찌 눈물 흘릴 일이 아니겠습니까. 다만 수성의 뿌리가 깊이 박혀서 창졸간[30]에는 어찌하기 어려운가 하옵니다. 제가 가만히 들자오니 행화촌杏花村에 한 장군이 있어, 성현이라는 명성이 있는 데다가 용맹한 기운을 겸하였으며 깊고 넓은 도량은 저 큰 바다와 같아서 이루 헤아릴 수 없다고 합니다. 그 가계를 따져보면 곡성穀城 출생으로 국생麴生[31]의 아들이며 이름은 양襄 또는 讓이요, 자는 태화太和로 체모[32]는 부친을 닮았습니다. 그 선조는 일찍이 굴원掘原[33]과는 사이가 좋지 못하였으나 완적阮籍[34], 완함阮咸, 해강嵇康, 유령劉伶과 함께 죽림에서 노닐었으며, 혹은 백의로 심양尋陽에서 도연명陶淵明을 방문하였고, 이태백李太白은 금거북을 저당 잡혀 끝내 죽자 사자 하는 친구로 되었습니다. 그 후에는 매작[35]한 일로 맑은 이름을 약간 더럽혔으나 결코 그 본심은 아니었습니다. 양은 다만 청렴하고 허심하며 의로움을 드러내기를 좋아하여 청탁淸濁 간에 실수하는 일이 없습니다. 흔히 여인들을 가까이하지마는 술을 마시는 사이에서 적을 제압하는 용기가 있습니다. 생각건대 사람의 장점을 취하는 것은 명철한 임금의 인재를 등용하는 방법이니, 바라건대 전하께서는 겸손한 태도와 두터운 기백으로 그를 모셔 좌상에 앉히고 존대하여 벼슬을 시키시면 곧 수성을 평정하여 옛날의 순후[36]한 정치로 돌아갈 것이니 이 일은 실상 어렵지 않사옵기로 삼가 아뢰는 바입니다."

장계狀啓[37]를 보고 천군이 전지를 내렸다.

"내 비록 덕은 없으나 간하는 말은 물 흐르듯이 순순히 좇으리니 국麴 장군을 맞아들이는 일은 주인옹이 맡아서 처리할지어다."

하니 주인옹이 아뢰되, "공방孔方[38]이 국 장군과 가까이 지내는 사이오니 능히 오도록 할 수 있을 것입니다".

천군이 공방을 불러, "그대가 국 장군을 찾아가서 나의 요청을 잘 전하여 내가 목마르게 바라는 대로 즉시 데려오라"라고 하였다.

공방이 명령을 듣고 그의 동료 백문白文과 더불어 지팡이를 짚고 국 장군을 찾아 떠났다.

그들은 시냇가에 한가한 마을들과 산 위의 성곽들을 돌아다니면서 샅샅이 찾았으나 아무 데서도 장군을 볼 수 없었다. 그러던 차에 마침 목동이 도롱이를 걸친 채 소를 타고 오는 것을 만나서 공방이 그에게 물었다.

"국양 장군이 어디에 살고 있는지 아느냐?"

목동이 웃으며 대답하되, "여기서 멀지 않은 저기 바라보이는 곳입니다"라고 하면서 손을 들어 휘늘어진 수양버들 안 마을에 살구꽃이 붉게 덮인 담장머리를 가르쳐주는 것이었다. 공방이 향기로운 풀 우거진 시냇가에 뻗어 있는 한 가닥 오솔길을 따라서 담장머리에 이르니, 과연 푸른 깃발 그늘 아래에서 술 파는 풍채 좋은 사람이 앉아 있는데 공방이 오는 것을 보고도 앉은 채 아니꼬운 눈매로 쳐다보았다.

"멀리서 찾아오느라고 수고했소. 무엇으로 술을 사려고 하오?"

공방이 대꾸했다.

"금초金貂를 가지고 술을 바꾸란 말인가, 나라를 팔아서 술을 마시란 말인가? 나를 어찌 가볍게 보는 것이오. 지금 어진 정치를 하려던 임금이 수성의 제압을 받고 있는데, 그는 장군이 의리로써 세상의 공평치 못한 일을 제거함을 자기 의무로 여긴다는 말을 들으시고 아침저녁으로 장군을 기다리고 계시오. 이제 나라에 충성을 다하라는 명령을 내리고자 하여 우선 내가 장군으로 더불어 대대로 한집안 식구처럼 허물없이 지내기 때문에 특별히 나를 보내어 그대를 맞아하도록 하는 것인데 어찌 이처럼 무례한가?" 하고 그를 책망하였다.

그제야 국양이 처음의 아니꼬운 눈매를 고쳐 온순하게 볼 뿐 아니라 투호投壺 놀음을 하면서, "시름이 있고 없는 것은 오직 나에게 달렸을 뿐이다".

이미 천금千金 갑옷에 오화마五花馬를 타고 군병을 일으켜 뇌주雷州에 닿으니 때는 3월 15일이었다.

천군이 곧 모영을 보내어 위로하며 말했다.

"나를 외롭게 하지 않으려고 군병을 거느리고 왔으니 기쁜 마음을 어찌 측량할 수 있으리오. 경과 같은 큰 인재는 정히 국가의 귀중한 그릇이라. 아직 경을 임명하여 옹雍, 甕, 병甁, 甁, 뇌雷, 罍 3주 대도독과 구수대장군으로 삼나니, 서울을 중심으로 한 지역은 내가 통제할 것이고 그 밖의 지방들은 장군이 주관하되, 진퇴를 짐작해서 때를 따라 병력을 기울여 적을 토벌하라. 이제 중서령 모영을 보내어 한편으로 나의 뜻을 알리며 한편으로 장군에게 머물러 있어 장서기掌書記를 맡아보게 하니 그리 알지어다."

국 장군이 곧 모영을 시켜 사례하는 표문을 지어 올렸다.

"복초 2년 3월 일에 옹, 병, 뇌 3주 대도독 구수대장군 국양은 아뢰옵기 황공하여 백배하옵니다. 가만히 생각하옵건대 저는 곡식을 먹지 않고 신선같이 지내면서 깊이 즐거운 나날을 보내며 어서 난을 평정할 성인을 기다렸는데 드디어 벼슬을 주시는 은혜를 입으니, 몸을 어루만지며 스스로 개탄할 뿐 아니라 저의 신분을 헤아릴수록 실로 외람스럽기만 합니다. 저는 원래 곡성의 종류요, 조계曹係의 무리로써 왕탄지王坦之와 사안謝安을 따라 강좌江左에서 풍류를 일삼았고 해강, 유령 등과 취미를 같이하여 죽림에서 한가한 세월을 보내고 있었습니다. 저의 반평생 행장은 오직 유리그릇과 앵무잔이며, 백제의 교유는 다만 습가지의 고양도들입니다. 그런데 그만 가혹한 예법의 구속으로 말미암아 오랫동안 강호에 유랑하는 생활을 하였더니, 전하께서 더러운 저를 멀리 버리시지 않으시고 저에게 수성 공격을 전임하시니 돌아보건대 미천한 이 몸으로 어찌 저런 큰 책임을 감당하오리까? 저는 다행히 전하께서 인재를 등용하는 데 방해하는 자들을 없이 하고 수성을 치는 좋은 방도를 알리도록 하라는 위촉을 받았을 뿐 아니라 때를 따라 적중하게 행동하며 맡아 행하는 일에 의심을 두지 말라고 하시었습니다. 또한 신에게 여러 사람의 의견을 들어 심중에서 혼자 결단하도록 하라고 이르시어 아무 쓸모 없는 저를 바다 같은 도량으로 용납하시니 어찌 청렴한 충성으로 힘쓰지 않겠습니까. 꽃다운 향기를 퍼뜨리며 술로써 병권을 폐기하게 하는 것은 비록 조보의 계책에 미치지 못하오나 가슴속에 수많은 용사를 감추었으니 중엄의 위엄을 본받을 수 있을까 하옵니다.”

천군이 표문을 읽고 나서 크게 기뻐하면서 곧 서주 역사를 임명하여 영적 장군을 삼아 도독의 휘하에 있게 하였다.

이때 날이 저물고 저녁 연기가 자욱히 피어오르는데 가벼운 바람이 솔솔 불고 제비들이 분주히 지저귀고 있었다. 격문은 날아오고 날아가며 북소리, 피리 소리는 사람의 흥을 돋우었다.

장군이 드디어 조구대糟邱臺에 올라가서 주허후朱虛候 유장劉章에게 명령하기를, “군령이 지극히 엄하니 그대가 맡아서 거문고를 함부로 치는 교만한 장수가 없게 하고 도망치는 병사들이 없게 하라”라고 하였다.

이에 군사들은 감히 떠들썩하지 못하여 전진과 퇴각에 질서가 있고 전투에서는 법도가 잡히었다. 진을 치는 모양은 육화법을 모방하였는데 이것은 바로 해바라기를 형상한 것이었다.

장군이 배를 타고 주지를 건너가는데 놋대를 두드리면서 맹세하기를, “만약 수성을 쳐 없애지 못하고 강을 건너는 자가 있으면 저 물과 같으리라”라고 하였다.

이어 바다 어귀에 배를 대고 곧장 기 모영을 불러서 그 자리에서 격문을 짓게 하였다.

모월 모일에 옹, 병, 뇌 3주 대도독 구수대장군은 수성에 격문을 보내노라.

무릇 천지는 만물의 역려요, 광음은 백대의 과객이니 늙도록 오래 삶과 젊어서 일찍 죽음도 한때의 꿈이요, 천한 이와 귀한 이도 같은 길을 가는 것이다. 살아서 근심하고 한탄하는 것은 오히려 죽은 사람의 즐거움에 미칠 바가 못 되니 어찌 슬프지 않겠는가. 저 수성은 사람들이 통탄하며 원한에 잠긴 지 이미 오래되었다. 그러므로 나는 이제 쫓겨난 신하들과 외로운 아낙네들, 의로운 열사들과 근심하는 선비들을 찾아 그들의 얼굴이 너무 쉽게 이울어지며 귀밑머리와 수염이 때아닌 서리를 맞게 되는 이런 통탄할 사실들을 더는 없게 하려고 한다. 그러나 이미 지나간 일은 어찌할 도리가 없다. 지금 내가 신풍의 군사를 거느리고 있으니 선봉은 서주 역사요, 좌막은 합리해오라 비록 제갈량의 진법이 풍운진보다 더 깨웠다 하고 초패왕의 용맹이 고금에 으뜸이라고 하나, 어린애들의 놀음과 같을 뿐이니 어찌 능히 나를 당해내겠는가. 하물며 "세상이 다 취해도 나 혼자 깬다"라고 하던 초나라 굴원의 말은 마음에 개의하지도 않노라. 격문이 닿는 날에는 즉시 항복하는 깃발을 세우라.

출납관으로 하여금 목소리를 가다듬고 성안에 들리도록 격문을 읽게 하니 온 성안의 모든 사람이 항복할 생각뿐이었다. 다만 굴원 혼자만이 굴하지 않고 수염을 흩날리면서 어디론가 사라져버렸다.

장군이 바다 어귀로부터 파죽지세로 내달으니 치기도 전에 성문이 저절로 열리며 접전도 하지 않고 성안이 모두 항복하는 것이었다. 장군은 이에 무력을 빛내고 위세를 떨쳐 혹은 군사를 흩어 밖을 포위하고, 혹은 군사를 모아 성안에 진을 치니 그 기세는 바다에 조수물이 오름 같고 비가 내려 강성에 넘쳐나는 것 같았다.

천군이 영대에 올라서 바라보니 우중충하던 구름이 사라지고 자욱하던 안개가 걷히며 훈훈한 봄바람이 솔솔 불어오고 따스한 태양이 내리쬐는데 전에 슬퍼하고, 괴로워하던 자들은 더없이 즐거워하고, 원망하며 한탄하던 자들은 씻은 듯이 원한을 잊고, 울분하고 노여워하던 자들은 가신 듯이 풀리고, 안타까워 고민하던 자들은 흔연히 기뻐하며, 격분하여 팔을 걷어붙이던 자들도 좋아서 춤을 추는 것이었다.

유령은 그 덕을 칭송하고 완적은 가슴을 풀어 헤치며 도연명은 갈건을 쓰고 거문고를 타면서 뜰에 서 있는 나뭇가지를 비껴보는데 얼굴에 기쁨이 가득하고 이태백은 비단 도포에 흰 갓을 쓰고 술잔을 높이 들면서 밝은 달에 취해 있었다.

모두가 함뿍 취하여 몸을 가누지 못하게 되었을 때는 벌써 촛불을 밝혀야 할 저녁이었다. 눈앞에는 꽃잎이 날고 장막 안에는 달빛이 비쳐 드는데 장군이 미인을 옆에 앉히고 파진악을 연주케 하며 군사를 돌려보내니 천군이 대단히 기뻐하여 즉시 관성자를 불러 교지를 내리었다.

"나는 경에게 아무 은덕도 베풀지 못하였거늘 경은 나의 마음을 짐작하고 충성을 다했으니 경이야말로 나에게 큰 은덕을 베풀었다. 내가 장차 경의 공덕을 무엇으로 보답할꼬. 경에게 벼슬을 한 번 주고 두 번 주고 다시 한번 주더라도 경의 커다란 공적에 비하면 한갓 얼굴이 더욱 붉어질 뿐이라, 이제 곧 수성 옛 터에 새로 성을 쌓아서 경의 탕목읍을 만드노라. 그리고 3주 도독은 그대로 두노라. 또 환에 봉하고, 3등의 작위를 주어 환백작을 명하며 거창주 한 주전자를 주고 성대한 풍악을 베풀게 하나니 모든 사람은 그리 알지어다."

저자 소개

임제林悌, 1549~1587 : 조선조 중기 선조 때의 문신으로 자는 자순子順이며, 호는 백호白湖 또는 겸재謙齋다. 본관은 나주이며, 병마절도사 임진의 맏아들로 태어났다. 어려서부터 자유분방해 스승이 없었는데, 20세가 넘어서야 스승을 모셨다. 28세가 되어 생원, 진사에 합격하고, 알성시에 급제하여 흥양현감을 거쳐 예조정랑 겸 지제교知製敎에 이르렀다.

이이, 허균, 양사언 등과 교우한 당대의 명문장가로서, 특히 시에 능통했다. 성격이 호방하고 현실 정치를 개탄했으며, 시를 짓고 유람하다가 38세의 나이로 세상을 떠났다.

〈수성지〉, 〈화사花史〉, 〈원생몽유록元生夢遊錄〉 등 3편의 한문소설과 시조 3수,《임백호집》 4권이 남아 있다.

주제

현실에 대한 불만과 울분을 토로

작품 해설

《임백호집》 4권에 전하는 〈수성지〉는 의인체 한문소설로, 임제가 북평사에서 서평사로 옮겨 갈 때 감히 어사의 앞길에서 무례했다는 이유로 탄핵을 받은 후 지었다고 한다. 그의 나이 32세를 전후한 1578년경에 지은 것으로 추정하고 있다. 이 작품은 단순한 현실 도피라기보다는 현실을 풍자하고 계도하려는 암시로 가득하다.

인간의 마음을 의인화한 천군은 마음이 만물의 주인이라는 뜻이고, 술, 붓 등도 의인화되어 있다. 전반부는 천군소설의 영향을 받은 것으로 보이나, 후반부에서 수성을 격파하는 국 장군의 활약상은 또 다른 면을 보여주고 있다.

줄거리

천군이 다스리는 나라에는 인·의·예·지, 희·로·애·락, 시·청·언·동의 신하가 제각기 맡은 임무를 수행하여 태평성대를 누리고 있었다.

그러나 예전의 충신, 의사들이 무고하게 죽임을 당하여 그들이 수성을 쌓는다. 성에는 충의문, 장렬문, 무고문, 별리문 등 네 문을 설치하는데, 항상 불안과 수심이 가득해 그들의 세력이 천군에까지 미친다.

중대한 위기에 처한 천군에게 주인공은 수성을 뿌리째 없애버릴 방책을 제안하면서 국양을 추천한다. 그러자 국 장군과 친한 공방이 국 장군을 영접하여 수성을 치도록 했다. 국 장군은 마침내 천군의 명을 받아 군사를 거느리고 수성을 쳐 항복시켰다.

이에 온 성안은 화기가 돌고 수심은 일시에 없어졌다. 그리하여 천군의 나라는 다시 평온을 되찾았다.

독서 토론

천군소설의 영향을 받은 것으로 보이나, 후반부에서 국 장군이 수성을 치는 과정에서는 임춘의 〈국순전〉과 이규보의 〈국선생전〉 등에 영향을 받은 것으로 보인다.

천군소설과는 달리 허구적 수법을 동원해 복잡한 이야기를 지어내며 커다란 전진을 보인다. 그러나 사실적인 구체성이 없어서 본격적인 소설로서는 미숙하다고 하겠다.

천군소설로 조선조에 정기화가 지은 〈천군본기天君本紀〉와 정태제가 지은 〈천군연의天君衍義〉 등의 한문소설이 있다. 또한 임춘의 〈국순전〉과 이규보의 〈국선생전〉처럼 술을 의인화한 작품이 있다.

1   하늘의 군주라는 표현이지만, 이 소설에서는 인간의 일반적이고 보편적인 마음을 의인화한 것임.

2   인간의 본성인 인의예지를 의인화한 표현.

3   인간의 감정인 희로애락을 의인화한 표현.

4   보고 듣고 말하고 사물의 조리를 이해하는 것을 의인화한 표현.

5   흙으로 만든 계단이 3척 높이로 3단이 쌓인 대. 국가의 토목 공사를 가리키는 말.

6   배꼽 아래를 이르는 말.

7   만물의 주인이라는 뜻이지만, 이 소설에서는 인간의 이성을 의인화한 것임.

8   흙으로 만든 벼루. 벼루를 의인화한 표현.

9   붓을 의인화한 표현.

10   사람의 본성에서 우러나오는 네 가지 마음. 인에서 우러나온 측은지심, 의에서 우러나온 수오지심, 예에서 우러나온 사양지심, 지에서 우러나온 시비지심을 이른다.

11   의로운 기운이 당당함.

12   본래의 완성된 상태를 회복함.

13   끝없는 상태 혹은 우주의 처음 상태를 의인화한 표현.

14   슬픔의 의인화.

15   주나라의 왕으로, 중국 전국을 돌아다녔는데 특별한 말을 타고 다녔다고 한다.

16   횡격막이 있는 흉부. 이 소설에서는 사람의 마음을 의미함.

17   향기가 좋은 난.

18   마음속에 쌓인 무거운 마음을 의인화한 표현. 여기서는 돌 무더기를 담당하는 벼슬아치를 뜻하기도 한다.

19   조고대는 고금의 역사와 억울하게 죽은 원혼을 추모하는 곳이다. 네 개의 문은 각각 충성과 의로움, 장렬한 죽음, 무고한 죽음, 이별을 뜻한다.

20   새의 흰 깃털로 깃을 단 화살.

21 구슬로 꿰어 만든 발.

22 중국 한나라 때 장락궁 안에 있던 궁전. 주로 태후가 살았다.

23 임금.

24 중국 진나라 말기 항우의 총희. 절세미인으로 항우가 한나라 유방에게 포위되었을 때 자살
했다.

25 진나라 무제 때 부자였던 석숭의 애첩. 정조를 빼앗기지 않기 위해 누대에서 떨어져 죽었다.

26 구름에 걸릴 만큼 높은 나무.

27 할미새를 '척령鶺鴒'이라고 하는데, 항상 꽁지를 위아래로 흔들고 다녀서 화급한 일이 생기
면 서로 도와주는 형제의 모습에 비유되곤 한다. 여기서 유래한 '척령지회鶺鴒之懷'는 '형제
사이에 어려운 일을 서로 도와 구하는 마음'을 뜻한다.

28 관청이나 벼슬아치가 임금에게 올리는 말.

29 아주 깊숙이 가둠.

30 어찌할 수 없이 매우 급작스러운 사이.

31 술의 재료인 누룩을 의인화함.

32 몸차림이나 몸가짐.

33 천군에게 찾아와 성을 쌓게 해달라고 한 인물. 간신.

34 중국 삼국 시대 위나라의 사상가, 문학가, 시인.

35 중매. 여자를 소개함.

36 온순하고 인정이 두터움.

37 왕명을 받고 지방에 나가 있는 신하가 자기 관하의 중요한 일을 왕에게 보고하던 문서.

38 밖은 둥글고 안에는 네모난 구멍이 있는 엽전.

숙영낭자전 淑英娘子傳

작자 미상

조선 세종대왕 때, 경상도 땅에 한 선비가 살고 있었으니 성은 백白이요 이름은 상군尙君이라 하였다. 부인 정씨鄭氏와 20년을 함께 살아왔으나 슬하에 자식이 없어서 걱정하고, 늘 천지신명께 아들 하나 점지해주시기를 지성으로 축원하였다. 그 간곡한 정성으로 아들 하나를 점지받았는데, 점점 자라며 용모가 수려하고 성품이 온유하며 문재文才가 넘쳐흘렀다.

백상군 부부는 하늘이 내려주신 이 외아들을 금지옥엽 애중하여 이름을 선군仙郡이라 하고 자를 현중賢仲이라고 지었다. 백선군은 자라서 어느덧 장가들 나이에 이르렀다. 부모는 자식에게 적당한 짝을 얻어서 슬하에 두고 살아가는 재미를 보고자 널리 구혼하였으나 알맞은 혼처가 얼른 나타나지 않아 항상 걱정이었다.

이때 봄볕이 따뜻하게 버들가지를 희롱하는 좋은 계절에 선군이 서당에서 글을 읽다가 몸이 피로하여 책상에 기댄 채 깜빡 잠이 들었다. 갑자기 녹의홍상으로 차려입은 아름다운 낭자가 살며시 방문을 열고 들어와서는 두 번을 절하고 옆에 앉더니 이렇게 말하는 것이었다.

"도련님께서는 저를 모르시나요? 제가 여기에 온 것은 다름이 아니오라 천생연분이라 찾아 뵙습니다."

낭자의 말을 듣고 선군은 크게 놀라 물었다.

"나는 진세塵世의 속객俗客인데 낭자는 천상의 선녀가 아니오? 그런데 어찌하여 우리 사이에 연분이 있다 하시오?"

"도련님께서는 원래 천상에서 비를 내리는 선관仙官이었는데 어느 날 비를 잘못 내리신 탓에 그 죄로 인하여 인간 세상에 귀양을 오셨으니 머지않아 저와 더불어 만날 날이 있을 것입니다."

선녀 낭자는 홀연히 사라져버렸다. 선녀는 사라졌되 그 향기는 사라지지 않아 선군이 이상히 여겨 선녀가 사라져간 허공을 향해 바라보는 동안에 잠에서 깨어나니, 책상에 기대 잠시 꾼 꿈이었다. 그러나 꿈속에서 본 선녀의 모습이 너무나 확연해서 잠을 깨고 난 후에도 그 모습이 눈에 선연하고 맑고 고운 음성이 귓가에 쟁쟁하였다. 그 후부터 선군은 꿈속에서 만난 그 낭자의 아리따운 모습을 잊을 수가 없어서 마음이 초조하고 불안하여 마침내는 병이 되어 몸까지 쇠약해지기에 이르렀다.

형용이 수척하여 번민하는 기색이 역력해진 선군을 보고 그의 부모가 크게 염려하고 그 연유를 물었다.

"너의 병세가 심상치 않으니, 무슨 곡절이 있거든 숨기지 말고 말해라."

"별로 걱정할 만한 일은 없으니 안심하십시오."

그는 서당으로 물러나 잡념을 잊고자 가만히 누웠다. 그러나 마음은 낭자 생각으로 가득해 모든 일에 흥미가 없었다. 그런데 이때 갑자기 그 낭자가 구름처럼 나타나서 선군의 옆에 앉으면서 위로하는 것이었다.

"도련님께서 저를 생각한 나머지 이처럼 병을 얻었으니 어찌 제 마음이 편하겠습니까? 제가 도련님을 위로해드리고자 제 화상과 금동자 한 쌍을 가져왔사오니, 제 화상을 도련님 침실에 두시고 밤이면 안고 주무시고, 낮에는 벽에 걸어두고 도련님의 울적한 마음을 달래십시오.”

선군은 너무나 반가워 낭자의 고운 손을 부여잡고 다정하게 속삭이려고 할 찰나, 그만 낭자의 자취는 사라져버렸다. 깜짝 놀라 깨어보니 꿈이었다. 그러나 금동자 한 쌍과 낭자의 화상이 분명히 옆에 놓여 있는 것이 아닌가? 선군은 기이하게 여겨 금동자는 상 위에 올려놓고, 화상은 벽에 걸어두고 밤낮으로 그 곁을 떠나지 아니하였다.

이러한 소문이 밖으로 퍼져 세상 사람들이 신기하게 여기고 모두들 구경코자 선군의 집으로 몰려들었다. “백선군의 집에는 선녀가 갖다준 신기한 보배가 있다”라며, 저마다 비단을 갖다가 그 화상과 금동자 앞에 바치고는 구경도 하고 저마다 복을 빌기도 하였다. 그리하여 백선군의 집은 점점 형편이 나아지게 되었다.

그러나 백선군은 오로지 그 낭자를 사모하는 일념으로 넋을 잃어 만사에 뜻이 없었는지라 그 정경은 참으로 가련했다. 점점 악화되는 병세로 선군은 백약이 무효하여 드디어는 자기에 드러누워 식음을 전폐하기에 이르렀다.

선군의 그러한 딱한 상황을 동정하여 낭자도 ‘선군이 나를 사모한 까닭에 이처럼 병을 얻었는데 내 어찌 가만히 있겠는가?’ 하고는 선군의 꿈에 자주 나타나서 위로해주었다.

“도련님께서 저를 잊지 못한 나머지 이처럼 병을 얻었으니 저로서는 이토록 고마울 데가 없어서 다만 감격할 뿐입니다. 저와의 연분은 아직 때가 되지 않았기에, 시녀 매월이를 보내오니 저를 보는 듯이 매월이를 보시고 더불어 심사를 위로하십시오.”

낭자는 홀연히 사라져버렸다. 잠에서 깨어난 선군은 그 꿈을 신기하게 여기고, 낭자의 부탁대로 매월이를 시첩으로 삼아 울적한 심회를 풀었다. 하지만 낭자를 향한 애정은 여전히 선군을 괴롭혔다.

밤낮으로 낭자를 사모하는 마음을 잊지 못하는 선군은 창밖의 새 소리에도 낭자의 생각으로 애간장이 굽이굽이 녹는 듯하였다. 날이 가고 달이 갈수록 선군의 괴로운 상사병은 뼛속 깊이 박히고 말았다.

선군의 부모는 병이 갈수록 점점 더 위독해지므로 당황하고 초조하여 갖은 약을 다 쓰고 백가지 문복問卜을 하였으나 조금도 차도가 없어 눈물로 세월을 보냈다.

이때 낭자가 또 생각하기를, '도련님의 병세가 저와 같이 위독하여 백약이 무효하니 하늘이 정한 연분의 시기가 아직 멀었지만 더 이상 기다릴 수가 없구나' 하여 선군의 꿈속에 나타나 알려주었다.

"우리가 아직 만날 시기가 되지 않았습니다만, 도련님께서 그토록 제 생각으로 괴로워하시니 제 마음도 편하지 못합니다. 도련님께서 저를 만나시고자 하신다면 부디 옥연동玉淵洞으로 찾아오십시오."

잠에서 깨어난 선군은 꿈속의 황홀함을 잊지 못하여 어찌할 줄 모르다가, 마침내 결심하고는 부모님 앞으로 나아갔다.

"요즈음 제 마음이 불안하여 침식이 여의치 못하오니, 경치 좋은 산천과 이름난 절을 두루 유람하여 울적한 심사를 달래보고자 합니다. 옥연동은 특히 산천의 경치가 매우 수려하다 하오니 그곳에나 수삼 일 다녀오겠습니다."

부모는 아들의 말을 듣고는 깜짝 놀라며 만류하였다.

"네가 정말 실성을 한 게로구나. 몸이 그토록 쇠약하여 문밖출입도 부자연한데 그 험악한 산중엘 어떻게 간단 말이냐?" 하고는 허락해주지 않았다. 하지만 선군은 끝내 굽히지 않고 졸라대었다.

아들이 꼭 가려고 하므로 부모도 결국은 승낙하지 않을 수 없었다. 백선군은 한 필 말에 올라 동자 한 명만 데리고 옥연동을 향하여 출발하였다.

산길은 멀고 험하였다. 산행에 밝지 못한 선군은 옥연동을 찾지 못한 채 길을 잃고 방황하였다. 날이 저물어지기 시작하자 선군은 하늘을 우러러 하소연하였다.

"밝으신 하늘은 저의 뜻을 가련히 여기시고 옥연동으로 인도하소서."

천만 가지 심회가 교차하는 가운데 한 곳에 이르니 어느덧 날이 완전히 저물고 미처 떠나지 못한 새들이 저마다 다투어 보금자리를 찾는 중이었다.

산은 울울첩첩하여 천봉만학이요, 물은 고요히 흘러서 한 폭의 그림을 만들고 있었다. 못에는 연꽃이 피어 불심佛心을 머금었고, 깊은 골에는 모란이 피어 학의 깃털처럼 날리고 있었다. 그 사이로 백설 같은 나비들이 한가로이 날아들고 버들가지 사이로 드나들며 지저귀는 꾀꼬리 소리는 가히 황금의 음향이었다. 은하수를 휘어낸 듯 층암절벽으로 폭포수가 걸리고, 오작교를 방불케 하는 돌다리가 명사청계明沙淸溪에 걸려 외로운 길손의 심정을 헤아리고 있는 듯하였다.

백선군은 그러한 풍경을 좌우로 지나치면서 곧장 산으로 들어갔다. '별유천지 비인간別有天地 非人間'[1]이라더니, 정말 정신이 상쾌해지며 저절로 새의 깃털이 되어 선경仙境으로 올라갈 것만 같았다.

다시 얼마를 가다 보니 주란화각朱欄畵閣[2]이 구름 위에 두둥실 떠 있고, 그림 같은 비단 창문이 은은하게 빛나는데 금자金字로 '옥연동'이라고 뚜렷이 쓴 현판이 걸려 있었다. 너무도 기쁜 나머지 백선군은 경황없이 당상으로 뛰어 올라갔다. 그때 낭자 한 명이 불쑥 앞으로 나서며 물었다.

"그대는 속객俗客으로서 어찌 감히 선경을 범하느냐?"

선군은 공손하게 말하기를, "나는 산에 유람 온 사람으로서 산천 경치에 취하여 돌아다니다가 길을 잃고 방황하여 여기까지 왔는바, 이곳이 선경인 줄도 모르고 무례히 범하였사오니 용서해주옵소서".

"그대가 몸을 아끼거든 어서 이곳에서 물러나라."

선경의 낭자에게 쫓겨나자 선군은 낙심하여 생각하되, "이곳이 분명히 옥연동인데 만약 이 기회를 놓치면 어찌 그리운 낭자를 다시 만나랴?" 하고는, 다시 용기를 내어 안으로 들어갔다.

"낭자께서는 어찌하여 나를 이토록 괄시하십니까?"

그러자 그 낭자는 다시 들은 체도 않고 방으로 들어간 뒤에는 도무지 내다보지도 않는 것이었다. 선군은 망설이다가 할 수 없이 다시 당을 내려오기 시작했다.

이때 낭자가 방에서 나와 옥 같은 얼굴에 화사한 기색을 가득 담고 화란畫欄에 기대어 서서 붉은 입술을 반쯤 열어 미소를 보내며 나직한 목소리로 백선군을 불렀다.

"낭군께서는 가시지 마시고 제 말씀을 들으십시오. 낭군께서는 어찌 그리 눈치도 없으신가요? 우리 사이에 제아무리 하늘이 정해준 연분이 있다 하더라도 처녀의 몸으로서 어찌 그리 쉽게 허락할 수 있겠습니까? 낭군께서는 부디 섭섭한 생각 갖지 마시옵고 다시 올라오십시오."

백선군은 선녀의 목소리를 듣자 전에 꿈에서 보던 그 낭자임을 알고는 기쁨을 이기지 못하여 곧장 당상으로 뛰어 올라가서 낭자의 얼굴을 자세히 바라보았다.

낭자의 얼굴은 틀림없이 그 얼굴이었다. 얼굴은 구름 속의 보름달과 같이 희고 고왔으며, 그 태도는 아침 이슬을 머금은 한 떨기 모란과도 같았다. 두 눈에 머금은 추파는 맑은 물과 같고, 가는 허리는 봄바람에 나부끼는 버들가지 같았

으며, 붉은 입술은 마치 앵무단사鸚鵡丹沙를 물고 있는 듯하여, 그 아리따운 모습
이란 가히 독보적인 절세가인이라고 할 만하였다.

선군은 마음이 더없이 황홀하여 낭자를 보고 이르되, “이제 낭자처럼 아름다
운 선녀를 대하니 오늘 밤은 죽더라도 여한이 없겠습니다” 하고는, 그동안 낭자
생각에 잠 못 이루던 그 무수한 밤의 정회를 술회하니 낭자는 수줍어하면서 말
하였다.

“한낱 저 같은 계집을 그처럼 잊지 못하여 병까지 얻으셨으니 어찌 대장부라
하겠습니까? 우리가 하늘의 정하심으로 배필을 맺을 기약이 아직도 3년이나
남았습니다. 3년이 지나면 파랑새로 하여금 중매를 서게 하여 함께 만나 육례六
禮를 이루고 백년해로할 것입니다. 그러나 만약 오늘 제 몸을 낭군님께 허락한
다면 천기를 누설한 죄로 천상에 갇혀 다시는 인간 세상으로 내려갈 수 없습니
다. 그러하온즉 낭군께서는 오늘 초조한 마음을 참으시고, 앞으로 3년만 더 기
다려주십시오.”

“그동안도 이렇듯 참지 못하고 병까지 얻었는데, 한시인들 어찌 더 견디겠
소? 오늘 내가 이대로 돌아간다면 남은 목숨도 부지하지 못하고 죽어서 구천
을 방황하는 원혼이 될 것이니, 그렇게 된다면 어찌 낭자의 한 몸인들 편안하리
오? 모름지기 낭자께서는 나의 간절한 정상을 살피어, 그물에 갇힌 고기를 살
려주시오.”

선군은 낭자의 손을 부여잡고 간곡히 애원하였다. 선군의 정성이 지극하여
또한 그 정상이 가긍한지라, 낭자는 마음을 돌려 미소를 지으니 꽃떨기 같은 얼
굴에 화색이 무르익었다.

선군은 낭자의 손을 끌어 잡고 침실로 가서 그동안 쌓아온 가슴속의 회포를
마침내 풀었다. 절절하고 황홀한 운우지락雲雨之樂[3]이 끝난 후 낭자는 부끄러운

모습으로 일어나 앉으며 말하기를, "이미 제 몸이 부정해져서 더 이상 이 선경에 머물러 있을 수가 없으니, 낭군님을 따라 함께 가겠나이다" 하고는 청노새를 끌어내어 선군과 함께 나란히 타고 집으로 향하였다.

선군의 부모는 쇠약해진 아들을 보낸 뒤 초조하고 불안하여 좌불안석 잠을 못 이루다가 결국 노복을 사방으로 보내 선군의 종적을 찾았으나 그 자취가 묘연하였다.

백상군 부부는 집을 나간 아들 선군의 소식을 알지 못하여 근심 걱정으로 해와 달을 보내던 중, 하루는 말발굽 소리가 문전에 들리더니 뜻밖에도 집을 나간 선군이 돌아왔다.

선군은 곧장 집 안으로 들어와 부모님께 절을 한 후, 그동안 다녀온 자초지종을 이야기하였다. 양친은 잃었던 외아들을 다시 찾은 듯이 기뻐하였다.

"그동안 어떤 곳을 두루 다녔느냐? 네가 집을 나간 뒤에 사방을 찾아 헤매어도 너의 자취를 찾을 수 없어 늙은 우리는 연일 문에 기대어 너 오기만을 학수고대하였단다."

"부모님께 걱정을 끼쳐드려 몸둘 바를 모르겠나이다. 저는 옥연동에 가서 그동안 마음속에 그리던 낭자를 만났나이다."

집을 나간 후 다시 돌아오기까지의 자초지종을 낱낱이 말씀드리고, 낭자를 집 안으로 들여 부모님을 뵙게 하였다.

낭자가 종종걸음으로 사뿐사뿐 걸어서 부모께 절을 하니, 부모는 천만뜻밖이라 낭자를 자세히 살펴보았다. 그 기품 있는 체모와 아리따운 얼굴이 도저히 인간이라고는 믿어지지 않았다.

꿈인가 생시인가, 부모는 기뻐하여 낭자를 애지중지하고 동별당에 침소를 정해주니, 선군과 낭자의 금실은 실과 바늘처럼, 물과 물고기처럼 결코 떨어질 줄 몰랐다.

이렇듯 선군은 낭자와 한시도 떨어지지 않아, 드디어는 학업을 전폐하기에 이르렀다. 부친이 선군의 장래를 위하여 매우 걱정하였으나, 낭자와 떨어지라고 하면 또다시 상사想思의 병이 될까 하여 그냥 두고 지켜보는 수밖에 도리가 없었다.

세월은 유수같이 흘러서 어느덧 8년이란 세월이 흘렀다. 그동안 남매를 두었는데 천성이 영혜穎慧[4]하고 총명한 딸의 이름은 춘앵春鸚이라 하였고, 아들은 동춘東春이라 하였다. 춘앵의 나이 일곱에 동춘의 나이는 셋으로, 특히 동춘은 부친의 기풍에 모친의 모습을 닮아 집안의 화기를 더욱 북돋아주는 보배로운 존재였다.

집 안의 동편 뜰에 정자를 짓고, 꽃피는 아침나절과 달이 뜨는 저녁 무렵에는 젊은 부부가 정자에 올라앉아 칠현금七絃琴을 타며 노래를 화답하여 아름다운 풍류 세월을 보냈다. 하지만 부모는 늘 아들이 공부에 뜻이 없는 것을 탄식하였다. 그러던 차에 마침 알성과謁聖科를 실시한다는 방이 나붙었다. 이것을 계기로 부친은 아들 선군을 불러놓고 조용히 타일렀다.

"나라에서 이번에 과거를 실시한다 하니 너도 꼭 응시하여라. 다행히 급제한다면 조상을 빛내고 부모도 영화롭지 않겠느냐?"

부친의 타이름을 들은 선군은 정좌한 채로 여쭈었다.

"아버님, 불효불측한 자식을 굽어살피소서. 과거며 공명은 모두가 한낱 속물이 탐하는 헛된 욕심입니다. 우리 집에는 수천 석을 헤아리는 전답이 있고, 노비가 1천여 명이나 되며, 하고자 하는 일은 마음대로 할 수 있는데, 무슨 복이 부족하여 과거에 급제하여 벼슬아치 되기를 바라십니까? 과거에 응시하려 집을 나선다면 낭자와는 이별하게 되니 사정이 절박하옵니다."

선군은 동별당으로 돌아와 낭자에게 부친이 과거 응시를 권고했다고 전하였다. 그 말을 듣고 낭자는 조용히 미소를 지으며 사랑이 그윽한 눈길로 선군을 타이르는 것이었다.

"과거를 보시지 않겠다는 낭군님의 말씀은 그릇되었습니다. 대장부가 세상에 나면 입신양명하여 부모님을 영화롭게 하는 것이 자식 된 도리입니다. 그런데 낭군께서는 저 같은 규중처자에게 얽매여 장부의 당당한 일을 포기하고자 하시니, 이것은 불효가 되고 그 욕이 마침내 저에게 돌아오니 결코 마땅한 일이 아닙니다. 하오니 낭군께서는 깊이 생각하시어 속히 과거를 준비하시고 상경하여 남의 웃음을 면하십시오."

이처럼 충고하면서 과거에 응시할 차림과 여정의 행장을 갖추어주는 것이었다. 행장이 차려지자, 낭자는 다시 강경하게 다짐하였다.

"낭군께서 이번 과거에 급제하시지 못하고 낙방거사가 되어 돌아오신다면 저는 결코 살지 않을 것입니다. 그러니 다른 잡념 일체를 버리시고 오직 시험에 대한 일념으로 상경하셔서 꼭 급제하여 돌아오십시오."

부모에게 듣던 말보다도 낭자에게 들으니 선군은 급제가 절실해졌다. 할 수 없이 부모님께 하직 인사를 올리고 떠나려다가 다시 낭자에게 들러 말하기를, "내가 과거에 급제하여 돌아올 때까지 부디 부모님 잘 모시고 편안한 마음으로 기다리시오" 하고는 평범한 말로 이별을 고하였다.

겉으로는 태연한 척하였지만, 사랑하는 아내를 두고 떠나려 하니 걸음이 옮겨지지 않아 한 걸음에 멈추어 서고 두 걸음에 뒤를 돌아보며 애련한 정을 뿌리치지 못하였다.

이를 보고 낭자가 중문 밖에까지 따라나가 배웅하면서 남편과 마찬가지로 기쁨과 슬픔을 억제하지 못하였다. 선군은 마침내 눈물이 앞을 가려 처절한 정경을 보이면서 사랑하는 숙영 낭자와 이별하였으나 발걸음이 떨어지지 않아 그날은 하루 종일 30리밖에 가지 못하였다.

주막집을 찾아들어 저녁상을 받고서도 오직 낭자 생각에만 골몰하여 음식조차 먹을 수 없었다. 이를 본 하인이 민망히 여겨 근심을 토로하였다.

“그토록 식사를 안 하시면, 앞으로 천릿길을 어떻게 가려 하십니까?”

“아무리 먹으려 해도 밥이 목구멍으로 넘어가질 않는구나” 하고는 길게 탄식할 뿐이었다. 적막한 주막집 방을 좌정하고 앉으니 더욱 마음이 산란해졌다.

마치 낭자가 곁에 있는 듯하여 껴안아보면 허공뿐이라 허전하기 이를 데 없고, 낭자의 소리가 들려오는 듯하여 숨을 멈추고 귀를 기울이면 낭자의 목소리 대신 창밖의 소슬한 바람 소리가 공허한 적막감을 더욱 무겁게 해줄 뿐이었다. 밤이 깊어갈수록 점점 더 잠이 오지 않아 그 허전함에 결국 실신할 것만 같았다.

시간이 흐를수록 낭자의 생각이 간절해진 선군은 하인이 잠들기를 기다려 부랴부랴 신발을 둘러메고 나는 걸음으로 집에 돌아와 담을 넘어 아내의 방으로 들어갔다. 잠자리에 누워 있던 낭자가 크게 놀라며 일어나 앉았다.

“이 밤중에 어인 일입니까? 아침에 떠나신 분이 어느 곳에 계시다가 다시 돌아오셨나요?”

선군은 낭자는 고운 손을 이끌어 금침 속으로 끌어들여 밤이 다하도록 애틋한 정회를 풀었다.

이때 부친이 아들을 서울로 과거 응시를 보내고는 심사가 허전하여 잠을 못이루다가 청려장을 짚고 마당 안을 돌아다니며 문단속을 살피고 동정을 가늠하였다. 그런데 동별당에 이르니 낭자의 방 안에서 갑자기 다정하게 주고받는 말소리가 들리지 않는가? 남편인 아들이 집을 비우고 없는 마당에 며느리 방에서 웬 남자의 목소리가 들리다니 백 공은 기절초풍을 면치 못할 지경이었다. 한편으로는 귀를 의심하면서도 한편으로는 해괴한 생각을 금할 수가 없었다.

"며느리 숙영이는 얼음같이 차갑고 옥같이 맑은 마음과 송죽처럼 굳은 절개를 가진 숙녀이거늘, 어찌 외간 남자를 끌어들여 음행한 짓을 하랴? 하지만 세상일이란 알 수 없는 것이니 한 번 알아봐야겠구나."

속으로 불길한 생각을 가지며, 가만가만 별당 앞으로 다가가서 귀를 기울이고 방 안에서 들려오는 목소리를 엿들어보았다. 그때 숙영이 소리를 낮추어 말하였다.

"시아버님께서 문밖에 와 계신 듯하니, 당신은 이불 속에 몸을 깊이 숨기십시오."

그리고 잠에서 깨어나는 아이를 달래면서 하는 말이, "아가 아가 착한 아가, 어서 어서 자려무나, 아빠께서 장원급제하여 영화롭게 돌아오신다. 우리 아가, 착한 아가, 어서 어서 자려무나".

백 공은 크게 의심하였으나 며느리의 방 안을 뒤져서 외간 남자를 적발해낼 수도 없고 하여 그냥 꾹 참고 돌아왔다. 이때 숙영 낭자는 시아버지가 창밖에는 엿듣는 기척을 재빨리 알았기 때문에 남편을 재촉하여 강경히 충고하였다.

"장부로서 과거길을 떠나다가 규중처자 하나를 못 잊고 다시 돌아옴은 군자의 도리가 아니며, 만약 시부모님께서 이 사실을 아신다면 저를 요망한 계집이라고 책망하실 터이니 날이 밝기 전에 어서 돌아가십시오."

선군은 숙영의 말을 옳게 여겨 다시 옷을 주워 입고 담을 넘어 도망치듯이 주막집으로 달려갔다. 그리운 임을 보고자 오가는 길은 천리가 지척 같아 걸음도 빨라서, 주막에 돌아오니 아직도 하인이 잠에 깊이 빠져 있었다.

날이 밝아 다시 길을 재촉하여 떠났으나 낭자의 모습이 눈앞에 아른거려 도무지 발걸음을 뗄 수가 없었다. 한 걸음 한 걸음 떼어놓는 발길이 마치 천 근같이 느껴지고 또한 뒷머리를 숙영 낭자가 뒤에서 잡아당기는 것만 같아 하루 종일 겨우 10리 길을 걷다가 해를 넘기고 말았다.

다시 주막에 숙소를 정하고 달빛이 은은한 객창에 홀로 앉아 심사를 달래더니, 숙영 낭자의 사랑스러운 눈길과 붉은 입술을 반개한 미소의 얼굴이 눈앞에 어른거려 도무지 잠이 올 것 같지 않았다. 이리 돌려 앉고 저리 뒤척여 앉으며 고민을 쌓다가 결국은 마음을 가라앉히지 못하고 또다시 집으로 달려갔다. 어젯밤과 마찬가지로 또 담장을 넘어 낭자의 방으로 슬며시 들어가니 낭자가 크게 놀라 일어나 앉으며 낭군을 꾸짖었다.

"낭군께서는 어젯밤에 제가 그토록 간곡히 부탁드린 말씀을 잊으셨습니까? 이처럼 저를 애틋하게 생각해주는 정의情誼는 고마우나 이런 일로 인하여 천금 같은 귀체貴體가 여행 중에 병을 얻으시면 어찌하려고요. 지금 이 순간부터는 제 생각일랑 딱 잘라내시고 어서 떠나서 과거에 늦지 않도록 상경하소서."

숙영 낭자는 강경한 표정으로 이와 같이 말하였으나 그 목소리는 비가悲歌처럼 떨리고 눈망울에는 알알이 이슬이 맺혀 있었다.

"난들 어찌 모르겠소만, 낭자를 하룻밤만 보지 못하여도 미칠 것 같은 심사에 잠을 이룰 수가 없으니 어찌하겠소. 과거를 치르지 못하여도 결코 낭자와 떨어져서 지낼 수는 없소."

"낭군께서는 정말 딱하신 분이십니다. 그러하시면 앞으로는 제가 낭군님이 가시는 숙소마다 밤으로 찾아가서 위로해드릴 테니 걸음을 늦추지 마십시오."

"낭자는 규중의 아녀자로 걸음도 느릴 텐데 어찌 점점 멀어져가는 길을 밤마다 나를 찾아 왕래할 수가 있겠소?"

"그것은 제가 알아서 할 테니 염려하지 마시고 앞으로 다시는 집으로 걸음을 돌리지 마십시오. 이왕 먼 밤길을 오셨으니 빨리 회포나 푸시고 날이 밝기 전에 급히 떠나십시오."

숙영 낭자는 그토록 지극히 사랑해주는 낭군의 정성이 고마워서, 머뭇거리는 낭군의 몸을 이끌어 서둘러 금침으로 데려갔다. 그리고 다시 몸을 빼어 일어나 앉아 한 장의 그림을 주었다.

"이 화상은 저의 모습 그대로이니, 길을 가시다가 제가 보고 싶어지면 꺼내 보시고 심회를 푸십시오. 만약 이 화상의 빛이 변하거든 제 몸이 불편한 줄 아세요."

그리고 눈물을 뿌리며 날이 밝기 전에 어서 선군을 집에서 떠나보내려고 달래었다.

선군의 부친 백 공은 어젯밤의 며느리의 행실이 괘씸하여 울분을 참고 있다가 오늘밤에도 발소리를 죽이고 동별당으로 가서 창 밑에 서서 귀를 기울이고 엿들었다. 숙영의 음성이 나직히 들리다가 가끔 남자의 음성이 알아들을 수 없을 정도로 가느다랗게 흘러나왔다.

"이런 고얀 일이 있나? 이런 해괴한 일이 우리 집에서 일어나고 있다니 웬 망신인가? 우리 집의 담장이 저렇듯 높고 아래위로 눈이 적지 않은데, 어찌 외간 남자가 남편 없는 틈을 타서 밤마다 드나들까? 이는 필시 두 연놈이 짜고 밤으로 통정通情을 하는 게 틀림없다. 저 아이가 내 집 며느리가 되어 부모에게 효성이 지극하고 제 남편에게도 유달리 다정하였는데, 이처럼 간통의 흉죄를 범하다니 실로 사람의 마음의 옥석玉石은 가리기 어렵구나."

부친의 의심이 점점 짙어졌다. 백 공은 그날부터 이 일을 어떻게 하면 흉한 소문이 나지 않고 처리할 수 있을까 하고 고민하기 시작하였다. 그러다가 결국 부인을 불러서 자초지종을 말하였다.

"아직 그 외간 남자가 누구인지는 알지 못하나, 만일에 이런 불미한 일이 밖으로 새어 나가면 양반의 집에서 체통이 어떻게 되겠소? 이 일을 장차 어찌하면 좋을꼬?"

"그런 일이 있을 리가 있겠소? 그것은 아마 영감이 잘못 들으셨을 거요. 우리 숙영이가 어떤 며느린데 공연한 누명을 씌우려 하시오? 그토록 의심이 되면 내막을 더 자세히 알아보십시다."

"나 역시 믿고 싶지 않으나, 내 귀로 이틀 밤이나 들었기에, 며느리를 불러 나무랄까 하면서도 괜히 누명을 씌워 시아비의 체면을 잃을까 두려워하여 주저하고 있었으나, 아무래도 오늘은 며느리를 불러 엄히 물어봐야겠소."

백 공은 이미 마음을 굳힌 것 같았다.

"그러시다면 같은 말을 물으시더라도, 의심을 보이는 질문을 하시지 마시고 넌지시 떠보시도록 조심하시구려."

부인은 앞일을 걱정하여 남편에게 조심하도록 당부하였다. 이리하여 시부모는 시비를 시켜 숙영 낭자를 시부모의 처소로 불러들였다.

"춘앵의 아비가 서울로 떠난 뒤에 집안이 하도 적적하기로 내가 마당을 두루 돌아다니다가 네 방에 가까이 갔을 때, 방 안에서 웬 남자의 목소리가 들린 듯하기로, 이상히 여기고 돌아와서 곰곰이 생각하여 본즉 설마 역시 네 방에서 또 남자의 목소리가 들리니 도대체 어떻게 된 일이냐? 너를 차마 의심하는 것은 심히 마음이 괴로우나, 여하간에 사실대로 말해다오."

숙영이 크게 놀라 안색이 변하였으나 이내 곧 마음을 가라앉히고 태연하게 말하였다.

"밤이 되면 늘 잠을 설치는 춘앵이와 동춘이 남매를 데리고 매월이와 애기를 나누며 지내었으나, 외간 남자가 어찌 제 방에 와서 이야기를 하겠습니까? 저로서는 정말 천만뜻밖의 말씀입니다.”

백 공은 더 이상 물을 수가 없어서 며느리를 돌려보내고, 시녀 매월이를 불러 엄하게 문초했다.

“너는 어제 그제 이틀 밤에 아씨 방에서 시중을 들었느냐?”

“소녀의 몸이 약간 불편하여 이틀 동안은 밤중에 가 뵙지 못하였습니다.”

매월의 대답을 듣고 보니 백 공의 마음은 더욱 의심이 짙어졌다.

“그게 사실이렷다? 요즈음 해괴한 일이 있어서 아씨에게 물은즉 밤으로는 너와 함께 자고 있었다 하거늘 너는 또한 아씨에게 간 적이 없다 하니, 말이 서로 같지 않으니 아씨가 외간 남자와 정을 통한 게 분명하다. 너는 앞으로 아씨의 동정을 비밀리에 잘 엿보아 아씨 방에 드나드는 놈을 붙잡아 대령하라. 만약 이 말이 아씨에게 누설된다면 너는 살지 못하리라.”

비밀리에 엄명을 내렸다.

매월은 목숨이 아까워서 밤낮으로 아씨 방을 지켰으나, 외간 남자는 씨도 안 보이니, 없는 도적을 어떻게 잡을 수가 있겠는가? 백 공의 엄명은 괜히 매월이로 하여금 간계를 꾸미게 하는 기회를 만들어주었다.

매월은 늘 숙영 낭자에 대하여 심한 질투를 느끼고 있었다. 숙영 낭자가 선군을 만나 이 집에 정식 부인으로 오기 전까지만 해도, 꿈속의 숙영을 잊지 못하여 괴로워하는 선군의 정회를 풀기 위하여 임시 종첩으로 사랑하였으나, 숙영 낭자가 정식 부인으로 들어온 다음부터는 종첩 신세에서 하락해 단순한 시비로서 소박당한 몸이 된 것이다. 이렇게 쌓인 몇 년 동안의 질투를 풀 수 있는 절호의 기회가 매월에게 주어진 것이다.

바야흐로 서방님이 없는 이 기회에 영감마님이 숙영 낭자의 부정한 행실을 의심하였으니, 바로 이때를 이용한다면 숙영 낭자를 간통죄로 몰아 없애버릴 수가 있지 않겠는가? 매월은 독한 마음을 먹고 그동안 마음속에 쌓아온 질투의 성을 허물기로 결심하였다.

인생에 있어서 기회란 늘 그리 흔하지 않은 법, 매월은 이 기회를 이용하여 숙영 낭자를 없애 버림으로써 그동안 뼛속 깊이 사무친 질투의 원한을 풀고자 하였다. 아씨 몰래 수천 냥의 돈을 훔쳐내어 무뢰배 한 명을 매수하였다.

"너가 만약 내 말대로 해준다면 돈 수천 냥을 주마."

리하여 불량배 한 명이 팔을 걷고 쑥 나서서, "내가 무엇이든지 해내겠다" 하니, 그자는 이름을 도리라고 하는 힘이 세고 언변이 좋은 무뢰한이었다. 매월은 도리를 조용한 곳으로 끌고 가서 다음과 같이 말하였다.

"내가 너에게 부탁하고자 하는 것은 다른 것이 아니라, 이 댁의 서방님께서 나를 소첩으로 삼아 예전에는 끔찍이 사랑하시더니 숙영 낭자를 본실로 맞아들 인 후로는 8년이 넘도록 한 번도 가까이하지 않고 종년으로만 부려먹으니, 내 마음이 어찌 절통하지 않겠느냐? 그러므로 숙영 낭자를 모함하여 이 댁에서 몰 아내어 분함을 풀고자 하니, 너는 내가 하라는 대로 착오 없이 해야 한다?"

"누구 부탁인데 소홀히 하겠니? 더욱이나 돈까지 많이 준다는데 무슨 일인들 못 할까? 죽기 아니면 해낼 테니 염려 푹 놔라."

도리가 이렇게 거듭 다짐하니, 매월은 그날 밤에 동별당으로 통하는 뒷문을 열어주면서 귓속말로 말하기를, "여기서 기다리고 있거라. 내가 영감 처소에 가 서 적당히 둘러대면 영감이 격분하여 뛰쳐나올 것인즉, 그때 너는 영감이 볼 수 있도록 낭자의 방에서 나오는 척하고 뒷문을 열고 도망하되 부디 실수하지 말 라".

"그건 염려 말고 어서 행동 개시나 해라."

매월은 곧장 영감 처소로 달려가서 여쭈기를, "영감님의 분부를 받고 밤마다 잠을 자지 아니하고 동별당을 지켰는데, 오늘 밤에 과연 어떤 놈이 아씨 방으로 몰래 들어가서 해괴한 희롱을 하고 있기에 서둘러 고하옵나이다. 제가 어떤 놈이 들어온 줄을 알고는 창문 뒤로 가서 아씨 방안의 거동을 엿들은 즉 끔찍한 흉계를 꾸미고 있어 놀랐나이다. 아씨가 그놈에게 이르는 말이 서방님은 벌써 낙방거사가 되어 돌아올 것인즉 죽여버리고 재물을 훔쳐서 같이 도망가서 살자고 수작하지 않겠습니까? 어쩌면 그렇게도 현부인의 탈을 쓰고 오신 아씨가 그토록 변심을 하였는지 알다가도 모를 일입니다. 하오나 영감마님께서 현명하셔서 그런 징조를 미리 아시고 저에게 증거를 잡으라고 분부하셔서 천만다행입니다. 아씨 방에 든 저놈을 그냥 두었다가는 서방님께서 어떤 변을 당하실는지 모르니 어서 바삐 영감마님께서 처리하시옵소서".

백 공은 매월이의 말을 곧이듣고 분기가 대승하여 칼을 빼 들고 별당으로 달려갔다. 그러자 낭자의 방에서 나온 듯한 괴한의 그림자가 놀란 토끼처럼 뛰어나와서 높은 담장을 뛰어넘어 도망치는 것이 아닌가?

백 공은 괴한의 뒤를 쫓았으나 비호같이 빠른 괴한의 뒤를 따를 수가 없었다. 억울하게 놓쳐 보내고 나서 다시 처소로 돌아와서 분기를 억누르지 못하고 비복들을 불러 세워놓고 엄히 문초하였다.

"우리 집에 문단속이 엄하여 바깥사람이 감히 출입할 수 없거늘 낭자 방에 밤으로 수상한 놈이 자유로 드나드니, 부끄러운 추궁이지만 아무래도 너희들 중에서 어떤 놈이 감히 낭자와 서로 통하는 것이 아니냐? 사실대로 자백한다면 목숨만은 살려주겠거니와 만일 숨기려고 한다면 끝내 죽음을 면치 못하리라. 그러니 그리 알고 지금 당장 자백하라."

그러나 비복들이 무슨 죄가 있으리오? 천만뜻밖의 호통에 그만 어리둥절할 뿐 모두가 다 꿀 먹은 벙어리처럼 묵묵부답일 뿐이었다.

“너희들은 냉큼 가서 낭자를 이리 잡아오너라.”

영감의 불호령이 추상같은지라, 매월이 년이 맨 먼저 신나게 뛰어가서 동별당의 낭자의 방문을 활짝 열어젖히며 큰 소리로 말하였다.

“낭자는 무슨 잠을 그리 태평하게 자고 있습니까? 영감마님께서 낭자를 당장 잡아오라시니 어서 가보시오!”

숙영은 깜짝 놀라 일어나며, “이 깊은 밤중에 집 안이 어인 일로 이리 소란스러우냐?” 하고 방문을 열고 내다본즉, 달려온 비복들이 뜰에 가득 대기하고 있었다.

“너희들은 무슨 일이냐?”

그러자 노복 한 명이 앞으로 쑥 나서면서 퉁명스럽게 쏘아댔다.

“아씨께서는 도대체 어떤 놈과 간통하는 거요? 아씨 때문에 죄 없는 우리들만 경을 치잖아요? 우리를 더 이상 경치게 하지 마시고 어서 가서 바른대로 자백하시오” 하고는, 상전 대접은 간 곳 없이 구박이 자못 심하였다. 뜻밖에 종놈으로부터 모욕을 당한 숙영 낭자는 넋이 빠진 듯 간담이 서늘해졌다.

어이없어하는 낭자에게 비복들이 달려들어 어서 가라고 재촉이 성화같았다. 낭자는 옷맵시를 가다듬고 시부모 앞에 나아가 땅에 엎드리며 떨리는 음성으로 물었다.

“제가 무슨 죄를 지었기에 밤중에 이런 꾸중으로 부르십니까?”

“해괴한 일이 잦아 너에게 묻노라. 선군이 경성으로 떠난 다음 적막하여 매월과 더불어 밤에 이야기하며 함께 잤다 하기에 내 반신반의로 매월에게 물어보니 그동안 네 방에서는 한 번도 잔 적이 없다 하니 어인 일이냐? 그동안 증거를 잡지 못하여 아무 소리 못 하고 있었다만, 이제 어떤 놈과 사통하고 밤으로 네 방에 드나들며 해괴망측한 행동을 한 사실이 분명히 드러났거늘, 그래도 네가 뻔뻔스럽게 시치미를 뗄 작정이냐?"

"아버님께옵서는 어찌 그런 무언誣言을 곧이듣고 노비들에게까지 이런 봉변을 보게 하십니까?"

숙영 낭자가 억울함을 이기지 못하여 흐느껴 울자, 백 공은 크게 노하여 큰 소리로 꾸짖었다.

"무엄하구나, 닥쳐라! 내 두 귀로 직접 듣고 또 내 두 눈으로 똑똑히 보았거늘, 네가 끝내 속이려 들다니 너는 죄를 더욱 무겁게 만들려고 하느냐? 양반의 집안에 이런 해괴한 일이 있음은 참으로 망측한 변괴다. 너와 상통한 놈의 이름을 대라!"

시아버지의 호령은 늦가을 서리만큼이나 차갑고 매서웠다. 그러나 죄가 없는 숙영 낭자는 안색이 조금도 변하지 않고 구김이 없는 목소리를 말하였다.

"아무리 시부모님의 간택으로 육례를 치르지 못한 며느리라고는 하나 어이하여 그다지도 끔찍한 말씀을 하십니까? 이처럼 억울한 일을 맞이하여 제가 누명을 벗기 위해 변명하는 것도 삼가 부끄러운 노릇이오나, 아버님께서도 상세히 조사해보십시오. 제 몸이 지금은 비록 인간으로 되어 있다 하오나 빙옥氷玉 같은 굳은 정절로 살아오다가 어이 이런 더러운 말씀을 들을 수 있습니까? 억만 번을 죽는다 하여도 사실에 없는 일을 어찌 여쭙겠습니까?" 하니, 비복들이 일시에 내달아 몸을 묶고 머리를 풀어헤쳐 마당에 꿇어앉혔다.

단정하고 우아하여 인간의 경지를 넘어선 기품을 늘 가지고 있던 낭자가 졸지에 더러운 죄인으로 몰려 학대를 받는 광경은 차마 눈 뜨고 볼 수 없는 참상이었다.

"네 죄를 만 번 죽어도 아깝지 않으니, 어서 빨리 너와 간통한 놈을 대라."

숙영 낭자는 대답 대신 흐느껴 울기만 하였다. 백 공은 비복을 시켜 이실직고 할 때까지 매질을 하라고 호령하였다. 사정을 두지 않고 마구 치는 비복들의 매 밑에서 숙영 낭자의 백옥 같은 귀밑에는 피 망울 같은 눈물이 하염없이 흘러내리고, 눈같이 흰 살결은 핏물이 배어 붉은색으로 변하였다.

낭자는 정신이 혼미한 가운데서도 고통을 참고 이를 악물며 말하였다.

"지난번에 낭군께서 길을 떠난 날 밤과 그 이튿날 밤 두 번을 30리쯤 가다가 숙소를 정하였으나 저를 잊지 못하고 밤중에 집으로 몰래 돌아왔기에 제가 한사코 타일러서 다시 돌려보낸 일은 있었습니다. 그때는 어린 제 소견으로 시부모님께 꾸중을 들을까 겁을 내어 지금까지 고하지 않고 있었을 뿐입니다. 하오나 조물주가 그것을 밉게 여기시고 귀신이 그것을 시기하여 이런 씻지 못할 누명을 입은 듯합니다. 이제 와서 늦은 변명같이 되었으나, 밝은 하늘이 낱낱이 살펴 아시니 아버님께서는 그러한 사실을 밝히시어 저의 정상을 다시 헤아려주십시오."

그러나 한 번 눈과 귀로 확인한 의심인지라, 백 공은 점점 더 노하여 비복에게 더욱 심한 매질을 가하도록 호령하였다. 낭자는 참을 수 없는 매 밑에서 하늘을 우러러 호소하였다.

"아아, 푸른 하늘은 무고한 이내 몸을 굽어살피소서. 5월에 서리가 내리고 10년을 원망해야 할 이 원한을 어느 누가 풀어주겠습니까?" 하고는 엎어져서 혼절하고 말았다. 이 참상을 보다 못한 시어머니가 울면서 영감에게 말하였다.

"옛말에 이르기를, 한번 엎지른 물은 다시 그릇에 담을 수 없다 하였으니, 영감께서 사실도 잘 모르시면서 티 없이 굳은 정절을 가진 며느리를 억울하게 음행淫行의 죄를 씌워 다스리시니, 만약 며느리의 무죄함이 밝혀졌을 때 무슨 면목으로 현부賢婦를 대하려 하십니까?"

뜰 아래로 뛰어 내려가 낭자를 부여잡고 목을 놓아 울었다.

"너의 백옥같이 티 없는 굳은 절개는 내가 잘 알고 있다. 오늘 이런 변은 꿈에도 생각지 못할 일이니 원통하지 않겠느냐?"

낭자가 절박한 목소리로 말하였다.

"옛말에도 다른 소문과는 달리 음행의 소문을 씻기는 어렵다 하였는데, 동해 바닷물을 모두 기울인다 한들 이 누명을 씻겠습니까? 이런 씻지 못할 누명을 쓰고 어찌 구차히 살기를 바라겠습니까?"

시어머니는 낭자를 가엾게 여기고 갖은 말로 무수히 위로하였다. 그러나 낭자는 듣지 않고 바른 손에 옥비녀를 빼 들고 하늘을 우러러 절을 한 다음 빌었다.

"밝고 밝은 저 황천黃泉은 부디 굽어살피소서. 제가 만일 외간 남자와 정을 통한 사실이 있거든 이 옥비녀가 제 가슴팍에 꽂히고, 이것이 억울한 누명이거든 이 옥비녀가 저 섬돌에 박히도록 영험을 베풀어주십시오."

낭자는 옥비녀를 허공 높이 던지고는 땅에 엎드렸다. 그러자 잠시 후에 옥비녀가 떨어지면서 섬돌에 깊이 박히었다. 하늘이 심판한 이 놀라운 기적을 본 백 공은 비로소 크게 놀라 창백한 얼굴이 되어 신기하게 여기며 낭자의 무죄함을 깨달았다. 그리고 자기도 모르게 버선발로 마당으로 내려가 낭자의 손을 잡고 빌었다.

"이 못난 늙은것이 망령이 들어 착한 며느리를 모르고 네 절개를 의심하여 이처럼 과오를 범하였으니 내 잘못은 만 번 죽어도 싸도다. 너는 나의 잘못을 용서하고 안심하라."

그러나 낭자가 통곡하면서 말하기를, "아직 흉측한 누명을 쓰고 어찌 차마 세상을 살겠습니까? 차라리 죽어서 아황여영[5]의 혼백을 쫓으려 하옵니다" 하고 전혀 의욕을 비치지 않았다. 백 공은 더욱 놀라 백방으로 며느리를 위로하였다.

"자고로 군자도 더러 참소를 당하며, 현부열녀도 더러 누명을 쓰는 법이다.

이것도 또한 일시의 운액이라 생각하고 이 늙은 것의 망령된 언동을 용서해다오.”

시어머니도 낭자를 부축하여 동별당으로 데리고 가서 입이 닳도록 위로하였다.

하지만 낭자는 눈물을 흘리며 죽기를 작정하고 탄식하여 가로되, “저 같은 계집도 악명이 세상에 퍼져 부끄러우니, 가군家君께서 돌아오시면 어찌 서로 낯을 대하겠습니까? 오직 죽어서 세상사를 잊고자 하오니 말리지 마옵소서”.

목 놓아 흐느끼니, 진주 같은 눈물이 옷깃을 흥건히 적셨다.

시어머니는 처절한 정상을 보고는, “네가 만일 죽는다면 선군도 또한 너를 따라 죽을 것이나, 이런 답답하고 절통한 일이 어디 있으랴?” 하고 통곡을 멈추지 못하면서 처소로 돌아갔다. 낭자가 슬퍼하는 것을 보고 딸 춘앵이가 말하였다.

“어머니, 아직은 죽지 마시고, 아버지가 돌아오시거든 억울한 사정이나 말씀드리고 죽든 살든 마음대로 하세요. 이제 만약 어머니가 세상을 떠나시면 동생 동춘이는 어떻게 하며, 나는 누굴 믿고 살아야 하나요?”

어머니의 손을 잡고는 방 안으로 들어갔다. 낭자는 춘앵을 옆에 앉히고 동춘에게 젖을 먹인 다음, 하얀 비단옷을 꺼내어 입었다.

“춘앵아, 부디 건강하게 잘 자라거라. 이 어미는 결국 죽어야 할 몸이다” 하고는 자결할 것을 결심하였다.

숙영 낭자는 슬픔을 가누지 못하면서 딸 춘앵에게 일렀다.

“나는 이제 죽거니와, 네 아버지가 천 리 밖에 있어서 내가 죽는 줄도 모르실 테니, 마지막 죽어가는 마음조차도 의지할 곳이 없구나. 나의 사랑하는 딸 춘앵아, 이 백학선白鶴扇은 천하에 다시 없는 기보奇寶란다. 이 어미가 죽기 전에 너에게 남겨주는 것이니 잘 간수하여라. 이 백학선은, 추울 때 부치면 더욱 기운이 나고 더울 때 부치면 서늘한 기운이 나오는 신기한 보배이니, 잘 가지고 있다가 동춘이가 자라거든 전해주어라. 아아, 슬프구나. 기쁨의 뒤에는 슬픔이 있고 괴로움이 다하면 즐거움이 오는 것이 세상의 이치라고 하지만, 이 어미의 팔자가 기구하여 이렇듯 억울한 누명을 쓰고 너의 부친을 다시 못 보고 황천의 원혼이 되니, 난들 어찌 편히 눈을 감을 수 있겠느냐? 가련하구나. 춘앵아, 내가 죽더라도 너무 슬퍼 말고, 네 동생 동춘이를 잘 보살피거라."

유언 삼아 탄식 삼아 구구절절이 눈물을 뿌리던 숙영 낭자는 그만 혼절하고 말았다. 아직 나이 어린 춘앵은 그의 어미를 부여안고는 흐느껴 울었다.

"어머니, 정신 차려요. 이게 웬일이세요, 어머니?"

춘앵은 통곡하다가 기진하여 그만 기절한 어머니를 안은 채 잠이 들어버렸다.

얼마나 시간이 흐른 후 숙영 낭자가 정신을 차리고 일어나니, 어린 춘앵이가 울다가 지쳐 잠들어 있었다. 그 모양을 바라보고 있노라니 그 어린 것이 너무나 가엾고, 또한 억울한 누명을 쓴 것이 너무나도 분한 마음이 들어 가슴이 미어질 것만 같았다. 하지만 역시 억울한 누명을 씻기 위해서는 죽는 길밖에 도리가 없다고 생각했다. 잠이 든 딸이 깨어나면 죽기가 어려우므로 딸이 깨지 않도록 가만히 쓰다듬으면서 한탄하였다.

"불쌍한 춘앵아, 내가 너희 남매를 두고 어찌 마음 편히 갈 수 있으랴? 내가 죽은 후에 너희는 이 어미가 그리워 어찌 살겠느냐? 아아, 너희들을 두고 어찌 가랴?"

눈물을 훔치면서 금침을 깔고 그 위에 단정히 앉아 백옥 같은 손을 들어 비수를 잡고 가슴을 힘껏 찌르니 숙영 낭자는 이 세상을 떠나고 말았다. 그 순간 천지가 더욱 어두워지면서 천둥소리가 하늘과 땅을 진동하였다.

춘앵이 깜짝 놀라 깨어보니 어머니가 가슴에 칼을 꽂고 유혈이 낭자한 채 금침 위에 엎어져 있었다. 소스라쳐 놀라면서 떨리는 손으로 어머니의 가슴에 꽂힌 비수를 잡아 빼려고 하였으나 빠지지를 않았다.

춘앵은 어머니의 얼굴에 낯을 비비면서 하늘과 땅을 원망하여 대성통곡하였다.

"아이고, 어머니, 이게 웬일이세요? 하늘도 무심하세요? 우리 남매를 두고 어머니께선 어디로 가시나이까? 우리 남매는 장차 누구를 의지하고 살란 말인가요? 어린 동생 동춘이가 어머니를 찾으면 무슨 말로 달래야 하나요? 어머니, 왜 그런 짓을 하셨나요?"

간장이 끊어지는 듯 애통해하는 어린 춘앵의 정상[6]이야말로 목석이라 한들 어찌 눈을 뜨고 볼 수 있으랴?

백 공 부부와 노복들이 놀라서 뛰쳐나와 보니, 낭자가 가슴에 비수를 꽂고 죽어 있으므로 칼을 잡아 빼려고 하였으나 끝내 빠지지 않았다.

이때 어린 동춘이 잠에서 깨어 어미가 죽은 줄도 모르고 젖을 먹으려고 죽은 어미의 가슴을 끌어안고 울기 시작하였다. 춘앵이 동생을 달래며 밥을 주어도 먹지 않고 동춘은 계속 울기만 하였다.

"가여운 내 동생 동춘아! 우리 남매도 차라리 어미를 따라 지하로 가자."

춘앵이 동생을 끌어안고 통곡하니, 그 정상은 참으로 눈 뜨고 보기 어려운 참상이 아닐 수 없었다.

며칠이 지난 후에 백 공 부부는, "며느리가 이토록 참혹하게 죽었으니, 선군이 과거를 치르고 돌아오면 가슴에 칼 꽂힌 것을 보고 우리가 모함하여 죽인 줄 알고 저도 또한 죽으려 할 것인즉, 선군이 오기 전에 한시바삐 낭자의 시체를 장사 지내도록 합시다" 하고는, 숙영의 방으로 가서 시체를 움직이려고 하였다. 그러나 기괴한지고, 시체가 조금도 움직이질 않지 않은가? 이상하게 생각하여 여러 사람이 힘을 모아 움직여보려고 무수히 애썼지만 시체는 그 자리에서 꼼짝달싹도 하지 않았다. 백 공은 속으로, '이것은 필시 하늘의 뜻이라' 하고 초조하게 괴로워할 뿐이었다.

한편, 선군은 아내에 대한 그리운 생각을 한시도 못 잊고 서울로 향하는 발걸음을 떼지 못하다가, 숙영의 충고로 겨우 마음을 달래었다.

가까스로 상경한 선군은 여관을 잡아 숙소를 정하고 과거 날이 되기를 기다렸다. 그날이 되자 팔도 각처에서 모여든 선비들이 과거장을 향해 구름처럼 몰려가고 있었다. 선군도 시지試紙를 옆구리에 끼고 춘당대春塘臺로 갔다. 현제판懸題板의 글제를 보고는 단숨에 글을 지어 맨 먼저 올렸다.

많은 선비가 글을 지어 바치자, 상감께서 시관試官들과 더불어 여러 문장을 뽑아 검토하다가 선군의 글을 보시고는 무수히 칭찬하시면서 장원으로 뽑은 후에 성명의 비봉을 떼어보니 경상도 안동에 사는 백선군이었다. 상감은 선군을 불러 칭찬하시고 곧장 승전원주서의 벼슬을 내리셨다.

선군은 장원급제에 벼슬을 제수받은 사실을 시골에 기별하기 위해 편지를 써서 하인에게 주어 보냈다. 하인이 편지를 가지고 여러 날 만에 시골에 다다라 선군의 부친과 숙영 낭자에게 각각 전하여 올렸다. 백 공이 황급히 편지를 뜯어보니, '소자 하늘이 도우셔서 과거에 장원급제하고 승전원주서를 제수받아 방금 입작入爵하였사오니, 감축무지하옵나이다. 하향下鄕하여 뵐 날짜는 이달 보름께나 될 것이오니 그리 아시옵소서' 하는 반가운 기별이었다. 그리고 이미 받을 주인공이 없는 죽은 낭자에게 온 편지를 시어머니가 받아 들고 소리내어 울면서 손녀 춘앵에게 주었다.

"에그, 가벼운 춘앵아! 동춘아! 이 편지는 너희 아비가 너희 어미에게 보낸 것이니 잘 간수하거라."

춘앵이 편지를 들고 어머니의 빈소로 가서, 아직 그대로 모셔둔 어머니의 시체를 흔들면서 편지를 펴들고 통곡하였다.

"어머니, 어서 일어나세요! 아버님께서 장원급제하시고 어머님께 이렇게 편지를 보내셨어요. 모두가 기뻐하는데 왜 어머니께서만 기뻐하시지 않으시나요? 어머니께서 그동안 아버님 소식 알지 못하여 매일 걱정하시더니, 오늘 이 기쁜 편지가 왔는데도 어이 아무 말씀이 없으시나요? 나는 아직 글을 몰라 어머니 혼령 전에 글을 읽어드리지도 못하오니 답답할 뿐이옵니다. 어머님, 아이고, 어머님!"

한참을 울던 춘앵은, 할머니에게로 가서 그 손을 끌어 잡고 어머니의 빈소로 와서 말했다.

"할머니, 어머니의 혼령 앞에서 이 편지를 읽어주시면 어머니께서 감동하실 것입니다."

할머니가 어린 손주의 말에 눈물을 훔치면서 아들이 며느리에게 보낸 편지를 소리내어 읽기 시작하였다.

이제 백선군은 한 장의 편지를 낭자에게 부치나니, 그동안 두 분 부모님 모시고 편안히 잘 있으며 어린 춘앵과 동춘이도 아무 탈 없이 잘 있는지요? 나는 다행히 장원급제하여 입신양명하였으니, 천은이 망극할 뿐이오. 다만 낭자와 헤어져 천리 밖에 있으므로 사모하는 마음이 더욱 간절하구려. 낭자의 모습이 밤낮 눈앞을 떠날 날이 없고 낭자의 목소리가 또한 귓가에 은은하다오. 달빛이 사방에 가득하고 두견새가 슬픈 소리로 울며 밤을 재촉할 때 홀로 서서 고향 하늘을 바라보니 구름에 싸인 산은 더없이 무거워 보이고 푸른 물줄기는 천 리 밖으로 흐르더이다. 새벽녘 달이 기울고 찬바람이 외기러기 울음을 실어 적막함을 더해줄 때 반가운 낭자의 소식을 기다렸더니, 빈 허공에 푸른 하늘 소슬한 바람 소리 뿐 낭자의 소식은 오지 않는구려. 객지에서 홀로 지내며 낭자 사모하는 심사가 더욱 간절해지오. 나는 오로지 잘 있거니와 한 가지 슬픈 것은 낭자가 준 낭자의 화상이 날이 더할수록 색이 변해가니 필시 낭자에게 무슨 변이 있는 것만 같아 불안한 생각에 침식을 제대로 갖추지 못하겠소. 기쁨이 다하면 슬픔이 오는 것, 이러한 일상사는 고금에 자주 있는 것이라, 낭자에 대한 궁금한 마음에 어서 빨리 시골로 내려가고픈 생각이 간절하오만, 조정에 대인 몸이라 뜻대로 할 수 없으니 심히 안타까울 뿐이오. 낭자에게 달려가고픈 심정이 이토록 간절하지만, 탄식한들 무슨 소용이 있으리오? 내 바라건대 낭자께서는 부디 독수공방을 서러워하지 말고 기다려 주면 머지않아 서로 만나 그동안 쌓인 정회를 풀 수 있으리라. 새가 되어 창공을 훨훨 날아 금방이라도 낭자 곁으로 가고 싶은 마음 절박하나, 내 몸에 날개가 없는 게 다만 한스러울 뿐이오. 하고 싶은 말은 천 날을 지새워도 못 다 할 것이로되, 이만 붓을 놓겠소. 그럼 부디 평안하게 잘 있으시구려.

할머니가 편지를 다 읽고 손녀 춘앵을 쓰다듬으며 애걸복걸하였다.

"슬프구나, 어린 네가 어미를 잃고 얼마나 애통하랴? 야속하게 죽은 네 어미의 영혼이라도 너를 차마 잊지는 못하리라."

"어머니, 불쌍한 우리 어머니, 아버님 사연 들으시고도 어찌 아무 말씀 안 하시나요? 우리 남매는 어머니 없이는 촌각인들 살 수 없으니 어서 빨리 어머니 계신 곳으로 데려가주세요."

자지러질 듯이 우는 춘앵이의 모습은 그야말로 가련하기 이를 데 없었다.

백 공 부부는 머지않아 아들이 돌아올 것을 생각하니 기쁘기도 하고 한편으로는 겁도 났다.

"며칠 후에 선군이 내려오면 분명히 죽은 낭자를 생각하고 저도 따라 죽으려고 할 것이니 이 일을 도대체 어찌하면 좋을꼬?"

밤낮으로 탄식한들 한번 엎지른 물을 다시 그릇에 담을 수 있으랴? 무죄한 며느리를 모해하여 스스로 자결케 만든 것을 생각하면 도무지 침식에 마음이 가질 않았다.

이때 선군을 모시고 있다가 돌아온 노복이 백 공 부부가 근심하는 것을 알고는 공손히 조아려 아뢰었다.

"지난번에 소상공小相公이 경성으로 가시는 길에 풍산 땅에 이르러 보니, 온갖 꽃 만발하여 봄빛이 영롱할 제 어떤 한 미인이 백학과 더불어 춤을 추고 있었습니다. 동리 사람들에게 물어본즉 임 진사댁 규수라 하였사온데, 소상께서 그 미인을 한번 보시고 흠모하여 잠시 떠나지 못하셨습니다. 그러하오니 소인의 생각으로는 그 규수를 찾아 성혼하신다면 소상공이 기뻐하시고 필히 숙영 낭자를 잊으시리라 믿사옵니다."

그러자 백 공이 크게 기뻐하였다.

"네 말이 옳은지고. 임 진사는 나와 친교가 있는 분이니 내 말을 허투루 듣지는 않을 게고, 또한 선군이 이미 입신양명하였으니 그 댁에 구혼한들 괄시하지는 않으리라."

백 공이 차비를 차려 임 진사 집을 방문하기 위해 길을 떠났다. 백 공이 임 진사 집을 방문하니 임진사가 반갑게 맞아들였다. 서로 인사를 하고 좌정한 후에, 임 진사는 백 공의 아들 선군이 용문龍門에 오른 경사를 치하하고, 주찬을 극진히 차려 백 공을 편히 모시었다.

"이처럼 누추한 곳에 백형이 친히 찾아주시니 감사합니다."

"임형께서는 그런 말씀 삼가시오. 친구끼리의 심방은 예사이거늘 임 진사댁을 누추한 곳이라뇨? 그런 말씀을 들으니 도리어 서운합니다."

서로 정답게 웃으면서 술을 주거니 받거니 환담하면서 즐거운 시간을 보냈다. 그러다가 술이 서너 순배쯤 돌 때 백 공이 주인인 임 진사에게 넌지시 물었다.

"헌데 내가 긴히 부탁할 말이 있는데 임형께서는 들어주시겠소?"

"허허, 그야 들을 만한 것이라면 들어야지요. 어디 얘기를 해보시지요."

"실은 다른 일이 아니오라, 선군이 숙영 낭자와 인연을 맺어 금실이 좋기로 자식 남매를 낳아 잘 살았는데, 선군이 과거를 보려 상경한 사이에 그만 낭자가 갑자기 병을 얻어 세상을 떠났지 뭡니까? 불쌍한 생각은 끝없으나, 선군이 돌아와서 낭자가 죽은 줄 알면 필경 병이 날 것인즉, 급히 규수를 널리 구하는 중이랍니다. 그러던 중 듣자 하니 임형 댁에 어진 규수가 있다 하여 자식놈의 몸이 이미 때 묻음을 생각지 못하고 감히 귀댁에 구혼하는 바이니, 모름지기 임형께서 이 간곡한 부탁을 물리치지 않기를 바라오."

백 공의 말을 듣고 임진사는 한참을 생각하다가 입을 열었다.

"나에겐 천한 딸자식이 있으나, 아드님의 짝으로서는 부족하기 이를 데 없고, 또한 지난해 7월 보름에 우연히 아드님과 숙영 낭자를 보았는데, 낭자의 모습이 마치 월궁항아처럼 아름다웠습니다. 그러니 내가 백형의 뜻을 좇아 청혼을 허락하더라도 아드님의 마음에 차지 않을 것이요, 그때에는 여식의 신세가 불쌍하게 될 것이니, 이 말씀은 합당하지 못합니다."

"그건 너무 겸손하신 말씀입니다."

백 공은 거듭 임 진사에게 청혼을 받아줄 것을 간청하였다. 마지못하여 임 진사가 허락하자 백 공은 크게 기뻐하고, "그러면 이달 보름날에 선군이 집에 돌아올 테니, 그때 이 집 앞을 지나가게 될 것이니 그날 곧바로 성례함이 좋을 듯한데, 임형의 생각은 어떠하신지요?”

“백형의 형편에 따를 터이니 좋도록 하십시다.”

“허허허, 지나친 부탁을 거절 안 하시고 모두 받아주시니 감사할 따름이오.”

백 공이 백배 사례하고 임 진사와 하직한 후 집으로 돌아와서 부인에게 이 사실을 말하고 곧 예물을 갖추어서 임 진사댁으로 보내었다. 그러나 부인은 도무지 마음이 놓이지 않아 걱정을 거듭하다가 백 공에게 물었다.

“임 진사댁 규수와 성혼하게 된 것은 잘된 일이오나 숙영 낭자가 죽은 줄을 모르고 내려올 것이니, 집에 와서 낭자가 죽은 연유를 물으면 어찌하오리이까?”

“그것은 사실대로 말할 것이 아니라······.”

백 공과 그의 부인 정씨는 이리이리 하자고 약속하고는, 선군이 내려올 날을 기다려 풍산의 임 진사 댁으로 가서 혼례를 치르기로 하였다.

백선군은 벼슬을 제수받은 후 특별 휴가를 얻어 조정을 하직하고 안동을 향하여 내려왔다. 상감이 내려주신 모자를 쓰고 청사관대를 입고, 오른손에 옥홀玉笏를 꽂고, 풍악을 울리며, 청홍개靑紅蓋를 앞세우고, 금안준마를 높이 타고 앞뒤에는 따르는 종복들이 옹위하며 큰길을 행진했다. 길가에 나와 구경하는 사람들은 한결같이 백선군의 용문에 오른 영광을 칭송하고 그 재기才氣 준수함을 부러워하였다.

그렇게 행차하여 남으로 사흘을 간 후에 백선군이 잠시 피로를 풀고자 주점에 들러 쉬는데, 문득 졸음이 와서 눈을 감으니 비몽사몽간이라. 숙영 낭자가 온몸에 피를 흘리며 방문을 활짝 열고 들어와 선군의 옆에 앉더니 절통하게 울면서 호소하는 것이었다.

“낭군께옵서 입신양명하여 영화롭게 오시니 기쁘기 그지없으나, 저는 이미 박명하여 이 세상을 버리고 구천을 떠도는 원혼이 되었습니다. 일전에 낭군님의 편지 사연을 들으니 낭군께서 저에 대한 사랑은 간절하시지만, 저의 연분이 척박하여 벌써 이 세상을 하직하였으니, 구천의 혼백이라도 한스럽기 그지없습니다. 아무쪼록 저의 원통한 사연을 낭군께서 풀어주시고 편히 눈을 감게 하여 주십시오. 저는 너무나 억울한 누명을 썼기로 아직 분한 마음이 가시지 않아 구천을 방황하고 있으니, 낭군께서는 소홀히 하시지 마시고 시시비비를 가려 누명을 벗겨주시면 죽은 혼백이라도 깨끗한 귀신이 되겠습니다.”

그러더니 낭자의 모습은 연기처럼 사라져버렸다. 선군이 크게 놀라 잠에서 깨어보니 온몸에 식은땀이 축축하고 간담이 서늘해졌다. 선군은 마음을 안정하지 못하고 아무리 생각해보아도 그 연유를 짐작할 수 없었다.

다음 날부터는 이른 새벽에 일어나서 재촉하여 서둘렀다. 며칠 만에 풍산 마을에 이르러 숙소를 정하였으나, 낭자 생각에 골몰하여 식음을 전폐하고 앉아 밤이 지나가기를 기다렸다. 그런데 밤이 점점 깊어갈 무렵이었다. 갑자기 하인이 와서 이르기를, “대상공大相公께서 오셨나이다” 하였다.

아들을 만난 백 공은 망설이다가 가족들이 모두 무사하다고 거짓으로 알리고는 선군이 장원급제하여 높은 벼슬을 한 사연을 물으면서 억지로 기뻐하는 기색을 보였다. 그리고 얼마 후에 선군을 향해 은근한 말로 권유하였다.

“장부가 뜻을 얻으면 아내를 얻는 것이 고금의 상례로 되어 있다 하니 너도 이제 그렇게 함이 좋을 듯하구나. 듣자 하니 이 마을 임 진사의 딸이 매우 현숙하다고 해서 내가 이미 구혼하여 혼례 일자를 잡아놓았으니, 이곳에 온 김에 내일 당장 육례를 치르고 집으로 돌아가는 것이 어떻겠느냐?”

선군은 숙영 낭자가 꿈에 나타나 억울하게 누명을 쓰고 죽었다고 한 일을 반신반의하고 있다가 막상 부친의 이런 말을 듣고 보니 이상한 마음이 들어 생각하되, '부친께서 이렇듯 나에게 재취를 권유하시는 것을 보니, 숙영 낭자가 죽은 것이 분명하구나. 그래서 나를 속이고 임 낭자와 결혼하게 하여 나를 위로해 주시려는 의도임에 틀림없다' 하고는 당장 부친께 말씀드렸다.

"아버님 말씀은 지당하시오나, 소자의 마음은 급하지 않으니 나중에 청혼하여도 늦지 않을 줄로 압니다. 그러니 그 말씀은 지금은 하지 말아주십시오."

아들의 성질을 잘 아는 백 공은 더 이상 조르지 못하고 근심 속에서 그날 밤을 새웠다.

첫닭이 울고 먼동이 트기가 무섭게 선군은 행졸行卒을 재촉하여 곧바로 안동으로 향하였다. 이때 임 진사는 선군이 마을에 와서 머물고 있다는 소식을 듣고는 오늘의 혼례를 의논하기 위하여 선군의 숙소를 찾아가다가 도중에서 이미 안동을 향해 떠나가는 선군의 행차를 만났다. 임 진사는 선군에게 장원급제한 것을 치하하고 친구 백 공을 만나 혼사에 관한 말을 꺼내니, 백 공은 아직 서두를 것이 없이 천천히 진행하겠다는 아들의 뜻을 전하고는 어물어물 넘겼다. 이미 계획이 틀어진 백 공은 당황한 마음으로, 서둘러 달려가는 아들의 뒤를 따라 함께 안동의 집으로 내려왔다.

선군은 본집에 당도한 후에 곧장 부모께 절한 후, 모친에게 숙영 낭자의 안부를 물었다. 모친이 말문이 막혀 주저하는지라, 선군은 의아스럽게 여겨 즉시 아내의 방으로 달려갔다. 천만뜻밖의 참경이 선군을 기다리고 있었다.

가슴에 칼을 꽂은 채 누워 있는 숙영 낭자를 보니, 선군은 가슴이 막혀서 울음도 못 울고 그만 방을 뛰쳐나오고 말았다. 춘앵이 동생 동춘의 손목을 이끌고 달려와 아버지의 옷자락을 부여잡고 통곡했다.

"아버지, 아버지는 왜 이제야 오시나요? 어머니는 이미 죽은 지 오래되었으나 아직 장사도 못 지내고 저렇게 있으니 어찌하면 좋을까요?”

아버지를 끌고 낭자의 빈소로 들어가면서 울음 섞인 목소리로 말하였다.

“어머니, 불쌍하신 어머니, 아버지가 이제 오셨으니 어서 일어나 반겨주세요. 그렇게 밤낮으로 아버지 오시기만을 기다리시더니, 왜 그렇게 누워만 계시나요?”

딸 춘앵의 울음소리를 듣고 나서 선군은 비로소 목을 놓고 울었다. 그런 다음 다시 부모 앞으로 나와서 숙영 낭자가 왜 저토록 참혹하게 죽었는지 그 연유를 물었다.

부모는 대답을 못 하고 흐느껴 울기만 했다. 그러다가 부친이 울음을 멈추고 말하기를, “네가 과거 길에 오른 지 5, 6일 만에 네 처의 기척이 없어서, 우리가 이상히 여겨 동별당으로 가보니 저런 처참한 모습이더구나. 집안 식구가 모두 크게 놀라 그 곡절을 알아보려고 갖은 애를 다 썼으나 아직도 자세한 곡절을 모르고 있다. 하지만 짐작건대, 어떤 놈이 네가 집에 없는 줄을 알고 밤중에 침입하여 겁탈하려다가 뜻대로 되지 않자 칼로 찔러 죽이고 도망친 것이 분명한 것 같다. 그 후 염습을 하려고 해도 칼이 뽑히지 않고, 시체를 옮기려고 해도 꼼짝도 않으니 속수무책이라 지금껏 너 오기만을 기다리고 있던 참이란다. 이런 불상사를 네가 알면 병이 될까 염려하여 미리 임 진사의 딸과 정혼하였던 것이니라. 네가 네 아내의 불행을 알기 전에 새 숙녀를 얻어 정을 붙이면 네 아내의 불행이 좀 위로가 될까 하여 그렇게 하였단다. 그러하니 너도 이왕지사 이렇게 된 일을 가지고 너무 그렇게 상심하지 말고 어서 장례 치를 생각이나 하여라”.

이 말을 들은 선군은 넋 나간 사람처럼 멍하니 앉아 있다가 다시 아내의 빈소로 가서 크게 목 놓아 울었다. 그러다가 갑자기 화가 머리끝까지 올라와서 집안의 모든 남녀 노복을 한자리에 묶어서 마당에 꿇어앉혔다. 그 가운데 매월이도 있었다. 선군이 옷소매를 걷어 올리고 빈소로 들어가 이불을 벗기고 보니 마치 살아 있는 듯 조금도 살이 썩지 않고 있었다.

선군은 울음을 삼키면서, '이제 내가 왔으니 낭자는 부디 안심하라. 가슴에 박힌 칼이 빠진다면 그 칼로 원수를 갚아 낭자의 원혼을 달래리라' 하고 속으로 생각하며 칼을 잡고 당기니 가볍게 쑥 빠지는 것이었다. 그와 함께 낭자의 가슴 팍에서 파랑새 한 마리가 나와서, "매월이다. 매월이다. 매월이다" 하고 세 번을 울고는 날아갔다. 조금 후에 또 다른 파랑새가 날아와서, "매월이다. 매월이다. 매월이다" 하고 또 세 번을 울고는 날아가는 것이었다.

그제야 선군은 매월의 질투 소행인 줄을 알고는 분함을 이기지 못하였다. 형틀을 갖추고 모든 노복을 차례로 문초하고 매질하였다. 하지만 죄가 없고 또한 비밀도 모르는 노복들이 어찌 진실을 말할 수 있으랴? 마지막으로 매월을 끌어내다가 문초하였으나 간악한 매월은 좀처럼 입을 열지 않았다.

"사실을 자백하지 않으면 죽을 때까지 사정 두지 말고 매우 쳐라!"

추상같은 선군의 호령에 좌우 사령들이 매월을 향해 사정없이 매질을 가하였다. 매가 백장白杖에 이르자, 무쇠 같은 몸인들 어찌 터지지 않고 배기랴? 그토록 모진 매월도 절반은 넋이 나가서 게거품을 내면서 빌었다. 그리고 사건 전말을 털어놓았다. 숙영 낭자가 이 댁 본실로 들어온 후로 선군이 자기를 멀리하고 낭자만 총애하기에 질투가 생겨 그 원통한 마음을 풀려고 그와 같은 간계를 꾸며 낭자에게 누명을 씌웠노라고 하였다.

선군은 즉시 공모한 불량배 도리를 잡아다가 문초하였다. 그런 결과 매월의 꼬임으로 돈에 팔려 숙영 낭자의 방에 드나드는 외간 남자처럼 꾸며서 백 공의 의심을 사게 하였다는 것이었다.

"에잇, 하늘이 무섭지도 않느냐? 이 벌레만도 못한 인간들아!"

선군은 노기가 충천하여 칼을 들고 뜰로 내려와서 매월의 목을 한칼에 베어 버렸다. 그리고 배를 갈라 간을 꺼내어 낭자의 시체 앞에 놓고 통곡하며 위로하였다.

"아아, 슬프구나. 성인 군자도 참수를 당하고 현부열녀도 욕을 당함은 고금에 없지 않은 불행이라고 하나 숙영 낭자같이 원통 절통한 일이 세상에 또 있을까? 이것은 모두가 다 나의 불찰로 말미암아 생겨난 불행이니 어느 누구를 원망하랴? 오늘 그 원구는 갚았거니와, 한 번 죽은 낭자의 자태를 어디 가서 다시 볼 것인가? 나 또한 마땅히 죽어서 낭자의 뒤를 따를 것인즉, 부모께 끼치는 불효를 부디 용서하십시오."

선군은 크게 탄식하고 나서 낭자의 시체를 감싸 안고는 다시 목을 놓아 울었다. 그리고 매월에게 이용당하여 낭자의 음해 사건에 가담한 불량배 도리는 관가에 넘겨 머나먼 섬으로 귀양 보냈다.

백 공 부부는 며느리가 억울한 누명을 쓰고 죽은 사실을 알리지 않고 있다가 모든 것이 밝혀지자 무색해져 아무 말도 못 하였다. 그러나 선군은 도리어 부모님을 위로하고 묵묵히 장례를 치를 준비를 서둘렀다. 빈소로 들어가 먼저 염하려고 하였으나, 여전히 시체가 움직여지지 않았다.

선군은 사람을 모두 밖으로 내보내고 혼자서 빈소에 촛불을 밝히고 탄식하면서 시체를 지키다가 문득 잠이 들었다. 그때 숙영 낭자가 아름답게 화장하고 비단옷 차림으로 들어와 절하면서 말하였다.

"낭군께서 제 원수를 갚아주시니 그 은혜를 어찌 다 갚겠습니까? 어제 천상에서 옥황상제께서 저를 불러 말씀하시기를, '너는 선군과 자연히 만날 기약이 있는데도 3년 기한을 지키지 않고 빨리 인연을 맺었던 까닭에 인간 세상에 내려가서 억울하게 죽게 되었으니 누구를 원망하겠느냐?' 하시므로, 제가 백배사죄하고, 옥황상제께 명을 거역한 죄는 백번 죽어 마땅하나 선군이 저를 따라서 죽으려 하오니 다시 한번 저를 세상에 보내어서 선군과 못다 한 인연을 맺을 수 있도록 해주십사 하고 애원하였습니다. 그랬더니 옥황상제께서는 불쌍히 여기시고 시신에게 영을 내려 '숙영의 죄는 그 정도로서 이미 징계가 되었으니, 다시 살려서 인간으로 내보내어 선군과 못다 한 인연을 맺게 하라' 하시고, 또 염라대왕에게도 영을 내려 '숙영을 놓아 다시 인간이 되게 하라' 하셨습니다. 그러자 염라대왕이 옥황상제께 말하기를, '상제께서 그렇게 분부하시니 마땅히 영을 받들겠습니다만, 숙영이 죽은 후에 죄를 벗을 기한이 아직 못 되었으니 이틀만 더 있다가 인간 세상으로 돌려보내겠습니다' 하고 청하자, 옥황상제께서 그리하라고 하셨습니다. 또한 옥황상제께서는 남극성南極星을 불러서 저의 수명壽命을 책정하라고 하시니, 남극성은 80까지로 정하고 세 사람이 한날한시에 승천케 한다는 것이었습니다. 옥황상제께서 말씀하시기를, '너희들 부부가 앞으로 자연히 세 사람이 될 것이니라. 그 이상은 천기를 누설할 수 없어서 알려줄 수가 없다' 하시므로 이상하게 생각하였습니다. 옥황상제께서는 또한 석가여래를 불러서 자식을 점지해주라고 분부하신즉 여래께서는 아들 셋을 점지해주셨사옵니다. 그러하오니 낭군께옵서는 제가 죽었다고 너무 상심하시지 마시옵고 며칠만 더 기다려주시옵소서."

그러고는 홀연히 사라졌다. 선군은 꿈에서 깨고 나서도 하도 이상한지라 반신반의하며 여러 날을 더 기다렸다.

하루는 선군이 밖에서 나왔다가 집에 돌아와 낭자의 빈소에 들어가보니, 꼼짝도 않던 낭자의 시체가 옆으로 돌아누워 있는 게 아닌가? 선군이 놀라 시체를 만져보니 체온이 산 사람과 같이 따뜻하였다. 선군은 기쁨을 이기지 못하여 부모님께 달려가 그 사실을 알리고, 한편으로는 인삼즙을 내어 입으로 흘려 넣고 팔과 다리를 주물러주었다. 그러자 얼마 후 숙영 낭자는 눈을 가볍게 뜨고 주위를 둘러보았다. 온 집안사람들이 기쁨을 이기지 못하였다.

동춘을 안고 어머니의 시체 옆에 앉아 있던 춘앵이가 어머니의 회상을 보고는 너무나 기뻐서 어머니 품에 와락 달려들어 울음을 터뜨렸다.

"어머니! 어머니! 나 좀 보세요. 그동안 어찌 그리 오랫동안 꿈속에만 계셨나요?"

춘앵은 감격하여 어쩔 줄 몰랐다. 오랜 잠에서 깨어난 낭자는 딸의 손을 붙잡고 물었다.

"네 아버님은 어디로 가셨느냐? 그리고 너희 남매는 그동안 잘 있었느냐?" 하면서 자리에서 일어나 앉았다. 죽었던 사람이 다시 살아나는 이 엄청난 기적 앞에서 모든 사람이 놀라워하면서도 한편으로는 기쁨을 감추지 못했다.

그로부터 며칠이 지난 후에 잔치를 베풀고 친척을 청하여 크게 즐거워하였다. 이때 선군과 정혼을 한 임 진사 집에서는 숙영 낭자가 다시 살아났다는 소문을 듣고는 예물을 돌려보내고 다른 곳으로 구혼하려 하자, 임 낭자가 그 기색을 알고는 부모에게 아뢰었다.

"여자의 몸으로 한 번 정혼하고 예물까지 받았는데, 이제 상처한 전 부인이 희생하였다고 하여 파혼하는 것은 부당한 줄로 압니다. 나라의 법에 부인을 둘을 두지 못하도록 금하였으면 모르나, 그렇지 않다면 소녀는 결코 다른 가문으로 시집가지 않겠습니다."

임 진사 부부는 딸의 말을 듣고는 어이가 없어 딸의 말을 무시하고는 다른 집으로 혼처를 구하였다. 그러자 임 낭자가 부모님께 찾아와서 말하였다.

"한번 말씀드린 것을 어찌 번복하겠습니까? 모든 것은 소녀의 팔자가 기박한 탓이오니, 여자의 말도 천금같이 중한지라. 한평생 시집가지 않고 부모님과 함께 지내도록 하여주시옵소서” 하고는 굳은 정절의 뜻을 밝혔다. 임 진사 부부 역시 딸의 뜻을 돌릴 수 없음을 알고, 다른 가문으로 구혼할 계획을 포기하였다.

이런저런 고민 끝에 임 진사는 백 공을 찾아와 숙영 낭자의 회생을 치하하고 자기 딸의 정상도 함께 말하면서 탄식하였다. 그러자 백 공은 모든 것이 자기의 책임인지라 깊이 사죄하면서, 또한 임 낭자의 굳은 절개가 기특했다.

“과연 임 진사의 따님다운 마음씨입니다. 그런 숙녀의 일생을 우리 선군 때문에 망쳐서야 어디 면목이 있겠습니까? 이러지도 못하고 저러지도 못하니, 이 모두 나의 경솔한 탓이오니 아무쪼록 나의 죄를 용서하여주시오.”

백 공은 임 진사에게 거듭거듭 사과하였다. 이때 곁에서 애기를 듣고 있던 선군이 임 진사에게 공손히 여쭈었다.

“임 낭자의 금옥 같은 마음씨를 듣자니 감격할 따름이오나, 사정이 매우 난처하옵나이다. 나라의 법에 부인을 둘 두는 것은 허용되어 있지만, 임 낭자가 어찌 남의 둘째 부인이 되려 하겠습니까?”

“허허, 그러나 여식의 뜻이 그러하니 둘째 부인인들 사양하겠는가?” 하고는 이런저런 애기를 나누다가 돌아갔다.

선군이 숙영 낭자에게 돌아와 이 사실을 말한즉, 숙영 낭자는 미소를 지으며 대답하였다.

“임 낭자의 정념情念이 그러한데, 만일 낭군께서 맞아들이지 않으신다면 한 여자의 일생을 그르치는 죄악이 되고 낭군님의 죄악은 또한 저의 허물이 될 테니, 낭군께서는 저는 생각하지 마시고 한 여자의 불행을 구해주십시오. 또한 옥황상제께서도 세 사람이 같은 날 승천한다고 하셨으니, 이것도 필시 하늘의 뜻인 게 분명합니다. 낭군께서는 양가兩家의 전후 사정을 상감께 상서하여 허락을 구하십시오. 그러면 분명히 상감께서 혼사를 내려주실 것입니다. 그렇게 된다면 도리어 양가의 영광이 될 테고, 세상에서도 양가의 미담을 칭송할 것입니다.”

“상감께 청하는 것이야 뭐 그리 어려울 게 있겠소. 이것은 어디까지나 낭자가 임 낭자를 구원하는 넓은 아량이니 미담의 주인공은 바로 낭자입니다. 그러므로 내가 낭자를 더욱 존경하오” 하고, 선군은 낭자의 손을 잡고 치하하여 마지 않았다.

며칠 후 상경하여 어전에 들어간 선군은 상감께 문안 인사를 드린 후, 곧 숙영 낭자와 임 낭자의 사정을 소상히 기록한 상소문을 올렸다. 선군의 상소문을 보신 상감은 즉석에서 크게 기뻐하시고, “숙영 낭자의 아름다운 관용의 덕은 만고에 드문 일이니 정렬부인正烈夫人의 직첩을 내릴 것이요, 임 낭자의 절개 또한 기특하니 백선군과 혼인케 하고 숙렬부인熟烈夫人 직첩을 내릴 것이니라” 하시고는, 이 사실을 만조 백관에게 널리 알렸다.

백선군은 하늘의 은혜에 감사하고, 다시 특별 휴가를 얻어 집으로 돌아와 임 낭자와 택일하여 성례를 올리니, 새신부도 또한 보기 드문 요조숙녀였다. 신부는 시부모를 지극한 효성으로 섬기며 낭군의 사랑과 존경으로 모셨고, 본실 숙영 낭자와도 시기하거나 질투하는 일이 없어 화합하여 항상 떨어지기를 서운해하였다. 그리하여 백씨 가문에는 항상 화목함이 가득했고, 부귀를 누림에 결코 남을 부러워함이 없었다.

그 후 백 공 부부가 80까지 누리고 건강하게 지내다가 갑자기 병을 얻어 하루아침에 세상을 버리시니, 선군 부부 세 사람이 함께 슬퍼하며 선산에 장사를 지내고 3년상을 치렀다.

세월은 흐르는 물과 같아서 어느덧 정렬부인은 3남 1녀를 낳았고, 숙렬부인도 또한 3남 1녀를 낳으니, 8남매 모두 부모를 닮아 한결같이 재기가 뛰어나고 자태가 수려하였다. 8남매가 모두 차례로 성혼하여 가세의 번영과 함께 자손이 번창하여 대대로 복록을 누리며 만석군의 이름을 세상에 떨치었다.

백선군의 일가가 하루는 큰 잔치를 베풀고 자자손손이 모여 사흘을 즐기는데, 갑자기 상서로운 구름이 사방을 에워싸고 용 울음소리가 진동하더니, 선녀가 내려와서 말하였다.

"백선군은 듣거라. 인간의 재미도 좋으려니와 천상의 즐거움이 또한 그보다 못하지 않으리라. 그대 부부 세 사람의 승천할 기약이 바로 오늘이니 지체하지 말고 따르도록 하라."

백선군 노부부 세 사람을 하늘로 불러올렸다. 이때 백선군 부부의 나이는 모두 80세였다.

자손 일가가 모여서 하늘을 우러러보며 슬픔을 억제하지 못하고 통곡하며 백선군 부부의 유품을 모아 관에 넣어서 선산에 안장하니, 후세 사람들이 두고두고 그 덕을 칭송하였다.

| 작가 소개와 작품 해설 |

작자와 연대가 알려지지 않은 조선 후기의 한글소설이다. 한문소설 〈재생연再生緣〉을 번역하고 내용을 더해 만든 작품으로 보인다. 도선사상을 바탕으로 한 설화 형식의 애정소설이자 재생소설이다.

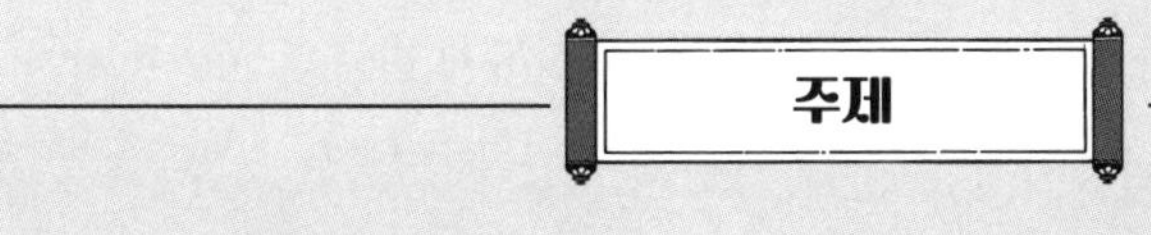

부부의 신성한 만남과 고락

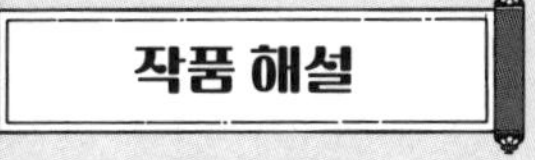

결연설화와 재생설화를 바탕으로 한 애정소설이다. 조선조 영정조 시대를 전후하여 〈춘향전〉이전에 경북 안동을 잘 아는 사람이 쓴 작품으로 보고 있다.

숙영 낭자가 백선군과 현세에서 사랑을 다 이루지 못하고 죽은 뒤에 다시 살아나서 억울함을 풀고 나머지 80년을 해로한다는 이야기다. 부부의 정이 얼마나 신성하고 끈끈한 것인지 말해준다.

이 작품은 도선사상을 바탕으로 하는데, 인간 하나하나가 얼마나 복잡한 인연에 의해 만나는지 깨달으면 숙연해지기도 한다. 중국을 무대로 한 〈숙향전〉을 닮아 있기도 하다.

조선조 세종 때 안동의 백씨 가문에 늦게야 아들이 하나 태어났다. 이름을 백선군이라 하여 노부부가 애지중지 잘 길렀다. 백선군이 자라며 용모가 준수하고 총명하며 문필이 자못 유려하였다. 그리하여 금쪽같이 키운 외아들에게 좋은 배필을 구하려 했으나 마땅한 곳이 없었다.

그러던 봄에 선군이 사당에서 글을 읽다가 잠이 들었다. 꿈에 선녀 숙영 낭자가 나타나 천생연분이라고 말한다. 선군이 옥연동으로 숙영을 찾아가 연을 맺고 집으로 데리고 와 행복하게 살았다.

그런데 선군이 한양으로 과거시험을 보러 간 사이에 시비 매월이 시기 질투하여 간계를 꾸민다. 낯선 남자를 숙영의 별당 근처에서 배회하게 만들어 시아버지가 불륜을 의심하게 한다. 물론 남매까지 낳아 잘 키우고 있었던 때다.

비복들 앞에서 누명을 쓴 숙영은 자살을 결심하고, 자식들이 잠든 사이 칼로 자결하고 만다. 그런데 장사를 지내려고 하나 칼이 빠지지 않았다. 얼마나 원한이 맺혔으면 시체가 꿈쩍도 하지 않는다.

한양에서 과거에 장원 급제한 백선군이 집에 와서야 칼이 가슴에서 빠져나왔다. 숙영이 죽음에 이른 자초지종을 모두 알게 된 선군은 시비 매월을 처단하고 숙영의 가슴에 선약을 놓아 회생시킨다. 그러나 숙영은 회생되기 전 선계에서 여러 지시를 받고 살아나 나머지 80년을 행복하게 살다가 부부가 같은 날 함께 죽는다.

〈숙영낭자전〉은 도선사상을 바탕으로 한 결연설화와 재생설화에서 영향을 받았다. 전기체 형식이긴 하지만, 〈춘향전〉, 〈숙향전〉과 더불어 대표적인 염정소설이다. 모든 일에 얼마나 신중해야 하는지 깨닫게 한다.

염정소설로 〈춘향전〉과 〈숙향전〉이 있다. 도선소설로는 〈박씨전〉, 〈장화홍련전〉 등이 있다. 기구한 삶을 그린 〈어룡전〉과 복수극의 〈김학공전〉, 〈옥소전〉도 읽을 만하다.

1 인간 세계가 아닌 딴 세상. 경치가 좋은 곳이나 현실의 번잡함을 떠나 한가로운 이상형을 뜻한다.

2 단청을 곱게 칠해 아름답게 꾸민 누각.

3 구름과 비를 만나는 즐거움이라는 뜻으로, 남녀의 사랑을 이르는 말. 중국 초나라 회왕이 꿈 속에서 어떤 부인과 잠자리를 같이했는데, 그 부인이 떠나면서 아침에는 구름이 되고 저녁에는 비가 되어 머무르겠다고 했다는 고사에서 유래한 말.

4 남보다 뛰어나고 슬기로움.

5 중국 순임금의 두 비인 아황과 여영은 열녀의 상징임.

6 있는 그대로의 사정과 형편.

글 잘하는 선비로 성은 안安, 이름은 빙憑이라는 사람이 있었다. 누차 진사시에 응했으나 합격하지 못했고, 남산 별장으로 나아가 한가로이 살았다. 사는 곳의 후원에는 이름난 꽃과 기이한 풀을 많이 심었는데, 날마다 그 사이에서 시를 읊조렸다. 일찍이 음력 3월 말에 일기가 맑고 온화하여 선비는 화초를 읊어 감상하며 흐뭇하게 오가는 것을 그치지 않았다. 기력이 쇠잔하여 늙은 홰나무에 기대어 앉아 입을 매만지며 스스로 말하기를, "세상에 전해 오는 괴안국槐安國 이야기는 매우 허탄하고, 또한 괴이하구나!"

몸을 기댈 듯 말 듯하다가 한가하고 홀연한 생각에 선잠이 들었다. 처음에는 크기가 박쥐만 한 호랑나비가 코끝에서 훨훨 나는 것을 깨닫자, 선비가 괴이하게 여겨 나비의 뒤를 따르니 나비는 혹 가까이, 혹 멀리하면서 마치 인도해 가듯이 했다. 몇 리쯤 가자 어느 마을 입구에 이르렀는데, 복숭아와 오얏꽃이 난만하게 피었고 그 아래에는 좁은 길이 있어 방황하다 돌아오려 하자, 따라오던 나비가 또한 보이지 않았다. 좁은 길 사이에서 나이 13, 14세 된 청의동자를 만났는데, 손뼉을 치며 앞에서 웃으며 말하기를, "안 공께서 오신다".

그러고는 달려 사라지니 그 걸음이 날 듯했다. 선비는 당초 그 동자와 서로 알지 못해 곰곰이 생각하니 자못 괴이했다. 드디어 좁은 길을 찾아 들어가자 집

한 채가 보였는데, 흰 담장을 두르고 붉은 용마루에 푸른 기와와 훤히 빛나는 산골짜기는 자못 인간의 제도가 아니었다. 점차 밖의 문으로 나아가니 채색 문이 일시에 열리며 갑자기 한 시녀가 나타났는데, 붉은 입술과 푸른 소매가 아름답고 훌륭한 자태였다. 곧바로 선비 앞에 이르러 미소를 머금으며, 몸을 숙여 예를 표하는 것이 자못 과거에 서로 친숙했던 사람과도 같았다. 먼저 멀리서 오느라고 수고했다고 말하고, 또 전하기를, "저희 임금님께서는 공의 원대한 도리를 들으시고 매우 기뻐하사, 장차 대등한 대우[1]로 배례를 베풀고자 하니 잠깐 머무르소서".

선비가 이어 물었다.

"우리 임금님이란 누구입니까? 감히 조상의 연원을 묻지는 못하겠습니다."

시녀가 답했다.

"저희 임금님은 도당씨로, 요임금의 아들 단주丹朱의 후예입니다. 그 선조 중 많은 사람이 우·하 시대에 여러 목민관이 되었는데 목민함에 공이 있음으로 해서 드디어 왕의 호칭을 갖게 되어 여러 대를 이어왔으나, 후사가 번창하지 못하여 여러 신하들이 공화정치를 하여 종실의 여자 중 학문과 덕이 있는 자를 택하여 즉위시키고, 목덕木德, 화덕火德을 섞어 사용했습니다. 무릇 위의威儀, 제도에는 푸른빛과 붉은빛을 숭상하여 오늘에 이르도록 이 예를 따르고 있습니다."

"그대는 누구이며, 성씨는 무엇이고, 차례는 몇 째인가?"

"저의 성은 강이요, 이름은 낙으로, 차례는 스무 번째로 한나라 시대 강후영의 후손인데, 선조 시대에 강에 봉해져 성으로 삼고 있습니다."

문답을 마치려는데, 또 한 시녀가 나오니 고운 바탕에 사뿐하고 충만하여 스스로 지탱하지 못하는 듯했는데, 단정히 선비를 향해 읍하고는 이어 강씨를 희롱하여 말했다.

"무슨 비밀 이야기가 있길래 사람을 보자 바로 그치는 거요?"

강씨는 웃으며 말했다.

"마침 귀한 손님을 만나 다만 성명을 통했을 뿐이니, 어찌 의심하겠소?"

선비가 또 강씨에게 했던 것처럼 성명을 묻자, 여인은 답했다.

"저는 이름이 유留인데, 차례는 열여덟째입니다. 손님과 같은 성으로, 계통이 금곡金谷에서 나왔습니다."

선비가 같은 성과 금곡의 이야기를 묻고자 하나, 여인이 말하기를, "외람되이 임금님의 명을 전달하는데 한가히 이야기할 겨를이 없으니, 바라건대 서둘러 우리 임금님에게로 듭시다".

선비가 관을 바로잡고 손을 공손히 하고서 두 시녀를 따라 들어가니, 수십 개의 겹문을 지나서 정전正殿[2]이 우뚝한데, 황금빛으로 현판에 쓰기를 조원전朝元殿이라고 했다. 이슬처럼 고운 구슬을 꿰어 발을 만들고, 월계화로 걸상을 장식했으며, 백옥이 지대뜰을 이루었고, 푸른 유리를 뜰에 깔았으니 깨끗하여 가히 밟을 수 없었다. 왼쪽에는 푸른 누각이 있고, 오른쪽에는 붉은 누각이 있으며, 왼쪽은 편액을 영춘이라 했고 오른쪽은 화악이라 했으니, 난간과 그림 그려진 기둥의 화려함과 광채가 시선을 빼앗았다. 선비는 두려워하여 조심하면서 몸을 웅크리고 굳어진 듯이 섰는데, 행랑 사이에서 갑자기 선계의 음악이 나부끼듯이 들려와 마치 공중으로부터 내려오는 것 같았다. 시녀 수백 명이 수레를 옹위하고 있는데, 여왕이 수레를 멈추고 나오는 것이 보였다. 나이는 17, 18세쯤 될 만했고, 붉은 비단의 곤룡포를 입었으며, 황금의 정교한 무봉관舞鳳冠을 썼고, 풍염한 살결에 붉은 볼이었다. 아름다운 걸음걸이로 천천히 동쪽 섬돌을 경유하여 내려오자, 기이한 향기가 풍겼다. 선비는 급히 달려가 뜰에서 절을 드리고자 했으나, 왕은 앞선 두 시녀로 하여금 만류케 하며 말했다.

"오래도록 깨끗한 덕행을 우러러 절하고, 사모하기를 진실로 힘썼고, 또한 서로 다스린 바가 없었으매, 당에서 내려 서로 만나리니, 행여라도 그렇게 하지 마시오."

선비는 감히 못 하겠다고 답변하고 드디어 두 번 절하니, 왕도 역시 답배하고, 서로 더불어 읍하여 겸손함을 표하고 전각에 올랐다. 자리를 정하자, 왕은 시녀를 돌아보며 말했다.

"이 부인을 불러오되, 반희班姬와 함께하도록 하라."

조금 뒤 이 부인이 이르렀는데, 깨끗이 화장하고 소박한 복식에 걸음걸이는 사뿐하고 유연하여, 모습은 옥이 곱고 구슬이 아름답게 빛나는 것과 같았다. 다시 반희가 이름을 알리니 풍염한 얼굴은 약간 붉고, 푸른 눈썹은 산을 모을 듯하며, 가냘프고 짙고 고운 바탕은 붉은 비단보다 훨씬 나았다. 선비가 얼떨결에 내려가 절하니, 두 사람도 또한 답배를 하고는 남쪽 좌석으로 나아가 앉고자 했다. 이 부인이 반희에게 읍하자, 반희는 이 부인에게 사양하여 오래도록 서로 결정하지 못했다. 왕은 두 사람을 희롱하여 말했다.

"과거에 이 부인은 총애받고 반희는 소원했으나, 오늘의 자리는 벼슬로 하지 말고 미색으로 하면 되겠는가?"

반희는 옷깃을 여미고 웃으며 대답했다.

"다만 종일 바람 불고 또 날씨가 험하기 때문입니다. 종풍차폭終風且暴[3], 과거의 반열은 누가 이씨와 더불었는지 알지 못하고, 또 제가 듣건대 조정에서는 벼슬만 한 것이 없다고 합니다."

드디어 윗자리에 나아가 어울려 웃음을 그치지 않았는데, 홀연히 문밖에서 시끄럽게 소리치는 것이 들리고, 문지기가 들어와 손님이 도착한다고 급히 고했다. 왕은 천천히 말했다.

“오랜만에 조래 선생, 수양 처사, 동리 은일과 더불어 만나기로 한 약속이 오래되었는데, 이들이 마침 오는구나! 짐이 일찍이 빈객으로 대우했으니, 앉아서 기다림은 마땅하지 않다.”

드디어 전각을 내려서자 세 사람은 이름을 통하고 각각 차례로 들어오니, 왕이 용모를 가다듬고 기다렸다. 한 사람은 푸른 수염과 큰 키에 기개가 뛰어났고, 한 사람은 꿋꿋하고 바르며 드높은 절조에 말쑥하고 깨끗한 모양이고, 한 사람은 누런 관에 야인의 복장을 했는데 향기로운 덕성이 얼굴에 어렸다. 세 사람이 이르러서는 길게 읍만 하고 절을 하지 않으면서 말했다.

“저희들은 야인이라 성품이 소루하고 나태해 예법을 알지 못합니다.”

왕은 더욱 예로 우대하고 드디어 전각에 올라와서는 벽으로 나누어 마주 보고 앉았다. 선비는 끝으로 겨우 달려가 절하니, 세 사람은 서로 돌아보며 안색이 변하면서 말했다.

“안 수재秀才는 어떻게 하여 이곳에 오셨습니까? 다시 만나서 얼굴을 알게 되니, 어찌 다행이 아니겠습니까?”

선비는 매우 괴이해하면서도 그 이유를 깨닫지는 못했다. 세 사람은 선비에게 읍하고 좌객으로 대우하려 하니 선비는 곧이 사양하며 나아가지 않았다. 이에 왕이 말했다.

“예는 마땅히 이와 같아야 하나, 지나치게 사양함은 이치에 맞지 않습니다.”

선비는 부득이 나아가 앉으니, 그다음에 조래, 다음은 수양, 다음은 동리 순으로 앉았다. 각각 서로 안부를 물은 후, 마침내 이 부인이 나아가 왕에게 아뢰었다.

“옥비玉妃가 가까이 있고 좋은 모임을 또다시 얻기가 어려우니 어찌 서로 초대하지 않을 수 있겠습니까?”

왕이 말하기를, "그렇다".

곧 하인을 시켜 맞이하게 했다. 밥 한 끼 지을 만한 시간이 되어, 산 뒷길을 지나서 비보가 이르니, 엷은 화장에 흰옷을 입고 흰 말을 타고 또한 여자와 함께 뒤따라 이르렀는데, 호위하여 모심이 왕비, 공주의 부류와 같았다. 왕은 바라보다가 앉아 있는 빈객들에게 말했다.

"《시경詩經》에 이르기를 '빈객이시여, 빈객이시여, 그 말이 희구려有客有客 赤白其馬' 하였으니, 이는 또한 우리 집안의 빈객이로다. 다만 뒤에 이르는 자가 누구인지 알지 못하겠소."

비가 이미 들어와 알현하고는 말했다.

"부용성주 주씨와 서로 지나치다가 이끌어 함께 왔으니, 성대한 연회에 당돌함이 되지는 않겠는지요?"

왕은 말했다.

"나를 매우 흥기시키도다. 서둘러 들어오도록 하시오."

주씨가 알자를 따라 알현하자 광채가 사람을 움직이고 돌아보니 훤하게 빛났다. 두 사람이 나중에 이르러 앉은 차례를 두고 곤란해하니 조래가 말했다.

"옥비는 수양의 아래에 차례할 만하오."

옥비는 얼굴빛을 바꾸며 말하기를, "《예기禮記》에 '남녀는 자리를 함께하지 않는다' 했는데, 하물며 손을 마주 닿으며 앉겠습니까?"

왕이 말했다.

"그렇다. 옥비는 혈족으로는 형이요 또한 누추한 나라의 빈객이니, 비록 권좌에 앉았더라도 내가 낮춤이 옳다. 주씨는 마음대로 성곽과 못을 만들어 주인이 되었으니, 옥비의 다음 차례가 될 만하다."

두 사람이 서로 겸양하여 정하지 못하다가 드디어 자리에 이끌려 조금 뒤쪽에 앉았다. 잠시 뒤 음식이 나오니, 향기롭고 진기함이 일찍이 보지 못하던 것이었다. 풍류 기생 수십 명이 있어 화관을 쓰고 악기를 들었는데, 각각 한 가지 색의 옷을 입어 청·황·적·백 등 오채가 현란했다. 드디어 대열을 나누어 대청 아래 앉으니, 이들 또한 모두가 경국지색이었다. 왕은 구화상九華觴[4]을 좌석에 내고는 여미주를 따라 선비를 향해 먼저 올렸다. 선비는 머뭇거리다가 무릎 꿇고 물러나며 좌우로 사양하니, 왕이 말했다.

"이미 윗자리에 앉았으니, 어찌 다시 첫 잔을 사양할 수 있겠습니까?"

이에 뭇 주악이 모두 연주되고, 기녀가 있어 짝지어 춤추는데 하나는 황금빛 술이 달린 옷을 입고 긴 허리가 간들간들하고, 하나는 깃털 옷을 입고 가뿐한 몸이 훨훨 나는 듯했다. 황금빛 술이 달린 옷을 입은 기녀가 〈절양류折楊柳〉[5]를 읊었다.

담장 머리 버들 휘늘어지니 꺾고 싶구나!
꺾어 떠나는 사람에게 주니 몇 가지나 남았는고.
해마다 이별하여 해마다 꺾으니
봄바람에 말 붙이노니 장차 불지 말아다오.
燈頭柳結長思折 折增離人餘緩枝
年年離別年年折 寄語春風旦膜吹

깃털 옷의 기생은 〈접련화蝶戀花〉[6]를 불렀다.

초록 남쪽 동산에 풀이 푸르러, 봄이 또한 사례하니
꿈속 풍광 너는 어찌 나의 조화 아니겠느냐?

한 번 좋은 자리에서의 만남은 하늘이 빌린 바이니

다시 어느 곳을 찾아 분분히 지날까?

세상 바쁜 가운데 번뇌 보기를 다하니

푸름이 부서지고 붉음이 쇠잔함에 꽃다운 청춘이 늙어감을 막을 수 없구나.

오늘 어찌 내일이 좋음을 알겠는가?

몸이 술동이 앞에 엎어짐을 애석해하지 말라.

草綠南園春又謝 夢裏風光爾豈非音化

一會華筵天所借 更尋何處紛紛過

看盡世間忙裏惱 綠碎紅殘 不禁年芳老

今日那知明日好 有身莫惜樽前倒

왕이 말하기를, "세속의 음악은 다만 사람의 귀를 어지럽힐 뿐이라. 우리 집안의 옛 악보를 보고자 하는데, 여러분의 뜻이 어떤지를 알지 못하겠소".

모두 말하기를, "듣기를 원합니다. 듣기를 원합니다".

왕이 시동을 바라보자, 곧 황색 치마에 가는 허리의 기녀가 있어 오현금을 잡고, 대열에서 나와 따로 앉아 가지런히 가다듬어 줄을 고르고는 드디어 〈남훈곡南薰曲〉[7]을 켰다. 곡조가 고상하고 절묘하여 온 좌석이 모두 얼굴에 동요가 일었다. 왕이 말하였다.

"나는 단주의 후예입니다. 우리 문조文祖께서 일찍이 이 곡을 지었고, 중화重華께서 이에 노래하고 연주했던 것인데, 세상에서는 다만 이 곡이 중화의 작품이라고만 알고 실로 우리 문조에게서 비롯되었음을 알지 못합니다. 그러므로 우리 집안에 대대로 전해져 오늘에 이르기까지 잃지 않았습니다."

모두 다 탄복해 말했다.

“옛날 오계찰吳季札이 소소簫韶[8]를 추는 자를 보고 ‘덕이 지극하고 극진합니다. 비록 다른 풍류가 있더라도 다시는 보지 않겠습니다’라고 했는데, 모두의 뜻도 역시 그러합니다.”

왕은 명령을 전해 다시 다른 음악을 연주하지 않게 하고 이어 빈객에게 말했다.

“좋은 기약은 막히기 쉽고, 좋은 일을 하기 어려움은 또한 옛사람이 슬퍼한 바입니다. 오늘 술이 반도 안 되어 음악이 그쳤으니, 손님을 즐겁게 하지 못한 것입니다. 청컨대 각각 시 한 편씩을 읊어 그 결함을 메꿈이 어떠하겠습니까?”

모두가 말했다.

“네, 네.”

왕은 옥비를 돌아보며 말했다.

“나는 술자리를 마련하여 끝내지 못했고, 형의 자리가 내 다음이니, 주인을 대신하여 잇도록 하시오.”

옥비는 부끄러워하며 사양했으나, 좌우에서 억지로 요청하자 마침내 절구 한 편을 읊었다.

> 은근히 천 리의 강남 소식이
> 응당 고산의 처사 집에 이르렀으리.
> 한번 옥난간에 들었으니 봄이 적막한데 스스로 안타까워하노니
> 성긴 그림자 누구를 위해 비꼈는가?

慇懃千里江南信 應到孤山處士家

一入玉欄春寂寂 自憐疎影爲誰斜

읊기를 마치자 옥이 한탄하고 구슬이 근심하는 듯 목메어 소리를 삼키고 말했다.

"저의 집은 본래 강남인데 뒤에 고산으로 옮겼고, 처사 임포와 이웃하여 여러 번 풍류의 기회를 마련했습니다. 스스로 분에 넘치게도 옥란에 들어오고서는 매양 서호를 생각했습니다. 비록 공교히 미소 짓고 패옥을 차고 점잖이 걸으려 하나 가능하겠습니까? 과거를 느끼고 지금을 애달파 하니 감정이 그 말에 드러났습니다."

왕은 이 말을 듣고 실의하여 즐거워하지 않았다. 좌우에서 그 까닭을 묻자, 왕은 서글프게 탄식해 말했다.

"실 같은 담장이도 덩굴을 뻗음에 반드시 그 의탁할 곳을 구하는데, 여자의 행실 가짐에 어찌 따를 바가 없겠는가? 스스로 생각건대 부족한 바탕으로 기꺼이 동황東皇과 더불어 아름답게 문정지상文定之祥을 이루어 경건하고 온화하여 복숭아꽃 만발하던 날 벌레 날고 달이 뜨니, 일찍이 제나라 현비의 의리를 드러내었도다. 갈담과 교목은 남국의 교화가 번성하기를 기약했으나, 뜻밖에도 동황은 스스로 청년임을 믿고서, 우레 같은 번개 수레를 바람처럼 몰고, 달과 꽃을 찾아 돌아다니며 노니, 형제는 황조皇祖의 훈계를 노래하고 마부는 기초시祈招詩를 지었도다. 상제는 하늘의 이치를 저버린 데 노하여, 더 심하게 꾸짖고 재앙을 내려 동방으로 귀양 보냈도다. 그러나 또한 그 풍도, 재조를 아껴 차마 쓸쓸히 살다 끝맺게는 하지 않고, 해마다 봄의 석 달 중 열흘을 서로 만나게 했도다. 이를 지내고 이후로는 소식이 끊겨 이어지지 않으니, 이는 남해와 북해 먼 곳에서 바람난 말과 소가 미치지 못하는 것과 같도다. 천진天津의 이별 또한 스스로를 비유하기에 충분하도다."

서로 감동하여 좌우에서 또한 모두 탄식했다. 왕은 두 시동으로 하여금 구름 같은 비단 전지 한 폭을 펴게 하고는 근체 칠언율시를 써서 좌우에 보이고, 또 선비에게 화답을 부탁하니 그 시에 다음과 같이 일렀다.

진귀하고 소중한 동황은 사람을 오해하니

이별은 어제 같아 꽃다운 때를 원망하도다.

단장한 누각 저문 비에 연지는 떨어지는데

보장의 남은 향기는 비단의 수에 새롭도다.

천상의 좋은 때는 오직 칠석이니

술동이 앞 좋은 만남도 열흘을 넘기지 못하는구나!

밤에 견우와 직녀성을 보니 근심스러운 생각만 생기고

모임이 끝나니 다만 남풍은 백성을 살찌우도다.

珍重東皇解誤人 別離如昨怨芳辰

粧樓暮雨臙脂落 步帳餘香錦繡新

天上佳期唯七夕 樽前良會未經旬

夜看牛女寬愁思 奏罷南風只阜民

선비는 꿇어앉아 읽기를 두세 번 하고는 붓을 적셔 받들어 화답하니 그 가사에 다음과 같이 썼다.

우연히 호랑나비를 만나 그윽한 대화 이루고 문득 바라보니 산길 또한 봄이구나.

청조는 홀연히 금모의 소식을 전하고

늙은이는 지금 자황의 대궐에서 절하도다.

빈장들 많은 자리엔 꽃도 일제히 터지는데

풍월은 사람을 머물게 하고 술은 몇 순배였나?

스스로 다행함은 묵은 인연 때문에 옥적에 오름이니

되돌아와 다시 금성 사람을 찾으리.

偶隨蝴蝶成幽討 驚見山蹊分外春

靑鳥忽傳金母信 白頭今拜紫皇宸

嬪嬙滿座花齊綻 風月留人酒幾巡

自幸宿緣聯玉籍 歸來還訪錦城人

좌우에서 일제히 소리쳐 칭찬해 말하기를 매우 뛰어난 재주라고 했다. 선비가 또 주씨에게 부탁하니, 주씨는 머리를 숙이고 한참 있다가 말하기를, "세 분의 지은 것과는 다릅니다".

드디어 〈창랑곡滄浪曲〉[9]을 노래하여 다음과 같이 읊었다.

창랑의 물이 맑거든 내 갓끈을 씻을 수 있겠고,

창랑의 물이 흐리거든 내 발을 씻을 수 있으리.

滄浪之水淸兮 可以濯吾纓

滄浪之水濁兮 可以濯吾足

왕은 웃으며 말했다.

"본래 각각 그 뜻을 말하고자 함인데 한갓 옛 가사를 암송한다면, 이는 기수沂水에서 목욕하겠다는 증점曾點이 아니니, 어찌하여 할 수 있으랴? 속히 벌을 행하리라."

즉시 큰 술잔에 넘치도록 따르자 주씨가 일어나 술자리 옆에서 벌주를 받아 절하고 마시니, 문득 술기운이 뺨에 오름을 느꼈다. 이에 낭랑하고 고아하게 읊었다.

외람되이 부용이 주인 되니, 해가 몇 번이나 돌아왔나?
등한하게 꽃 속에서 연꽃 배를 젓도다.
광풍제월을 사람마다 사랑한 사람이 없으니
말씀이 염계濂溪에 미치자 다시 근심 짓도다.
叨主芙蓉歲幾周 等閑花裏棹蓮舟
光風霽月無人愛 說到濂溪更作愁

주씨는 부탁하는 바가 없었다. 조래 선생은 왼손에 술잔을 잡고 오른손으로 소반을 두드리면서 차분히 가늘게 읊으니 청초하여 가히 들을 만했는데, 다음과 같이 읊었다.

조래산 아래 늙은 수염의 사나이
바람과 서리에도 옛 모습을 바꾸지 않는구나.
가장 한하는 것은 주왕이 동쪽으로 사냥 간 뒤
부질없이 헛된 명성을 얻어 더럽게 진秦에 봉해진 것이라.
徂徠山下老鬚公 不爲風霜改舊容
最恨周王東狩後 謾留虛譽汚秦封

그 뒤 각각 차례로 지음이 있었는데, 수양의 가사는 이러했다.

젊어 두각을 나타내니

처음에는 몸을 비단으로 묶어주고 감싸주었도다.

선군은 사양하는 덕이 많았지마는

후예는 사람을 이루지 못했도다.

오히려 천년의 절개를 보존하기는 했으니

구십의 봄을 자랑치 말라.

봉황새 소리 듣기에는 마음이 없으니

고비, 고사리와 더불어 이웃하리라.

少小生頭角 錦棚初裏身

先君多讓德 後裔未成人

尙保千年節 休誇九十春

無心聞鳳鳥 薇蕨與爲隣

동리의 시는 이러했다.

도리로 즐기고 번잡한 화려함을 싫어하니

동쪽 울타리가 곧 집이로다.

저녁에 피는 꽃은 가을이 지난 뒤에 적었거늘

이슬은 밤이 깊은 후에 많도다.

율리에는 도연명을 슬퍼하고

용산엔 맹가가 한스럽도다.

해마다 비바람 몰아치는 날이면

다시 머리에 꽃이 만발하지 않으리.

樂道厭紛華 東籬還是家

夕英秋後少 白露夜深多

栗里悲陶令 龍山恨孟嘉

年年風雨日 無復滿頭花

두 편은 글귀마다 모두 놀라웠다. 왕이 말했다.

"수양의 고고함과 동리 의 자유분방함은 이른바 뼈가 사그라지도록 영원히 변하지 않을 것이다. 옛날 노나라 공자가 말하기를 '주나라는 하와 은 두 시대를 본받았으니, 빛나디빛나도다. 문화여! 나는 주나라를 본받으리라' 했고, 당나라 한유韓愈도 또한 말하기를, '애석하도다! 내가 그때에 미치지 못함이여! 그 사이에 나아가고 물러나며 읍하고 양보하지 못했으니, 아, 성대하도다!'라고 하였으니 설사 두 군자를 이때에 나게 했더라도 역시 능히 고고함, 자유분방함에서 그쳤을 뿐일 것이다."

글 뜻에 풍자가 있는 듯하자, 처사는 얼굴색이 변해서는 소리를 질러 말했다.

"요순이 위에 있고, 아래에는 소부, 허유가 있었으니, 주나라 공덕이 비록 성대하나 멀리 당우唐虞[10]에게 부끄러웠습니다. 우리 두 사람이 비록 쇠미했으나, 허유와 소부의 뒤에 있고자 하지는 않습니다."

왕은 숙전叔田의 첫 장을 읊어 말했다.

"어찌 아미蛾眉[11]가 없다고 해서 눈 앞에 모양을 내랴? 여러 군자에게 사랑받는 것은 역경에도 변하지 않는 자태가 있기 때문이로다. 내가 생각건대 제왕의 도리가 넓어 초목에도 두루 미치니, 만약 한 가지 사물의 미미한 것이라도 내 교화에 복종하지 않는 것이 있다면 내 스스로 보기를 부족한 듯이 하겠다. 그러</p>

하니 서로 도움을 이치로 삼아 만물로 하여금 모두 봄이 되게 할 수 없겠는가?"

수양은 기오淇澳의 첫 장을 읊었고, 동리는 간혜簡兮의 끝장을 읊고 말했다.

"각각 지키는 바가 있으니, 서로 빼앗을 수 없을 것입니다."

왕이 말했다.

"두 군자는 나의 쇠미함을 꺼려서 말하는가?"

이에 술 돌리기를 마치려 하자 선비는 일어나 하직하고자 하니, 왕이 말했다.

"반희와 이 부인이 또한 자리에 있으나 아직 글을 짓지 못했으니, 잠시 기다려 앉아 두 사람이 쓸쓸하게 하지 않음이 어떻겠소?"

선비가 공손히 응낙하니, 왕은 두 사람에게 일렀다.

"안 수재가 장차 떠나려 하는데, 은근함을 다하지 못했소. 어찌 반희와 부인은 일어나 춤추고 지은 시의 장을 노래하여 남은 흥을 돕지 않는가?"

두 사람은 명을 듣고 앞으로 나와 절하고는 말했다.

"저희들은 평소 춤의 법도를 배우지 못했습니다. 그러나 오늘의 모임은 즐거움이 극도에 달하여 알지 못하는 사이에 손이 놀려지고 발이 뛰노니, 마땅히 졸렬함을 드러내겠습니다."

드디어 짝지어 일어나 앞으로 나아가고 뒤로 물러나 월궁소아月宮素娥의 춤을 추었다. 이 부인이 먼저 노래하니 그 가사는 다음과 같았다.

선제께서 봄에 노닐어 건장궁에 나가시니

당시 은총은 궁녀들 중에서 으뜸이었도다.

꽃다운 마음 사라지지 않았으나 연화는 다했으니,

한 곡조 가을바람에 한을 잊지 못하겠도다.

先帝春遊出建章 當時恩寵冠嬪嬙

반희가 이어 부르니, 그 가사는 다음과 같았다.

영화롭던 지난날 사양하며 같이 수레 타니

비바람이 아침을 마치도록 백량대를 막았도다.

천년이 지나도록 마음을 알아주는 이는 오직 이백뿐이니

조비련의 새 단장 의지함을 가련히 생각하노라.

榮華昔日辭同輩 風雨終朝鎖柏梁

千載知心唯李白 解憐飛燕倚新粧

왕은 시동에게 명하여 옥돌 쟁반에 춘채단春彩段을 담아 상을 주었다.

"마땅히 비단으로 머리를 씌울 만하다."

두 사람은 왕의 은혜에 절하고 나아가 앉았다. 조래 선생은 기뻐하지 않으면서 수양을 보며 말했다.

"이미 취하여 나가니, 아울러 그 복을 받으라."

드디어 고하지도 않고 담을 넘어 곧장 가버렸다. 이 부인은 수양과 동리를 놀려 말했다.

"옛날에 어떤 처사가 노래를 듣고 놀라 담을 넘어 도망했습니다. 좌석에 그를 놀리는 자가 있어 말하기를 '산새는 홍분[12]의 즐거움을 알지 못하여, 단판[13] 소리 한 번에 놀라 날아갔다' 하였으니 바로 이를 말함입니다."

두 사람이 대답하지 않고 서로 이어 나갔다. 선비가 또한 하직을 고하니, 좌우에서 위로해 보내기를 극진하게 했다. 왕은 이에 춘관에게 명하여 노자 주는 예의를 시행토록 하여, 채단과 수놓은 비단, 금은, 완구, 진귀한 노리개 등을 뜰에 나열했다. 선비는 절하여 사례하고 문을 나오는데, 한 미인이 문밖에 섰다가 선비에게 읍하며 말했다.

"오늘의 놀이는 즐거웠습니까?"

"어떤 사람이건대 홀로 여기에 서 있소?"

미인은 눈물을 흘리며 말했다.

"옛말에 전하기를 저의 조상은 개원開元 말기에 양비楊妃에게 죄를 얻었다 하는데, 일이 문서에 기록되지 않아 말이 매우 황당무계하나, 오늘까지 천여 년에 자손에게 누를 끼쳐, 또한 당호에 오르지는 못했습니다. 널리 사랑하는 앞에 의당 이런 일이 있습니다."

말을 마치기도 전에 맹렬한 우레가 마치 땅을 찢는 듯 가르자, 문득 깨어나니 꿈이었다. 자못 술기운이 몸에 남아 있고 향기가 옷에 배어 있음을 깨닫고 황홀히 일어나 앉으니, 가랑비가 홰나무에 뿌리고, 여파는 은은했다. 선비는 아까 꿈꾼 것은 역시 남가몽南柯夢[14]이 나무에 얽혀 된 것이라고 하고, 곰곰이 생각하여 기억하고는 이어 꽃밭으로 나아갔다. 모란 한 떨기가 비바람에 흩어져 시들은 붉은 꽃잎이 땅에 떨어져 있고, 그 뒤에는 복숭아나무와 오얏나무가 나란히 있고, 가지 사이에는 파랑새가 짹짹거렸다. 대나무와 매화나무가 각각 한 곳을 차지했는데, 매화나무는 새로 옮겨져 난간으로 둘러싸였다. 정원 가운데에는 연못이 있었고, 푸른 연의 잎은 새로 물 위에 떠 있으며, 울타리 아래에는 국화가 새싹을 갓 틔우고 있었다. 붉은 작약은 활짝 피어 섬돌 위에 버금갔고, 석류 몇 그루가 채색 화분에 심어 있고, 담장 안에는 수양이 땅에 드리워 있고, 담장 밖에는 늙은 소나무가 구부러져 늘어져 있었다. 그 나머지 여러 꽃의 분홍, 푸르름, 붉음, 자주 등의 색과 벌이 쏘고 나비가 춤추는 것은 마치 악기를 보는 것과 같았다. 선비는 이에 이러한 물건들이 괴변을 일으켰음을 알고, 또 문밖의 미인을 생각해보니, 선비가 일찍이 항간에서 소위 출당화黜堂花[15]라고 하는 것을 얻었는데, 꽃을 가꾸는 아이에게 희롱 삼아 말하기를, "이 꽃은 양비에게 죄를 얻었으므로 출당이라 이름했으니, 바깥 섬돌에 심음이 옳겠다".

선비는 이로부터 휘장을 내리고서 글만 읽고, 다시는 정원을 엿보지 않았다.

| 작가 소개와 작품 해설 |

신광한申光漢, 1484~1555: 조선조 11대 중종 때 문신으로 자는 한지漢之, 시회時晦, 호는 낙봉駱峰, 기재企齋다. 신숙주의 손자이기도 하다.

1510년 식년 문과에 급제한 후 여러 직책을 거쳐 대사성에 올랐다. 그러나 1519년 기묘사화에 연루되어 여주로 추방돼 18년 동안 칩거했다. 그러다가 다시 대사성에 복직되어 이후 대제학에 올랐다.

문장에 능하여 많은 시문을 남겼으며 필력 또한 뛰어났다. 문집으로는 《기재집企齋集》과 한문 단편집으로 《기재기이企齋記異》가 있다. 이 단편집에 〈안빙몽유록〉, 〈최생우진기〉, 〈하생기우록〉, 〈서재야회록〉 등 4편이 실려 있다.

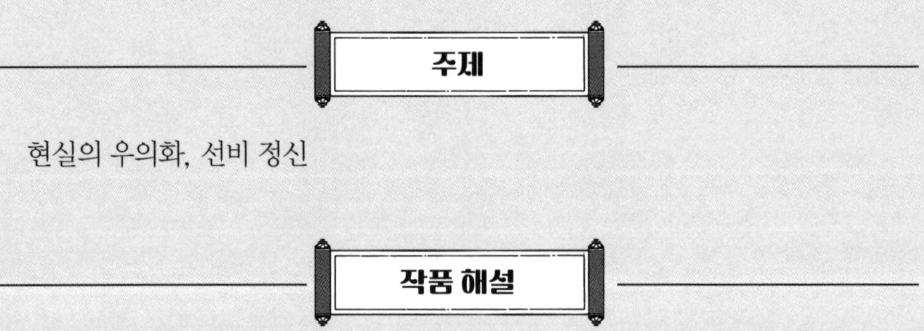

현실의 우의화, 선비 정신

작품 속 주인공이 정원에서 선잠이 들어 꿈속 이상 세계에서 대접받는다는 이야기다. 그런데 그것이 결국 화원에 핀 꽃들의 괴변이었다. 그 후로 주인공 안빙은 글만 읽고 다시는 화원을 엿보지 않았다. 모든 것이 부질없다는 인생무상을 체험한 것이다.

이 작품은 구성 면에서 몽유소설의 효시라는 점에서 그 가치를 인정할 만하다.

등장인물 또한 정원 안의 꽃나무들이 중원의 역사적 사건들과 결부되어 의인화되었다.

줄거리

과거에 여러 번 낙방한 안빙이란 서생이 별장 화원에 머물며 시를 읊고 놀다가 선잠이 들었다.

안빙은 꿈속에서 나비에 인도되어 인간 세상이 아닌 듯한 곳으로 간다. 그곳에서 아름다운 두 시녀가 안빙을 맞이하고, 시녀들의 안내로 요임금의 맏아들 단주의 후손이 다스리는 전각에 들어선다. 이때 아름다운 음악과 함께 수백 명의 시녀가 꽃가마로 여왕을 모시고 나온다. 안빙이 인사하자, 여왕도 답례하며 이 부인과 반희를 불러오라 이른다.

조금 있어 문밖이 떠들썩하며 여러 신하가 나타나 여왕에게 배알하고서 모두가 안빙을 보고 반가워한다. 그때에 이 부인이 여왕에게 아뢰어 옥비를 불러 같이 놀자고 한다. 옥비를 따라 부용성주 주씨가 도착하자 성대한 잔치가 벌어진다. 이에 안빙은 아직 먹어보지 못한 진귀한 음식을 들면서 수십 명이 연주하는 풍악과 춤을 감상한다.

왕은 "좋은 기약은 막히기 쉽고 좋은 일은 하기 어려운 것이니, 각각 시편을 지어 서운함을 풀자"라고 제안하여 여럿이 돌아가면서 한 수씩 읊는다. 옥비가 먼저 읊자 여왕이 칠언시를 지어 보이며 안빙에게 화답하라 한다. 안빙이 화답하고서 주씨에게 넘긴다. 이어서 여러 사람이 받아 넘긴다.

이윽고 술잔이 한 차례씩 돌아가고 안빙이 물러갈 뜻을 고하자, 왕은 이 부인과 반희에게 안빙을 보내주게 하고 선물도 준다. 안빙이 문을 나서자 주연에 참석하지 못한 미인이 절하며, 조상의 죄를 대신 입어 들어가지 못하였다고 울며 말한다. 그때 갑자기 땅이 깨지는 듯한 뇌성에 안빙이 눈을 뜨고 보니 꿈이었다.

꿈에서 깨어난 안빙이 화원을 살펴보니 모란꽃여왕이 땅에 떨어져 있고 가지각색의 꽃나무들은 자태를 자랑하고 있었다. 안빙은 꿈의 세계가 이러한 꽃들의 괴변임을 알았다. 이어 섬돌 밑에 심어둔 출당화가 울며 말하던 꿈속의 미인임을 확인한다. 이후 그는 내내 글만 읽고 다시는 화원을 엿보지 않았다고 한다.

독서 토론

신광한은 문장에 능하여 대사성이 되었을 때 많은 선비가 그를 따랐다고 한다. 또한 청렴하였으며, 학문에는 맹자와 한유를 기준으로 하였고, 시문은 두보를 본받았다고 한다.

〈안빙몽유록〉은 예전부터 세상에 알려져 있었으나 《기재기이》가 발견된 후에야 신광한의 작품으로 확인되었다. 가전 형식의 한계를 극복하지 못한 것으로 평가되고 있다.

비교 작품

조선조 때의 가사로, 중국의 명승고적을 두루 구경하고 이름난 역대 인물들을 만나보고 나서 강호의 어부로 돌아갔다는 〈몽유가夢遊歌〉가 있다.

〈구운몽〉, 〈옥루몽〉, 〈옥연몽〉과 같은 몽 자 돌림 소설도 있다.

1   제각기 뜰에 나누어 앉아 대등한 예로 서로 만나는 일.

2   임금이 조회하던 공간.

3   남편의 광란, 방탕을 비유하는 말.

4   옥을 깎아 만든 술잔.

5   곡조의 하나. 고향을 떠날 때 버들가지를 꺾어 이별의 정을 노래한 내용이다.

6   나비가 꽃을 그리워하는 노래.

7   우순虞舜이 오현금을 타며 불렀다는 노래.

8   순임금의 음악.

9   조선시대의 가사. 세상의 부귀공명을 버리고 강호에 노닐면서 세상을 살겠다는 내용으로,
     모두 122구로 된 작품이다. 작가와 연대는 알 수 없다.

10   중국의 도당씨와 유우씨. 요순 시대를 가리킴.

11   아름다운 눈썹. 미인을 뜻함.

12   연지와 분.

13   악기 이름. 박달나무로 만든 것으로 박자를 맞출 때 쓰임.

14   한낱 꿈.

15   집에서 내쫓긴 꽃.

연오랑 세오녀

김일연

제8대 아달라왕阿達羅王이 즉위한 지 4년째인 정유년157년에 동해 바닷가에 연오랑延烏郎과 세오녀細烏女 부부가 살고 있었다. 어느 날 연오가 바다에 나아가 해초를 따고 있었는데, 갑자기 바위 하나[1]가 연오를 태우고 일본으로 가버렸다. 일본 사람들이 그를 보고 "이는 예사로운 사람이 아니다"라면서 그를 왕으로 옹립하였다.[2]

세오는 남편이 돌아오지 않는 것을 괴이하게 여겨 그를 찾다가 남편이 벗어 놓은 신발을 보고는 역시 그 바위에 올라갔는데, 바위가 또한 전과 같이 세오를 태워 일본으로 갔다. 그 나라 사람들은 놀라고 의아하게 여겨 왕에게 나아가 아뢰니, 부부가 서로 만나게 되었고 세오를 귀비貴妃로 삼았다.

이때 신라에서는 해와 달이 광채를 잃었다. 일관日官[3]이 "해와 달의 정기가 우리나라에 내려왔었는데 지금은 일본으로 가버렸기 때문에 이러한 괴변이 일어난 것이옵니다"라고 아뢰었다. 왕이 일본에 사신을 보내 두 사람을 찾았더니 연오가 말하기를, "내가 이 나라에 온 것은 하늘이 그렇게 시킨 것이니, 이제 어찌 돌아가겠소? 그렇지만 짐의 비妃가 짠 고운 비단이 있으니, 이것을 가지고 하늘에 제사를 지내면 될 것이오"라고 하면서 그 비단을 주었다. 사신이 돌아와 아뢰어 그 말대로 제사를 지냈더니, 해와 달이 예전과 같이 되었다. 그 비단을 왕의 창고에 보관하여 국보로 삼고 그 창고를 귀비고貴妃庫라고 불렀으며, 하늘에 제사를 지낸 곳을 영일현迎日縣 또는 도기야都祈野라고 이름하였다.

《삼국유사》 권 1, 〈기이편〉 2

연오랑 세오녀

| 작가 소개와 작품 해설 |

저자 소개

김일연金一然, 1206~1289: 고려 25대 충렬왕 때의 고승이다. 일찍 출가하여 23대 고종 6년1219에 승과에 급제하여 선사, 대선사를 거쳐 충렬왕 9년에는 국존國尊이 되었다. 한문에 조예가 깊고 학식이 높아 많은 저서를 남겼다. 역사책으로 5권 3책의 《삼국유사》가 있고 〈어록〉, 〈계승잡서〉 등이 있다.

주제

새로운 일본을 통치

작품 해설

〈연오랑 세오녀〉는 고려 때 《삼국유사》에 채록되어 오늘날에 전하는 설화다. 연오와 세오라는 부부의 이야기가 아니라, 고대 태양신화의 원형으로 우리나라에서는 유일한 일월설화다.

일월신인 연오랑과 세오녀가 일본으로 넘어가자 해와 달이 빛을 잃었다가, 세오녀의 비단으로 다시 빛을 찾았다는 이야기다. 따라서 일찍이 우리 민족이 일본을 개척하여 통치자가 되었다는 사실을 원시적 태양신화를 통하여 상징적으로 설명하고 있다.

이 설화는 고려 때 문인 박인량朴寅亮이 쓴 〈수이전殊異傳〉에 실려 있었다고 한다. 〈수이전〉은 지금 전하지 않고 그 일부가 《삼국유사》와 《필원잡기》에 전하고 있다.

신라 제8대 아달라왕 4년 동해 바닷가에 연오와 세오 부부가 살았다.

하루는 연오가 바닷가에서 해초를 따다가 갑자기 바위물고기가 연오를 싣고 일본으로 건너갔다. 그 일본에서는 연오를 비상한 사람으로 여겨 왕으로 삼았다.

한편 세오는 남편을 찾아 나섰다가 남편이 바닷가 바위에 벗어둔 신을 보고 그 바위에 올랐고, 바위가 다시 그녀를 싣고 일본으로 건너갔다. 당연히 연오는 세오를 왕비로 삼았다.

이때 신라에서는 해와 달이 빛을 잃었다. 일관은 "연오와 세오가 해와 달의 정기인데 지금 일본으로 갔으므로 괴이한 일이 생긴 것"이라고 했다. 이에 국왕은 사자를 일본에 보내어 이들 부부를 찾게 했다. 그러나 연오는 그것이 하늘의 뜻이라고 말하고는 세오가 짠 비단으로 하늘에 제사를 지내면 다시 해와 달이 밝아질 것이라고 했다. 사자가 가지고 돌아온 비단으로 하늘에 제사를 드리니 해와 달이 전처럼 밝아졌다. 그 비단을 창고에 넣어 국보로 삼고, 그 창고를 귀비고라 하였다. 또한 하늘에 제사 지냈던 곳을 영일현 또는 도기야라 하였다.

이 작품은 태양의 여신 설화와 관련이 있다. 세오녀가 일본으로 간 후에 해가 빛을 잃고 그녀가 짠 비단으로 광명을 찾았다는 것은 여인과 태양이 관련되어 있다는 뜻이다.

이 설화에서 연오는 태양 속에 까마귀가 산다는 양오전설의 변형으로도 보이고, 세오는 금오金烏[4]의 변형으로 볼 수도 있다.

영일현의 '해맞이'라는 지명도 태양신화와 직접적인 관련이 있는 것으로 보이며, 《일본서기》의 천일창설화天日創說話도 이와 유사한 것이 있다. 우리 민족의 제천 의례와 태양 숭배 의식을 떠올리게도 한다. 지금도 경북 영일군 동해면에는 일월지전

이규보의 〈동명왕설화〉나 《일본서기》의 〈천일창설화〉가 유사한 점이 있다.

《필원잡기》나 양오전설 등과도 비교해볼 수 있고, 전기체 소설로는 〈금령전〉, 〈김원전〉 등이 있다.

1 물고기 한 마리라고도 한다.

2 《일본제기日本帝記》를 살펴보면 그 전후로 신라인이 왕이 된 자가 없으니, 변경에 있는 마을의 제후로 진짜 왕은 아니다.

3 기후를 맡은 직책.

4 해, 태양을 뜻하기도 함.

오유란전 烏有蘭傳

작자 미상

세조 임금 때에 한양 땅에 두 재상이 있었으니, 한 재상의 성은 김씨요, 또 한 재상은 이씨라 했다. 다 같이 문벌의 집안으로 지체가 같았고, 덕망도 같아서 세교世交[1]가 매우 두터웠다. 하루는 김 재상이 이 재상을 보고 말했다.

"우리 두 집안 자식들의 생년일시가 똑같으니, 이것은 우연한 일이 아니올시다. 마땅히 같이 공부하게 해서 그 성취를 보면 어찌 우리들 만년의 낙이 아니겠소이까?"

"네, 그것은 정말 나의 뜻입니다."

한 칸 정사를 치워 한 스승 밑에 배우며 같이 자고 같이 먹게 하니, 두 사람도 서로 의좋게 지냈다. 그들은 생각하였다.

'남아의 공명은 조만간 반드시 이루어진다. 우리는 공적도 함께 세우고 기풍도 함께 닦자. 뜰 가운데의 꽃과 시냇가의 소나무와 같이 빠르고 늦기는 해도, 피차 서로 돌봐주고 사랑하며 잊지 아니하리라.'

이렇게 마음먹고는 금석과 같이 우정을 맺고 정답게 지냈다. 학문은 해와 더불어 깊어져 과거를 볼 수 있는 실력에 이르렀다.

갑자해가 되어 나라에 큰 경사가 있었다. 당연히 과거도 열렸다. 그들은 손을 서로 붙들고 과거장으로 들어가서 실력을 다 기울였다. 이윽고 급제한 사람의 이름을 부르는데 한 사람은 장원급제를 했고 한 사람은 진사급제를 했으니, 진사급제한 사람은 이생이고 장원급제한 사람은 김생이었다.

김생은 젊은 수제로서 벼슬길을 밟아 자질에 따라 진급하여 평안감사를 제수받는 날에 즉시 이생을 맞이하여 같이 가자는 뜻을 말하였더니, 이생은 이렇게 말하였다.

"그대는 곧 나라를 위하고 백성을 근심하는 관방장이요, 나는 오직 성인과 현인을 사모하는 선비가 아닌가? 맡은 일이 전혀 다르고 조심함이 같지 않으니 불가능할 뿐 아니라, 평양은 옛날부터 번화하고도 호탕한 땅이므로 내가 갈 곳이 아닐세."

"번화한 것은 번화한 것이고 공부는 공부이거늘, 형의 말은 매우 고루하네. 뭐가 방해되겠나."

소매를 붙잡아 수레를 타고 바로 임지로 나아갔다.

김생이 부임 인사를 하고는 이튿날 아침에 특명으로 분부를 내려 깊숙하고 고요한 곳에 있는 별당을 깨끗하게 청소하고 경서를 갖추어놓게 하고서, 이생을 조용히 거처할 수 있도록 해주었다. 이생도 번화한 일에는 뜻이 없어 생각은 글자 위에만 둘 뿐이었다.

하루는 감사가 이생을 위하여 주연을 베풀고 방자를 보내어 이생을 초대했다.

"오늘은 형이 급제하고 처음 맞는 날이니 시인으로서의 시상詩想이 떠오르지 않을 수 있겠나? 날씨가 따뜻하고 바람도 화창하여 친구 생각이 간절하니, 형은 금옥 같은 귀한 몸을 아끼지 말고 찾아와서 성긴 우정을 즐기는 것이 어떠한가?"

이생은 마음속으로는 뜻에 맞지 않았으나 거절할 만한 이유가 없어서, 책을 덮고 바로 통인을 따라 선화당으로 오니, 차려놓은 음식이 처음 보는 이생의 눈을 놀라게 하였다. 42주의 원님들이 좌우로 앉았고, 72명의 기녀들이 앞뒤로 모시고 앉아서, 금슬관현琴瑟管弦 등의 오음을 방 안에서 연주하고 있으며, 금석포토金石匏土 등의 팔음을 뜰에서 연주하고 있었다. 술잔과 쟁반은 헝클어졌고 안주 그릇은 얽혀져 있었다.

이생을 맞이하여 좌석을 정하고 인사를 겨우 마치고 나니, 좌우에 앉아 있던 기생들이 다투어 이생에게 술잔을 권하며 노래를 부르기 시작했다. 이에 이생은 화를 불끈 내며 소매를 뿌리치고 갑자기 일어났다.

"오늘의 이 잔치는 실로 인간의 도리를 위한 것이 아니오."

물러가겠다고 했다. 감사가 소매를 붙잡고 웃으며, "형은 무엇 때문에 이렇듯이 상을 찡그리고 지나친 행동을 하는가?"

누누히 타일렀으나 끝내 만류하지 못했다.

이날 잔치하는 자리에서 이생의 행동을 보고 누구나 그 지나친 고집을 빈정거리고 비웃지 않는 사람이 없었다.

잔치가 파하자 감사는 수노에게 분부하였다.

"기녀 가운데서 지혜롭고 쓸 만한 자가 누구냐?"

"오유란烏有蘭이올시다. 나이 19세로서 가르쳐주지 아니하여도 잘할 것입니다."

즉시 오유란을 불러 분부하였다.

"너는 별당의 이랑을 알고 있느냐?"

"네, 알고 있습니다."

"그러면 네가 이랑을 모실 수 있겠느냐?"

"하룻저녁으로는 할 수 없거니와 한 달 동안의 말미만 주신다면 반드시 할 수 있겠습니다."

“한 달 동안의 말미를 주고서 혹 성공하지 못할 때는 죽여도 좋겠지?”

“네, 그렇습니다.”

오유란이 분부를 듣고 물러나와 붉고 푸른 기녀의 옷을 벗고 흰옷으로 갈아입고는 한 계집아이로 하여금 두어 필의 베를 가져오라 해서 작은 동이에 담고 짤막한 방망이를 가지고 앞뒷길을 인도하게 하여 별당 앞에 있는 작은 연못가로 가서 얼굴을 가다듬고 맵시 있게 앉아 빨래를 하기 시작했다.

때는 병인년 춘삼월 보름께였다. 이생은 별당에서 달을 바라보며 홀로 앉아 있었다. 꽃 시절을 당하여 춘정이 없을 수 없어 시를 읊으며 섬돌 위를 거닐고 있는데, 갑자기 바람결에 빨래하는 소리가 높았다 낮았다 하며 우명지에서 들려왔다.

전에 들어보지 못한 소리인지라 의심이 나서 고개를 들고 사방을 바라보니, 풍경이 바야흐로 새롭고 물색은 사랑스러워졌다. 은행나무 밑 석가산石假山[2]가에 두어 자나 되는 은비늘이 마름 위에서 뛰놀고 있었고, 한 둥근 금빛이 물결 위에서 둥실거리고 있는 그 가운데 어떤 미인이 앉아 있는데, 얼핏 보매 말로만 들었던 양귀비가 되살아온 것 같았다.

꽃은 얼굴이 되고 옥은 모습이 되어 한 송이 금련이 이슬을 머금고 바야흐로 터지려고 하는 것과 같았다. 눈썹은 꼬부라지고 뺨은 부풀어 외롭게 둥근 흰 달과 같은데, 얼굴에는 빛이 비치고 있었다.

이생이 한 번 돌아보고는 정절을 지키고 있는 선비의 아들로서도 경국의 미색임을 가만히 탄복하며, 흘겨보는 눈초리로 정을 보내면서 바라보고, 바라보고 또 바라보았다. 이윽고 오유란이 엿보고 있음을 깨닫고서 몸을 번득여 일어나 가는데, 걸음걸이가 단정하고 우아하여 흡사 서시가 월나라 궁전 뜰을 걷는 것과 같아서 정말로 절대 가인이었다.

이러한 후로부터 혹은 5일을 사이 두고, 혹은 3일을 사이 두고 오유란은 언제나 전과 같은 모습을 하고 그곳에 가서 앉아 돌아보기도 하고 엿보기도 하면서 그 아름다움을 자랑하는 듯이 하고 있었다.

여기에 있어 괴이한 것은 이생이 오유란을 한 번 보고 난 후로 방탕하여져서, 공부하는 마음을 멀리하고 한 번 보면 두 번 보고 싶고, 두 번 보면 세 번 보고 싶고, 네 번, 다섯 번 봄에 이르러서는 오로지 마음을 그 미인에게만 두었다. 결심이 풀어져서 공부를 하여도 힘쓸 줄을 모르고 밥을 먹어도 밥맛을 알지 못했다. 책을 덮고 홀로 앉아 실신한 듯이, "사람이 세상에 태어나 사는 것이 얼마나 되며, 그 즐거움이 또한 얼마나 되는고?" 길이 탄식하였다.

이로부터 날짜를 헤아리며 그 여인을 기다리는데, 오유란은 일부러 가지 않았다. 이생은 하루가 삼추三秋와 같아 항상 마음이 불안하였다. 못가를 살펴보니 언덕은 고요하고, 길게 뻗어 있는 담머리에는 사람의 그림자를 찾아볼 수 없었다. 이생은 인정의 박정함을 슬퍼할 뿐이었다. 여인이 오지 않아 머리를 싸매고 이불을 덮어쓰고 누웠으니 곡기와 물이 목에 내려가지 못한 지가 수일이 되었다.

하루는 해가 지자마자 빨랫소리가 은은히 베갯머리에 들려왔다. 이생은 한편으로 기쁘고 한편으로 바빠서, 아픈 몸을 억지로 일으켜 맨발로 허둥지둥 중문 밖에 나가 머리를 들어 살펴보니, 가슴에 품고 있는 그 여인이 은연히 못가에 앉아 손에 방망이를 쥐고 눈으로 추파를 보내고 있지 아니한가!

이생은 기다린 지 오래인지라, 남은 걸음 바쁜 듯이 발을 재촉하고 나아가 머뭇거리면서 말을 하고자 하다가도 말을 멈추기를 서너 번 하다가는 체면에도 불고하고 맹호가 수풀에서 뛰쳐나오는 것과 같이 걸어가서 푸른 매가 꿩을 채 가는 것과 같은 모양으로 다가섰다.

오유란은 반은 놀라고 반은 의아하여 어리둥절하면서 부끄러운 듯이 몸을 일으켜 앵두 같은 입술을 반쯤 열고 말하는 것이었다.

"남녀가 유별한데 이 무슨 일이오며, 백주 대로에 이 무슨 모양입니까?"

이생은 턱을 어루만지며 기꺼운 듯이 말했다.

"성은 무엇이고 이름은 누구시며, 누구 집 따님이시고 어느 곳에 사십니까?"

오유란은 반은 아리따운 태도를 머금고 반은 부끄러운 입술을 다물고 눈썹을 나직이 하고 대답했다.

"소녀는 본시는 양가의 딸이었으나, 일찍이 아버지를 잃고 외사촌댁에서 자라났지요. 겨우 비녀 찌를 나이에 이르러서, 서촌 장사랑한테 시집갔사오나 명도命道가 궁박하여 시집간 지 몇 달도 못 되어 남편을 잃고야 말았어요. 그러나 삼종三從[3]의 예를 좇을 길이 없어 다시 외사촌댁으로 와서 대나무를 짝하고 소나무를 벗 삼으면서, 오직 정절만을 생각하고 지내온 지 이제 3년이 되었지요. 저의 나이는 19세이고, 성은 오이며 유란이라고 부릅니다. 알지 못하겠사오나 존군은 어찌하여 물으시는지요?"

이생은 과부가 되어 수절하고 있는 여자임을 알고서는 더욱 들뜨는 마음을 이기지 못하여 말했다.

"나는 본시 서울 사람으로서 감사를 따라왔다가, 요사이는 이 별당의 주인이 된 이랑이오. 내게 간절한 청이 있으니 낭자는 이 청을 마음 깊이 생각해주기 바라오. 낭자가 일찍이 이 못가에 오매 이 사람의 마음에 깊은 수심이 일어났는데, 낭자가 이 못가에서 종적을 감추매 이 사람의 마음에 깊은 수심이 피어났소이다. 낭자께서 나를 알기는 오늘이 처음이나 내가 낭자를 보기는 이제 거의 한 달이 되었소. 원한을 머금고 병이 된 것은 누구의 탓이겠소? 한마디로 딱 잘라 청할 터인즉 낭자도 딱 잘라 승낙 여부를 말씀해주기 바라오."

"옛말에 이르기를, 말 한마디로 싸움을 일으키고 한마디로 화평할 수 있다고 하였으니, 말은 삼가지 않을 수 없으며 듣는 사람도 또한 삼가지 않을 수 없습니다. 들을 만하면 들을 수 있고 들을 수 없을 만하면 들을 수 없으니, 듣고 아니 듣고는 저에게 있사오니 존군은 말씀해보소서."

이생은 손바닥을 비비면서 한숨을 크게 쉬고 말했다.

"나는 청춘이요 낭자도 또한 청춘입니다. 청춘으로서 청춘을 사모하여 심신에 병이 되었으니, 부디 마음을 허락해주기 바라오. 내 병이 심히 깊으니 부디 나를 가련히 여겨주시오. 인명이 지중함을 낭자도 알 것이오."

오유란이 잠깐 돌아보고 생긋 웃으며 말했다.

"인명이 중하다 함은 미천한 몸도 잘 알지마는 여인에게는 목숨보다 정절이 중하다는 가르침도 이 귀에 쟁쟁합니다. 미천한 몸이 정절을 고집하여 인색함을 일삼으려 하는 것은 아니고, 부득이한 사정이 있어 두 낭군을 섬기지 못하겠사오니 부디 마음을 돌리시고 귀하신 몸을 보중하옵소서."

"부득이한 사정이 무엇이오?"

"존군은 서울의 귀족이요 일시의 호걸이옵고, 소녀는 지방의 미천한 여자로서 백년의 해로를 마음에 맹세했다가, 하룻저녁에 바람이 불어 꽃이 시들어진 후면 반생 동안의 깨끗한 몸이 더러워지고, 흰 옥이 물들어버린 수치를 말하기조차 추하고, 뉘우친들 어찌 미칠 수가 있겠습니까? 거울은 다시는 밝아지지 않을 것이며, 상중桑中[4]의 시詩란 마음대로 논할 수가 없을 것입니다."

이생은 웃으며 말했다.

"그 무슨 말씀입니까? 내 금석같이 기약할 수 있으며 일월을 두고 맹세할 수 있습니다. 낭자께서는 이미 정절의 마음이 있고, 나 또한 뜻있는 선비올시다. 우리 두 사람의 마음을 우리 두 사람이 서로 화합하고 한마음으로 서로 맹세한 후면 나의 뜻을 앗을 수 없을 것이요 낭자의 마음도 또한 더욱 굳어질 것입니다.”

손목을 잡고 이끌었다.

오유란은 즐거워하지 않는 것 같으면서도 싫은 빛은 없었다. 별당으로 같이 들어가서 밤이 이슥한 다음 잠자리에 드니, 공작이 붉은 하늘에서 날고, 원앙이 푸른 물에서 노는 것과 같았다.

이러한 후로 오유란은 날마다 어두워서 왔다가 어둠을 따라 돌아가니, 혹 바깥사람이 알까 두려워하는 것과 같았다. 이생은 이미 그 아리따운 얼굴에 도취되고 또 그 민첩한 행동을 기특히 여겨 스스로 신정新情[5]이 미흡하다고 여겼다. 기특하다, 오유란이 사람을 선선히 유혹함이여!

감사는 그 전후의 동정을 탐지하고 비밀히 분부를 내려 걸음을 잘 걷는 자를 골라서 편지 한 장을 가지고 서울로 올라가다가, 모처에 머물러 있다가 여차여차하라고 하였다. 또 편지 한 장을 써서는 한 노복을 주며, “내일 모시에 여차여차하라”.

이튿날 아침 동자에게 별당에 가서 전갈하라 하면서 말했다.

“요사이 기체 어떠신가? 공부에 더욱 힘쓰고 있는지? 봄 새는 남쪽을 그리워하고 가을 말은 북쪽을 싫어하는데 객회가 울적함은 피차가 일반이라. 형이 걷는 책 속의 길은 너무도 멀고 아득한 길이니 오늘은 잠시 눈을 돌려 친구와 함께 옛정을 되새겨보는 게 어떤가?”

이생은 이미 전일의 이생이 아니었다. 날씨가 화창하고 호탕한 흥취가 넘쳤다. 한 번 친구끼리 만나 달이 넘도록 막힌 정회를 펴보리라 마음먹고는, 즉시 선화당으로 가서 서로 인사를 나누니 감사는 이생을 위로하며 말했다.

“형은 공부하기에 과로하였던가? 식음이 달지 아니하였던가? 요사이 얼굴이 어찌 그리 수척해졌는고?"

"객이 된 사람으로서 자연 생각이 많아 그러하겠지."

이윽고 밥과 술을 가지고 왔다. 갑자기 삼문三門[6] 밖에서 문을 두드리는 소리가 요란스럽게 울렸다. 감사가 그 까닭을 물어보라 하니, 노복이 서울에서 급보를 가지고 왔다고 했다. 즉시 불러들이게 하니 엎드려 봉서를 올렸다.

이생이 객중에서 바쁜 손으로 열어보니 이 재상의 병이 시급하다는 사연이었다. 이생의 안색이 별안간 변해 어찌할 바를 몰랐다. 감사는 슬픈 듯이 위로의 말을 했다.

"연세도 젊으시고 옥체도 건강하시온데 어찌 그리 빨리 돌아가시게 되었을까?"

급히 노복으로 하여금 좋은 말을 골라 떠날 준비를 해주었다. 행구가 갖추어지자 감사는 이생을 말에 오르라 하고는 말했다.

"부디 몸조심하게."

이생은 주저하고 떠나기 싫어하는 듯하면서 말하려고 하다가도 차마 못 했다. 뜻이 있는 것 같았으나 말을 하지 않고 벅찬 가슴을 누를 수 없어 눈물을 떨어뜨렸다. 실은 오유란을 위하여 작별의 말을 한마디도 할 수가 없어서 그러한 것이었으나, 사람들은 사람의 자식 된 도리로 보아 당연하다고 생각했다.

말을 몰아 채찍을 두르며 대동강을 건너서면서부터 만수와 천산은 아득하여 수심을 돕고, 장정長亭과 단정短亭은 그윽하고 멀어서 슬픔을 더했다. 병점餠店과 주점이 많았지만, 먹어도 단 줄을 모르고, 노류장화路柳墻花[7]를 지났는데도 즐기려는 마음이 없었다. 전진하면서 가는 길에 밤낮으로 걷다가 피로하면 쉬고 하였다.

하룻밤 자고는 봉강을 지나고 이틀 밤 자고는 개성을 지났다. 사흘 밤 자고는 양철평에 다다르니, 산천은 예와 같으며 물색도 다름이 없었다. 해는 이미 기울어졌고 마음은 조마조마하였다. 이때 어떤 건장한 노복이 화살과 같이 나는 듯이 앞을 향하여 와서는 길 왼쪽에서 절하며 물었다.

"행차는 어느 곳에서 출발하였으며 장차 누구의 댁으로 가십니까?"

종은 서울에서 무슨 일이 벌어졌나 보다 의심하고 주저하면서 대답했다.

"평양감영에서 서울 이 승상댁으로 가거니와 어찌하여 묻습니까?"

이에 그 노복은 꿇어앉아 편지 한 장을 올렸다. 이생이 말 위에서 뜯어보니 곧 본집에서 온 편지로서 부친의 병환이 완쾌하여 뜻하지 않았던 경사이나, 꺼리는 일이 있으니 집에 들어오지 말고 바깥에서 도로 돌아가라는 사연인데 친교親敎[8]가 매우 엄하였다.

이생은 이미 기쁜 소식을 듣자 실로 다행이라 여기고, 또 되돌아가라는 가르침은 다시없는 좋은 기회라 생각하며 편지의 뜻을 종들에게 알리고는 즉시 말을 돌리라고 명령하였다. 이생은 즐거운 듯이 마부에게 분부했다.

"채찍을 휘둘러 말을 달리되, 다른 생각은 말고 빨리 가기만을 생각하라."

마부는 곧 채찍을 휘둘러 말을 재촉하는 척하였다. 그러나 이미 은밀히 지시받은 것이 있는 마부는 교묘하게 눈속임하여 말을 도리어 지체시켰다.

이생은 말이 잘 달리지 않음을 보고 괴이쩍게 여겨 마부를 바꾸라고 호령하면서 몰아쳤다. 빨리 가고자 하나 방법이 없었다. 노상에서 오래 머무르면서 여러 날을 헛되이 보냈다. 일순一旬[9]이 지난 후에야 겨우 영제교를 건넜다. 차차 긴 숲속으로 들어가니 풍경은 어제와 같은데 생각은 새로웠다.

오호라, 괴이하다. 수풀 밑 길 왼쪽에 한 새로운 무덤이 우뚝한 봉우리를 이루고 있는데 길에서도 손가락으로 가리킬 수 있었다. 이생은 어제 없던 것이 오늘 있음을 괴이하게 여겨 말을 멈추고는 마부를 보고 말했다.

"아침의 이슬은 마르기 쉽고 사람의 일은 헤아릴 수 없도다. 어떠한 사람이 별안간 죽어서 이 큰길 옆에다 묻었을까?"

때마침 두셋의 초동이 노래를 부르면서 지나갔다. 이생은 초동을 불러 물어보았다.

"저기 있는 새 무덤을 너희들이 혹 기억하고 있느냐?"

초동들은 머리를 긁으며 얼굴을 돌리고 한참 있다가 대답했다.

"일인즉 비참하고, 말할 것 같으면 슬픈 사연이니, 처음부터 즐겨 말할 것이 못 됩니다."

이생은 이야기해보라거니, 초동들은 말 못 하겠다거니 실랑이를 하다가, 초동들은 마지못한 듯이 말했다.

"이 성중에 천하에서 제일가는 수절 열녀가 있었지요? 3년을 과부가 되어 살았으나 곧은 마음은 백년이 하루 같았답니다. 새로 사또가 부임한 후 별당에서 거처하고 있는 객으로서, 천하의 무도하고 호로자식인 이가란 자가 감히 도적놈의 마음을 품고 가만히 행실을 팔기를 짐승의 행동과 같이 했답니다. 처음 친함에 있어서는 백년가약으로 유혹하고는 그 뒤 헤어짐에 있어서는 일언반구의 말조차 아끼고 나눔이 없었으니, 그것을 사람이라고 한다면 누구인들 사람이 아니겠습니까? 이럼으로써 그 과부는 정심貞心을 품고 죽었답니다. 한때의 사랑을 한하고 반생의 원한을 품고 식음을 물리치니 날로 쇠하고 시시로 말라가서 백약이 무효하고 죽음에 임하여 유언하기를 '나를 유혹한 사람도 이랑이고 나를 병들게 한 사람도 이랑이옵니다. 그러하오나 나는 살아서 이미 이씨의 사람이 되었거니와 죽어도 또한 이씨의 혼이 될 것입니다. 이씨는 서울의 거족으로 조만간에 반드시 등용할 것이며 벼슬을 제수받아 여기를 지나는 일이 있을 것입니다. 나를 여기에 묻어두고서 이랑이 거친 무덤을 한 번이라도 돌보게 해준다면 어찌 황천에서도 외로운 넋의 영광이 아니겠습니까’ 하는 뜻을 손가락을 깨물어 혈서를 써가지고 세상에 남겨놓았지요. 이웃 사람들이 불쌍히 여겨 여기에다 묻고 그 소원을 풀어주었거니와, 행차는 어찌하여 물어보십니까?”

이생은 원래 유정한 사람이라 정신을 잃고 마음과 창자가 끊어지고 찢어지는 것과 같아서, 스스로 슬픔을 금하지 못하고 거의 미친 사람과 같았고 취한 사람의 모양과 같았다.

말에서 내려 상점으로 들어가 즉시 노복에게 성중으로 들어가서 술과 과일을 사 오게 했다. 그리고 제문을 지은 후에 몸을 무덤에 던지고 엄숙히 종이를 불사르면서 운감殞感[10]하기를 청하니 그 제문은 이러하였다.

유세차 병인 4월 을축삭 30일 갑오에 한양의 정인情人 이랑은 변변치 못한 주찬을 삼가 차려놓고 두어 줄의 제문을 이어 가지고, 한을 머금고 기성의 절부 고 오유란 낭자 영혼 앞에 고결의 말씀을 사뢰나이다.

오호, 슬프고도 원통합니다. 부창부화夫唱婦和는 백년의 가약을 지켜나가기 위함이요, 부생모육父生母育은 저버리기 어려운 망극한 은혜입니다. 우리들의 아름다운 인연이 겨우 정해지려고 할 때 친환親患의 급보를 어찌하리이까? 서산의 해가 기울어지려고 함에 있어서 오직 어버이를 섬길 날이 적음을 생각하였을 뿐 동상東床[11]의 가약을 맺음에 있어 거문고 줄의 끊어질 때가 그렇게도 빨리 닥쳐오리라는 것을 어찌 생각하였겠습니까? 작별의 말을 전하고자 하다가 전하지 못하였음은 사세가 그렇게 되어서 그러하였습니다. 그러하오나 중로에서 뒤돌아서면서 즐거움을 화려한 휘장 속에다 두었으며, 긴 숲을 지나 다리를 건넌 후로는 희망을 별당에다 두었더니 어찌 이리도 천리天理[12]는 믿기 어렵고 인사人事는 어그러짐이 많은지요? 꽃은 갑자기 뜰 앞에 떨어지고 옥은 이미 방 안에서 깨어지고 말았습니다. 가기佳期[13]가 막히고 말았으니 청란靑鸞이 홀로 나는 것을 상심하고 고혼이 원한을 품게 되었으니 단봉丹鳳이 울음 잃었음을 애석히 여길 뿐입니다. 달밤에 두견의 울음과 봄바람에 호접의 꿈은 천겁토록 이미 헛되고 말았으며 다시는 같이 만나 놀 수 없게 되고 말았습니다. 순탄하지 못 한 인생을 스스로 불쌍히 여기고 봄이 늦게 찾아온 것을 한하지 않습니다. 창자는 비록 끊어지는 일이 있더라도 정은 끊기가 어려울 것입니다. 살아서 이미 날 따랐으니 죽었어도 또한 나를 따르겠지요? 낭자의 평생에 있어서 모든 범절이 남과 달랐으니 만일 저승에서 나의 뜻을 알아준다면 황천에서 다시 한번 만날 수 있도록 하신다면 조랑趙郎의 지정至情에 감동하 여 애랑의 전연前緣[14]을 이르겠습니다.

글은 말을 다할 수 없고 말은 뜻을 다할 수 없사오니 슬픕니다.

한 구절을 읽을 때마다 소리를 삼키면서 흐느꼈다. 고하기를 마치며 무덤을 치고 소리를 내어 크게 우니 숨이 세 번이나 막히었다. 노복은 안타까이 여겨 손으로 붙들어 일으키면서 말했다.

"일은 이미 지나갔습니다. 한갓 상심만 더할 뿐이오니 몸조심하시고 좀 진정하십시오."

이생은 흐느껴 울면서 목쉰 소리로 말했다.

"너야 어찌 알겠느냐? 내 이 사람에 있어서 비록 육례는 갖추지 못하였으나 일찍 백년해로의 약속은 있었으니, 나로 인하여 병이 들었어도 약 한 첩 보내지 못하였고 나로 인하여 죽었어도 장례에 참예하지 못하였으니 어찌 원통하지 않으며 어찌 슬프지 않겠느냐? 곡은 저를 위함이 아니고 나는 사사私事를 위함이다. 사사는 나에게 있는 것이 아니라 저의 정에 있나니, 정과 사가 서로 얽히고

서 누군들 이와 같지 않겠느냐? 나 아니고서 네가 당했다고 하면 어찌 그렇지 않겠는가?"

소매를 들어 눈물을 닦고 물을 떠서 얼굴을 씻고는 마부에 기대어 말에 올라 선화당으로 돌아갔다. 감사는 바삐 나와 맞이하며 놀란 듯이 이생을 보고 물었다.

"춘부장의 병환은 어떠하오며 갔다가 돌아오기는 어찌 이같이 빠른가?"

이생은 소매 속에서 편지를 내보이며 말했다.

"친환이 완쾌하시고 또 교의가 이와 같기로 마지못하여 돌아왔네."

"형이 길을 떠난 후로부터 즐거운 밤이 불안했는데, 이는 실로 안후 듣기를 원한 바 있었으니 만행萬行일세. 그런데 형의 얼굴이 어찌 그리 수척한가?"

"급보가 온 이래로 여러 날을 길에 있었으므로 자연 먹어도 맛을 모르고 잠을 자도 편치를 못하여 그러하겠지."

"이것은 한때의 액회厄會[15]이니 다시는 깊이 근심하지 말고, 공부에 더욱 힘을 써서 속히 어버이를 영화롭게 해드리게."

술상을 가져오라 했다. 술이 한 순배 돌기도 전에 이생은 몸이 피곤함을 핑계 대고는 이전에 거처하던 별당으로 물러가보니 나나니[16]가 집을 지었고 발이 긴 거미와 흙벌레들이 방 안에 있어 매우 거칠어 사람은 볼 수 없고, 뜰 안에 꽃이 바야흐로 피어서 웃음으로 사람을 맞이하고, 섬돌의 풀은 이슬을 머금고 눈물을 더하게 하는 것만 보일 뿐이었다. 주인은 다시 왔건만 미인은 어디에 갔는지 오직 초당만이 우뚝이 홀로 남아 있다. 먼지를 쓸고 누우니 만사에 부심하고 오장이 끊어져서 온갖 병이 얽혔다. 오래지 않아 반드시 죽으리라는 것을 스스로 알았다.

마침 달 밝은 저녁을 당하여 깊이 신음하고 탄식하며 전전반측하고 있는데,

갑자기 담 밖에서 곡성이 들려오는 것이었다. 가만히 듣자니 끊어질 듯 이어지는 소리가 마디마디 슬프고 아프며 몹시 원망하는 듯도 하고 애절히 호소하는 듯도 하였다.

이생은 괴이히 여겨 슬픈 몸을 부축하고 급히 일어나 옷을 잡으며 창을 열고 머리를 들어 살펴보았다. 달빛이 훤하고 사람의 그림자가 어른어른하는데, 마음에 품고 있는 바로 그 여인이 연한 화장을 하고 흰옷을 입고서 짧은 담에 기대어 슬픈 울음과 원망의 말로 지나간 일을 홀로 뇌는데 정말 알 수 없는 일이었다. 이에 반은 믿을 수 없고 반은 의심이 나고, 한편으로는 기쁘고 한편으로는 놀라 엎어지고 자빠지며 나아가서 손목을 잡고 말했다.

"이게 꿈이오, 생시요? 낭자는 누구요? 나는 기억이 나지 않거니와, 어찌 원망과 사모의 정이 간절하기로 나를 이같이 느끼게 하시나요? 정말로 낭자일진댄 어찌 정이 식어서 이같이 나를 멀리하십니까?"

"저는 오유란입니다. 낭군님은 어제 성문 밖의 무덤을 보지 아니하였습니까? 한 글월의 고결이 낭군님에 있어서는 간절한 정의에서 나왔겠지마는, 저에게 있어서는 어찌 영총榮寵[17]이 아니겠어요? 썩은 뼈에 장차 살이 붙고 외로운 혼이 다시 사랑을 찾게 되면 사례를 하옵고 또 낭군님이 생각해주시는 데 대하여 보답하고자 하옵니다만, 이미 저승에 있는 몸이오니 실로 슬픈 일입니다. 다만 낭군님이 들으시고 저의 마음을 알아주시기만 바랄 뿐이옵니다."

이생은 자못 그 뜻을 알아차리고는 지성으로 타일렀다.

"이승과 저승의 길이 달라 사람들이 비록 꺼리는 바이나 정사情思[18]가 간절하기로 나는 조금도 의심하지 않습니다."

소매를 끌고 별당으로 들어갔다.

소식을 듣고 급하게 간 것과 가약을 어긴 이유를 자세히 이야기하고는, 병이 들어 괴로워한 것과 몸을 마친 절개에 대해 사례하니 오유란은 눈물을 거두고 이야기하기 시작했다.

"저는 본래 비천한 사람으로서 일찍 짝을 잃었으나, 삼정三貞을 잘 배워 한마음을 굳게 먹고 있다가 군자를 뜻밖에 만나 사랑을 받고서 탁문군卓文君의 흥취를 돋우고 오직 예양豫讓의 정열을 사모하면서 비록 조강의 처는 아니오나 길이 낭군님을 모시고자 하였더니, 어찌 된 일인지 좋은 일에 마가 많아 가기가 막히고 낭군님께서는 홀연 만릿길에 오르시고 말았던 것입니다. 제가 스스로 일신을 돌아보니 같이 살고 같이 죽으려고 하였던 그 말을 실천할 수 없고, 일월을 두고 맹세했으나 그 맹세를 좇을 수 없었어요. 작별한다는 말도 없거니와 가시는 것도 몰랐던 까닭으로 병에 걸리고 위중하여 실성하니, 존재 없는 목숨이나마 불쌍하였습니다. 삶의 평안을 꾀하기를 알지 못함이 아니었습니다만, 평생에 부끄러운 일이 많아 도리어 세상을 저버리는 것이 빠름을 알지 못하였어요. 구슬이 깨어지는 것을 달게 여기고, 구슬을 묻어 버리기로 뜻을 결정하고 보니 마치 나는 모기가 등을 치는 것과 같고 어린아이가 우물에 들어가는 것과 같았습니다. 비록 목숨이 짧음을 알았으나 어찌 낭군님으로 말미암은 깊은 원한이 없었으리까? 목이 메일 뿐입니다."

이생은 오유란을 위로하며 말했다.

"낭자는 실로 하늘이 나에게 주신 인연이었으므로 비록 유명이 달라졌어도 하늘이 다시 상봉을 허락한 줄로 아오. 상봉이 허락된 이상 우리들의 즐거움도 허락될 것이 아니겠소?"

같이 잠자리에 드니, 이불 속의 즐거움은 의심 없이 그 옛날과 꼭 같았다. 이생은 팔을 베어주고 뺨을 맞대고 기쁨에 넘치는 정다운 말을 속삭였다.

"낭자는 이르기를 죽었다 하고 나는 살아 있는 사람인데, 유명 간의 회합에 있어서 살찐 살결의 포동포동함과 애틋한 정의 은근함은 옛날에 비하여도 지금과 같고 조금도 차이가 없으니, 나로서는 유명이 달라졌음을 인정하기가 싫소이다.”

이윽고 북두칠성이 서쪽으로 기울어지고 새벽 종소리가 멀리서 들려왔다. 오유란은 베개를 밀치고 일어나 옷을 입고 눈물을 뿌려 작별을 고하며 말했다.

“우리들의 사랑은 이로부터 좀 멀어질 것입니다.”

“오시는 건 어찌하여 더디었으며 또 정이 멀어진다는 말은 어찌 그렇게도 빨리 하오.”

“신도神道[19]는 상도常道에서 어긋남이 많아 행적이 뜻처럼 되지 아니합니다.”

“그 무슨 말씀이며 정입니까?”

이생은 다시 오유란의 옷자락을 잡고 후에 다시 만날 수 있는가를 묻고 또 물으면서 맹세코 놓지를 않았다.

오유란은 쳐다보며 소리를 나직이 하고, “낭군님의 유정함이 이에 이르렀는데 제가 어찌 무정하겠습니까? 삼가 가르침을 받들겠습니다”.

이러한 후로부터 오유란은 매양 해가 어두워지면 왔다가 새벽닭이 울면 돌아가곤 하니, 서로 떨어지기 어려워하는 정은 다시 새로워지고 흡족해졌다.

하루는 저녁에 이생이 한숨을 후유 쉬고 탄식하면서 말했다.

“낭자가 빨리 왔다 빨리 감은 실로 재미있고 즐거운 일이 아니며 같이 살고 같이 묻히자는 맹세는 도대체 어디에 있소? 한 번 태어났다가 한 번 죽는 것을 나만이 홀로 부끄러워하겠소. 바라건대 나도 죽어서 모름지기 낭자와 더불어 같이 갔다가 같이 오는 것이 어찌 좋은 뜻이 아니오?”

오유란은 놀라고 두려워하는 듯한 표정으로 말했다.

“낭군님이여, 낭군님이여! 그 무슨 말씀이오니까? 제가 가장 천한 몸으로서 죽은 것도 족히 슬퍼할 것이 못 되오며 또 이미 지나간 일인데, 낭군님은 존귀하신 몸으로 부모님이 살아 계시므로 마땅히 자중하고 자애하셔야 할 것이어늘 어찌하여 경솔히도 그와 같은 생각을 하시니 정말 황공하옵니다."

"내 부모에 대하여 이미 불초한 자식이 되어 근심을 끼친 일이 많으며, 한 번 죽는 것은 또한 이치에 당연하므로 피할 수 없습니다. 공자 같은 덕으로도 백어伯魚[20]의 참사가 있었으며, 안자顔子 같은 어짊으로도 요절했으니, 하물며 나는 아무것도 비교할 만한 것이 없는데 무엇을 족히 애석하게 여길 것이 있겠습니까? 다만 꺼리는 것은 부친의 병환이 나으신 이때에 내가 죽었다고 부모님들이 통곡하는 것을 차마 볼 수 없을 뿐입니다."

"그렇다면 근심하지 마옵소서. 저에게 한 묘리妙理가 있사오니 그러한 말씀은 다시는 입 밖에 내지 마십시오."

"묘리란 어떠한 것인가요?"

오유란은 입을 다물고 말하지 않고 오랫동안 침묵을 지키다가 이생의 팔을 잡고 여러 번 말하려고 하다가는, 마침내 마지못하여 대답했다.

"사람의 병자病者와 사자死者는 분명히 구별할 수 있지마는, 아픈 상태는 글로 표현할 수 없습니다. 제가 낭군님을 대접하는 방법이 다른 사람과는 같지 아니합니다. 비록 병이 들었더라도 아프지 아니하고, 비록 죽었더라도 살아 있는 것과 조금도 다름이 없어서 정신도 그대로 있고 지각도 그대로 있습니다."

"그러면 그러한 방법으로써 잘 주선하여 끝없는 즐거움을 꾀하는 것이 내가 실로 원하는 바이온데, 낭자는 어찌하여 꺼리지요?"

"가르쳐주시는 뜻이 이와 같으니 그러면 오늘 저녁에 시험해보겠습니다만 한 번 저를 따라 하룻밤만 지내고 나면 나타날 것입니다."

이튿날 새벽에 오유란은 먼저 일어나 베갯머리에 앉아 머리를 풀어 헤치고 눈물을 짜고 깊이 탄식하면서 말했다.

"애고, 애고. 세상일이 어찌 이리 덧없는고. 낭군님이 돌아가셨네."

이생은 겨우 한숨을 자고 깨어나니, 의심도 나고 놀랍기도 하여 말했다.

"어제의 나는 오늘의 나이고 오늘의 나는 어제의 나인데, 어제는 옳고 오늘은 글렀던가? 정신도 초롱초롱하고 심신도 그대로 있어서 조금도 차이가 없으나 다만 조용히 한잠 잤을 뿐인데 낭자는 어찌하여 나를 위하여 슬퍼하고 있소?"

"낭군님은 믿지 아니하십니까? 제가 말한 묘리는 바로 이것입니다. 아직은 떠들거나 시끄럽게 하지 않는 것이 좋겠어요."

자리를 남쪽 벽 밑으로 옮겨 앉아서 동정을 살피니, 동방은 이미 밝았고 붉은 해가 피를 쏟고 있었다. 붉은 벽 밖에 수상한 사람들의 그림자 가 있어서 가까이 서서 말했다.

"불쌍하도다, 청춘이여! 슬프도다, 부모들이여! 아깝도다, 문벌이여! 원통하도다, 객사함이여!"

수 명의 노복들이 문을 열고 들여다보고 나서, 어떤 놈은 베를, 어떤 놈은 나무를 다스리곤 하다가 우르르 쫓아 들어와서, 번쩍하는 사이에 시체를 관에다 넣는 시늉을 하고 땅땅거리면서 뚜껑을 덮고 나갔다. 이생은 눈을 살며시 감고 하는 것을 다 보고는 비로소 몸이 죽었는가 의심하고서, 슬픈 표정으로 눈물을 글썽거리면서 중얼거렸다.

"사람의 목숨은 어찌 그리 쉽게 죽는고. 내 삶은 천지로부터 받아 부모가 있어도 자식 된 도리를 다 못하고, 친척이 있어도 화목을 돈독히 하는 줄을 알지 못하였으니 살았을 때에도 이미 사람 사는 곳에서 불량한 사람이 되었고, 죽어도 또한 지하에 가서 처벌이 있을 것이로다" 하면서 스스로 슬픔을 금치 못하니, 흐르는 눈물은 비가 쏟아지는 것과 같았다. 옛말에 "새는 죽으려고 할 때 그 울음이 슬프고, 사람은 죽으려고 할 때 그 말이 착하다" 했으니, 실로 헛된 말이 아니었던가 보다.

이생을 감쪽같이 속이는 것이 속으로 미안하긴 하였으나 오유란은 이날부터 수시로 출입하였다. 혹은 낮에도 자며 즐거워하고 혹은 밤에 술 마시며 이야기하기에 밤 가는 줄도 모르고 도취하니 즐거움은 미진하였고 사랑은 무궁하였다.

이생은 자득한 듯이 희언戲言을 오유란에게 보내며 말했다.

"낭자의 묘술로 능히 내가 목숨을 좋게 마치게 하여주오. 목숨을 마치는 것은 오복의 하나라 감사하여 마지않겠소."

오유란은 대꾸하지 않았다. 오유란은 본시 민첩하고 다정한 사람이었다. 자주 배고프고 목마른가를 물으며, 때때로 좋은 음식을 갖다 대접했다. 이생은 그러한 좋은 음식을 가지고 오는 데 대하여 감탄하면서 말했다.

"거기에도 또한 묘방妙方21이 있는 것 같은데, 그 묘방은 어떠한 것이오?"

"토식討食22이라는 것이지요."

"토식이라 이르는 것은 어떠한 것이오?"

"능히 말로 표현할 수 없습니다. "

"자세한 이야기는 좋아하지 아니하니 한번 보게 해주는 것은 어떠하오?"

"꼭 보고 싶고 알고 싶으시면, 택일할 필요 없이 오늘 아침에 낭군님과 같이 가봅시다."

이생은 좋아하고 관을 퉁겨 쓰고 옷을 털어 입고는 곧 나서려고 했다. 때는 오월이라 날씨가 매우 더웠다. 오유란은 옆에 섰다가 침을 뱉고 웃으면서 말했다.

"이같이 더운 날씨에 의관은 무엇 때문에 하십니까?"

"큰길에 나서면 여러 사람이 보고 손가락질할 것이며, 내 무뢰배가 아닌 이상 더벅머리에다 관을 쓰지 않는 것이 어찌 옳다고 말할 수 있소?"

"낭군님의 불통함은 어찌하여 그렇게 고지식하십니까? 살았을 때와 죽었을 때의 몸도 구별하지 못하고 공연한 조심만을 일삼으시는군요. 사람들은 우리를 볼 수 없지만 우리는 볼 수 있고, 사람들은 우리의 말을 들을 수 없지만 우리는 들을 수 있습니다. 소리가 없고 냄새가 없는 것은 하늘이며, 귀신의 도는 공허하고 형체도 없고 자취도 없는 것은 음양이온데, 낭군님과 저의 처신에 있어서는 돌아보고 꺼릴 바가 무엇이 있으며, 꾸미거나 차릴 필요가 무엇이 있어요?"

"사람들은 비록 보지 못한다 해도 나로서는 어찌 마음에 부끄럽지 아니하겠소? 그러나 자취가 없다는 말을 들으니 마음이 놓이는군."

가벼운 홑옷을 입고, 오유란의 손을 붙들고 문을 나가면서 자기 몸을 돌보고 혹 사람이 알아볼까 두려워하니 걸음걸이는 인어가 해막海幕을 엿보는 것과 같고 마음은 꾀꼬리의 집이 바람 부는 가지에 걸려 있는 것과 같았다.

어느덧 저자 있는 곳을 지나 이방의 집으로 갔다. 3, 4리를 지나는 동안 이미 수천 명이 어깨를 스치고 팔을 치는 자가 많았으나, 한결같이 보거나 아는 시늉을 하는 자는 없었다.

때는 이방이 집에 돌아와 아침을 먹고 있었다. 오유란은 먼저 방문 밖에 가서 이생을 돌아보며 말했다.

"낭군님은 여기에 머물러 있다가 가만히 보셔요."

바로 들어가서 밥상을 대하나 사람들은 깨닫거나 알지를 못하는 척했다. 왼손으로 뺨을 한 번 치고 오른손으로 가슴을 세 번 치니, 이방은 갑자기 젓가락을 떨어뜨리고 양손으로 가슴을 안으며 침을 흘리고 눈을 두리번거리면서 아프다고 대굴대굴 구르는 것이었다. 그러자 온 집안이 발칵 뒤집혀버렸다. 큰아들,

둘째 딸, 아내와 첩들이 손을 모아 주물러 구하고는, 부랴부랴 무당을 찾아가 물어보고, 다시 장님을 찾아가 물어보았으나, 다 그대로 두면 죽는다고 하며, 원통하게 죽은 남자 귀신과 여자 귀신이 서로 짜고는 앞서면서 따르면서 와서 일시에 달려들었으니 술과 밥을 성대히 차려놓고 귀신을 불러 배부르게 먹이면 괜찮을 것이라고 했다. 이에 점쟁이의 말을 시험해보기 위하여 떡을 사고 술을 받고 양고기를 삶고 굽고 해서, 뜰 가운데 자리를 펴고 음식을 낭자하게 차려놓았다. 오유란은 이것을 보고 이생에게 말했다.

"묘방은 바로 이것이랍니다."

이생의 손목을 끌어다가 술을 마시게 했다. 이생은 굳게 사양하였으나 할 수 없어 조금 마시고는 젓가락을 놓았다. 오유란은 마른 고기를 싸면서, "후일의 양식으로 삼읍시다".

보자기에 싸고 자루에 넣어 사나이는 지고 계집은 이고 하여 별당으로 돌아왔다.

이생은 배를 어루만지고 쉰 냄새를 토하면서 말했다.

"오늘 일은 참 묘하군. 내가 전세에 있어서 굳게 귀신의 설을 믿지 아니하였다가, 오늘에야 유명의 다름을 겪어보았소. 알고 보니 무당 농락하기는 손바닥 뒤집기보다 쉽군그래."

수일 후에 오유란은 또 물었다.

"낭군님은 한 번 포식해보고 싶은 뜻이 없습니까?"

"뜻이 있지."

"여염집 사이에서 동서로 다니며 함부로 빼앗아 먹는 것은 매우 잔인할뿐더러 고상하지 못합니다. 이번에는 사또한테 가서 빼앗아 먹고 싶으나, 낭군님의 뜻이 어떠하신지요."

"그게 무슨 말이오. 그와 나의 사이는 일찍부터 형제와 같은 정의가 있었는데 내 비록 10순十旬에 9식九食[23]하는 일이 있더라도 어찌 차마 빼앗아 먹겠소? 다른 곳을 찾아보시오."

"의리를 가지고 말씀하십니까, 정의를 가지고 말씀하십니까? 가령 낭군님이 살아 있었을 때에 사또한테서 얻어먹은 것의 정의가 깊어져서 그러하십니까, 인정이 많아서 그러하십니까? 저는 매우 친밀하였습니다. 그래서 살았을 때나 죽었을 때나 조금도 멀리함이 없으니, 이제 한 번쯤 음식을 빼앗아 먹는 데 대하여 무슨 꺼릴 것이 있겠어요?"

"낭자의 말이 옳소!"

이에 오유란은 홑치마만 걸치고 일어나면서 말했다.

"날이 더워 염려할 여지가 없습니다. 낭군님은 이미 시험해보았거니와 사람이 누가 봅디까요?"

이생은 고개를 끄덕이고 알몸으로 문을 나서니 행동이 어수룩하고 모습이 초라했다. 축 늘어진 금경金莖은 두 방울 사이에서 끄덕끄덕하고 주먹 반만 한 동주銅柱는 양다리 사이에서 달랑달랑하니, 대낮에 보는 사람 치고 누구나 웃지 않을 수 없었지만 엄중한 명령하에 감히 지껄이지 못했다.

그러한 모습을 하고 사람들이 우글거리는 삼문을 걸어서 지나갔다. 즉시 선화당 대청 위로 올라가서 오유란이 물러서며 이생에게 속삭였다.

"사또가 저기 있으니, 낭군님은 이전 이방의 집에서 한 것과 같이 들어가서 사또를 치고 그 거동을 보십시오."

"나는 익숙하지 못한데 어찌 마음 놓고 할 수 있을까?"

"일은 그렇게 어렵지 아니합니다. 저는 상하의 분수가 있어서 감히 할 수 없거니와, 낭군님은 무슨 꺼릴 것이 없겠습니까?"

이생은 마지못하여 허리를 구부리고 슬금슬금 앞으로 가서 머뭇거리고 서성대면서 보는 것과 같고 아는 것과 같아서 바로 곧 행동을 취하지 못하고 이상한 눈초리로 살피고 있는데, 감사가 가만히 담뱃대로 이생의 배를 쿡 찌르면서 말했다.

"형장은 이 무슨 꼴인가?"

이생은 깜짝 놀라며 털썩 주저앉고는 비로소 자기가 살아 있음을 깨달으니, 취몽이 3월 봄날에 깬 것과 같고, 훈풍이 한 가닥 불어온 것과 같이 정신이 들었다. 모두가 한통속이 되어 자기를 속였음을 비로소 깨달았다.

감사는 즉시 관비에게 명하여 옷 한 벌을 가지고 와서 입히게 했다. 이생은 더욱 부끄러움을 이기지 못하였다.

이생은 이튿날 새벽에 노비를 마련해서 감사도 만나보지 않고 오유란도 괘씸하여 한마디 인사도 없이 그곳을 떠나 밤낮으로 달려 겨우 서울에 도착했다.

부모들은 그의 얼굴이 핼쑥함을 보고 근심 걱정을 하였고, 종들은 그 차림이 초라함을 살피고 의심했다. 이생은 대답하기를 오는 데 애를 먹고 병이 들어 고생했기 때문이라고 했다.

이생은 정사精舍[24]로 물러가 거치하며, 설분雪憤[25]에만 뜻을 두고 마음속으로 굳게 맹세하고는 열심히 공부했다.

그해 가을에 마침 임금님이 문묘에 참배하심을 만나 글을 품고 가서 올렸던 바, 다행히 임금의 눈에 들었다. 급제한 사람의 이름을 부르기도 전에 한림학사로 뽑혔으니, 부모님들이 다 같이 즐거워할 영광이요 친척들도 다 같이 기뻐할 경사였다. 원근이 모두 기뻐 날뛰며 칭찬하느라고 입을 다물지 못했다.

이때 서쪽 지방에 심한 흉년이 들어 민심이 흉흉하였다. 임금은 근심하고 신하들을 보고 암행어사가 될 인재를 뽑아 올리라 했더니, 곧 이한림이 뽑혔다.

이한림은 새 명령을 분부받고 설분할 기회가 닥쳐왔음을 못내 기뻐하며 매우 다행으로 여겼다. 행장을 다스려 곧 떠나 전전하면서 서주西州로 가니 행로가 흥겨웠고 의기가 양양하였다.

지나는 곳마다의 산천의 풍경은 옛날과 다름이 없고 그 옛날의 이생도 변함이 없었다. 두 물줄기가 갈리는 능라도는 우뚝이 보여 기억에 떠올랐으며, 삼산이 반락한 모란봉은 세월을 겪기를 몇 번이나 하였건만 강산은 뚜렷하였다. 이생은 즐거운 흥취를 이길 수 없어 곧 시 한 수를 지었다.

대동문 바깥 물은 남쪽으로 흐르는데
노랑 돛단배가 고주에 걸려 있네
천지에 몸을 붙여 이제사 벗어났고
강산이 반가워서 다시 다락 오르고야
大同門外水南流 桂種蘭橋係古洲

天地寄身初脫穀 江山慣月更登樓

영명사 깊은 탑은 중들의 구름 같은 꿈
부벽루 높은 대는 나그네의 야화로세
수의 입은 암행어사 사람들은 모르는데
임금님 은혜 받아 봄노래에 동반하리
永明深楊僧雲夢 浮표高臺客夜話

衣繡暗行人不識 聖恩自重伴春遊

읊기를 마치고 나서 채찍을 휘두르며 연광정에 올라가서 사방을 돌아보며 눈을 비비고 다시 보니, 그 옛날의 초당은 아득히 눈에 들어왔다. 술을 마시고는 또 노래를 지어 불렀다.

> 도원 찾아 떠난 유랑 이제 다시 돌아오니
>
> 풍물도 달라졌고
>
> 사람들도 알아보지를 못하네
>
> 짧은 지팡이를 자축거리고
>
> 해진 의복이 남루하지만
>
> 까마득한 세상에 눈이 열리니
>
> 때가 오면 남아의 뜻을 펴리라

노래를 마치고 역졸들과 더불어 비밀한 약속을 해두었다.

그날 밤중에 역졸 여남은 명이 마패를 높이 들고 각각 몽둥이를 가지고 삼문을 두드리며 일시에 소리내어 외치기를, "암행어사 출두하옵시오".

우레와 번개가 100리 밖에서 놀라고 천지가 한 성안에서 뒤집히는 것과 같았다.

관노와 이방은 일을 단속하느라고 이리 닫고 저리 닫으며, 좌수와 별감은 눈을 휘둥그레하고 가정에서 당황하고 있으니 마치 솥물이 끓는 것과 같았다.

이때 감사는 마침 수청 기생 계월과 같이 자다가 갑자기 뜰문 밖에서 암행어사 출두하옵신다는 소리를 듣고 뜻하지 않았는 데서 나온지라. 황급히 일어나 촛불을 켜지 않고 어두운 데서 옷을 찾다가, 겨우 뒤집힌 옷 하나를 잡으니 곧 계월의 넓은 비단 속곳이었다. 계월도 또한 알몸으로 황급히 뒤따라 들어갔다.

이와 같이 황급한 때에 어사는 벌써 선화당으로 들어와서 높이 걸터앉아 특명으로 분부하였다.

"봉고封庫[26]를 하고 형구를 갖추어, 수하를 막론하고 명첩名帖을 올리지 못하게 하라!"

명이 떨어지자 이노들이 다투어 쫓아가서 감사에게 아뢰었다.

감사는 두세 명의 관노에게 동정을 살펴보고 또한 용모를 알아보게 했더니 돌아와 아뢰기를, "어사의 나이는 30세가량 되었고, 얼굴이나 거동이 흡사 전날의 이랑과 같으니 일이 매우 의아하고도 괴이합니다"라고 했다.

감사는 반신반의하여 곧 오유란을 불러 분부하였다.

"너는 이랑과 다정하고도 친숙한 사이라 오늘의 어사또는 이랑과 흡사하다 하거니와 아직 그 진위를 알지 못하니, 너는 잘 살펴보고 자세히 보고하라."

오유란이 선화당으로 나와 몸을 숨기고 가만히 살펴보니 오늘의 어사는 전날의 이랑이며, 전날의 이랑이 오늘의 어사가 아닌가? 때는 비록 다르나 사람인즉 같아서, 추호도 다름이 없고 조금도 의심할 바가 없었다. 곧 돌아와서 보고했다.

"다시는 지나친 근심을 하지 마옵소서. 어사 되는 사람은 곧 전날의 이랑입니다."

감사는 기뻐서 얼굴빛을 고치며 말했다.

"내 이미 친구의 등과를 들었으나, 오늘의 어사임을 알지 못하였구나!"

이에 빼앗겼던 혼을 거두고 의관을 가다듬고, 통인을 시켜 어사에게 명첩을 올리게 하였다. 어사는 날카로운 소리로 거절하면서, "내 본래 너를 알지 못하노라. 사또가 명첩을 올림은 무슨 까닭인고?"

즉시 통인을 묶어 내려놓고 종아리 30대를 치라 했다.

감사는 거절당했다는 말을 듣고 친히 나아가보려 했으나, 명첩이 없기로 뛰어 들어가 뻣뻣이 서서 어사를 향하여 말했다.

"고인은 평안하셨는가?"

어사가 보고도 못 본 척하고 듣고도 못 들은 척하니 감사는 앞으로 나아가 손목을 잡으며 말했다.

"형은 정말로 남아로서 뜻있는 사람이라고 말할 수 있으니, 자네 일은 드디어 이루어졌네. 오늘 동생이 경악하고 황급하고 곤경함은 오히려 형의 옛날에 속임을 당한 것보다 못하지 않을 것일세. 한번 깊이 생각해보게. 형이 별안간 영화의 길에 올랐음은 나의 정성의 소치로 말미암은 것이 아닌가? 일로써 말할진댄 형이 안 졌다고 말할 수 있으니, 진 사람은 어사 자네일세."

이 말을 들은 어사는 풀이해서 생각해보고 또 생각해보니, 마음은 스스로 조용히 열리고 입에서는 스스로 웃음이 나와서, "때도 이미 지났고 일도 오래되어 할 수 없군".

곧 술을 가져오게 해서 감사와 즐겁게 마셨다.

감사가 너무 지나치게 속인 장난을 사과하고 용서를 입은 영광을 사례하니, 어사는 얼굴을 붉히고 웃으면서 말했다.

"오늘은 소유문蘇孺文이 되어 친구와 더불어 술을 마시고, 내일은 겸주자사가 되어 일을 살핌[27]은 마치 나를 두고 이름일세."

이튿날 날이 밝자 어사는 공청에 나아가 앉고, 여러 형장을 갖추어놓고 오유란이란 여인을 묶어 오게 해서 거적자리에 앉혀 섬돌 아래에 엎드리게 하고는 문을 닫고 날카로운 소리로 문초했다.

"너의 죄를 네가 스스로 알고 있으니 매로써 죽이리라."

오유란은 나지막한 소리로 간곡히 아뢰었다.

"소녀가 어리석어 무슨 죄인지 알지 못하겠습니다."

어사는 크게 노하여 문지방을 두드리며 꾸짖었다.

"관청에 매어 있는 여자로서 장부를 속여 희롱하기를, 산 사람을 죽었다고 하고 사람을 가리켜 귀신이라 하였으니 어찌 죄 없다고 하느냐? 빨리 처치하고 늦추지 마라."

오유란은 다시 빌면서 말했다.

"바라옵건대 어사께서는 잠시 문을 열고 한 번만 보아주신즉, 소녀가 다만 한 말씀만 드린다면 회초리 아래 귀신이 된다 해도 다시는 원통함이 없겠습니다."

어사는 일찍부터 인정이 없는 사람이 아닌지라, 그 말을 듣고야 낯익은 얼굴을 보니 오유란이 몸을 나타내고 살짝 쳐다보고 생긋이 웃으며 말했다.

"산 것을 보고 죽었다고 한 것은 산 사람이 스스로 죽지 아니한 것을 판단 못함이요, 사람을 가리켜 귀신이라고 한 것은 사람으로서 스스로 귀신이 아님을 깨닫지 못한 것이니, 속인 사람이 나쁩니까, 속임을 당한 사람이 나쁩니까? 너무 지나치게 속인 사람은 있다고 할지라도, 속임을 당한 사람으로서는 차마 말할 수 없을 것입니다. 또한 저는 사졸이 되어 오직 장군의 명령을 들을 따름입니다. 일을 주장한 사람에게 책임이 돌아가야 할 것이어늘, 어찌 사졸을 베려 하십니까?"

어사 듣기를 마치고 보니, 사정이 또한 없을 수 없고 사실이 또한 그러하였으므로 즉시 풀어놓도록 명령하고, 당상으로 올라오게 하고 웃는 얼굴로, "너는 묘기가 되고 나는 소년이 되어 일은 조금도 괴이함이 없으나, 가운데서 일을 꾸민 사람이 매우 나쁘고 또 괴이하였으나, 지금에 와서 생각한들 어찌 말할 수 있겠는가?"

술을 가져오게 해서 잔치를 베풀고, 옛날의 정회를 다 털어놓고 이야기했다.

어사는 수일을 묵으며 여러 송사를 다스림에 있어서 옳은 것은 옳은 대로, 죄는 죄대로 처리하였고, 가는 고을마다 수령을 표창할 만한 자는 표창하고 떨어 뜨릴 만한 자는 떨어뜨리면서 일을 밝게 살피니 한 사람도 억울한 일이 없었다.

어언간 세월이 바뀌어 8, 9월이 되었다. 어사는 다시 내직의 명령을 받으니 명성이 멀리까지 들렸다. 이해에 감사도 외직으로부터 벗어나 돌아오니, 두 사 람의 정의는 평생토록 두터웠다. 서로 도우면서 진급하여 다 같이 정승이 되었 다. 서로 도와주는 덕과 변통해주는 공은 한漢대의 소조蕭曹[28]와 같고 당唐대의 방두房杜[29]와 같기를 40여 년이나 그러했다 한다.

| 작가 소개와 작품 해설 |

작자와 연대를 알 수 없다. 조선조 영·정조 때의 한문 풍자소설로 국립도서관에 필사본이 소장되어 있다. 오유烏有란 사물이 아무것도 없다는 뜻이다. 그러기에《사기》에서는 가상 인물을 오유 선생이라 했다. 〈오유란전〉의 오유란은 처음부터 가상의 여자임을 암시한 것이다.

친구의 의리와 기생의 역할

친구와 기녀가 속이고 속는 가운데 양반들의 호색적이고 위선적인 생활을 풍자하고 있다. 관직에 나아간 위정자들의 위선을 탁월한 수법으로 보여준 작품이다.

친구 간의 성공과 희롱을 지나친 복수로 엮지만, 복수의 수법 역시 풍자적이며 해학적으로 일관되어 있다. 작자가 의도한 주제를 효과적으로 묘사했다는 평가를 받는다.

고전 연애담에 기녀가 끼어 있는 경우가 많은데, 〈오유란전〉 역시 그 범주를 벗어나지 못하고 있다.

조선조 세조 때 한양에 두 재상이 친했고, 그 아들들인 이생과 김생도 아주 친했다. 서로가 공적도 함께 세우고 고락도 함께하자는 우정을 나누었다.

그런데 김생이 먼저 과거에 급제하여 평안감사가 되자, 이생을 청하여 잔치를 베풀고 후원 별당에 거처토록 했다. 이생이 한사코 호화스러운 생활을 마다하고 별당에 파묻혀 독서에만 열중하였다.

김생은 이생을 곯려주려고 기생 오유란을 시켜 유혹하도록 했다. 오유란은 소복으로 갈아입고 이생이 거처하는 후원 앞 연못에서 빨래를 했다. 미태에 넘어가 오유란에게 빠져버린 이생은 별당에서 오유란과 기어이 인연을 맺고 만다.

그런데 이튿날 서울 본가에서 편지가 왔다. 부친의 병이 위독하다는 내용이었다. 이생이 부랴부랴 서울로 올라가는 도중 부친의 병이 회복되었으니 되돌아가라는 소식을 받는다.

다시 평양을 향해 가는데 대동강변에 전에 없던 새 무덤이 하나 있었다. 열녀 오유란이 한양 선비 이생에게 속아 자살한 무덤이라는 것이었다. 크게 놀란 이생은 병석에 눕고 말았다. 그런데 거기에 유령으로 가장한 오유란이 찾아와 이생을 괴롭힌다.

결국 속은 줄을 깨달은 이생은 부리나케 행장을 차리고 서울로 가버린다. 서울에 온 이생은 그날부터 열심히 공부하여 과거에 장원급제했다. 다행히 평안도 암행어사가 되어 다시 길을 떠난다.

이생은 김생과 오유란에게 복수할 때가 왔음을 기뻐하며 평양에 내려가 동정을 살폈다. 기생 계월과 동침 중이던 김생 앞에 나타나 어사출두를 외쳐 김생을 놀라게 함으로써 통쾌하게 분풀이한다. 이내 곧 화해하고서 그들은 다시금 화목하게 지내다가 내직에 들어와 승승장구 승진하여 정승이 된다.

　〈오유란전〉은 친구의 의리와 기생의 역할이란 점에서 〈옥단춘전〉과 닮아 있다. 다만 옥단춘의 티 없이 맑은 순정과 다르다.

　이 소설이 〈옥단춘전〉과 비교되는 것은 배경이 평양과 서울이라는 점, 기생과 암행어사의 등장, 이생과 이혈룡, 오유란과 옥단춘 등의 등장인물, 이야기의 전개가 너무나 흡사하다는 점이다. 모방작이 아닌가 하는 의심을 낳게 한다.

　〈옥단춘전〉 역시 영·정조 시대에 쓰인 것으로 추측되어 어느 쪽이 모방인지는 가리기가 어렵다. 그러니 그 시대 작자의 개작으로 보는 설도 설득력이 있다.

비교 작품

　기생 연애소설로서 〈춘향전〉, 〈옥단춘전〉, 〈채봉감별곡〉 등이 있다. 〈이춘풍전〉, 〈권용선전〉도 보면 좋다.

1   대대로 맺어온 교분.

2   정원 등에 돌을 모아 쌓아서 조그마하게 만든 산. 가산.

3   삼종지도. 여자가 따라야 할 세 가지 도리. 어려서는 아버지를, 결혼해서는 남편을, 남편이 죽은 후에는 자식을 따라야 했다.

4   남녀 간에 풍속의 퇴폐를 풍자하는 말. 중국 위나라 공실公室이 음탕해서 뽕나무밭에서 정을 통했다는 데서 유래했다.

5   새로 사귄 정.

6   대궐이나 관청 앞에 세운 문 세 개. 정문, 동협문, 서협문을 이른다.

7   아무나 쉽게 꺾을 수 있는 길가의 버들과 담 밑의 꽃. 창녀나 기생을 비유적으로 이르는 말.

8   부모의 가르침.

9   순은 열흘을 뜻함.

10   제사 때 차려놓은 음식을 귀신이 맛봄.

11   새 사위를 높여 이르는 말.

12   하늘의 이치.

13   좋은 시절. 혹은 처음 사랑을 맺은 시기.

14   전생연분. 전생의 인연.

15   재앙이 닥치는 시기.

16   벌과의 곤충.

17   임금의 은총.

18   사랑하는 생각.

19   신의 도리.

20   공자의 아들. 이름은 공리다. 유학에 정통했으며, 50세의 나이로 공자 앞에서 세상을 떠남.

21   교묘한 방법.

22   음식을 억지로 달라 하여 먹음.

23 100일 동안 아홉 끼니를 겨우 먹는 것.

24 학문을 가르치기 위해 마련한 집. 또는 정신을 수양하는 곳

25 분풀이.

26 봉고파직. 어사나 감사가 못된 짓을 많이 한 고을의 원을 파면하고 창고를 봉하여 잠그는 일.

27 중국 후한에 기주자사로 임명된 소유문이 친구를 초청해 술을 대접하고 다음 날에는 그 친구를 조사해 공법을 적용했다고 한다.

28 한나라 초기의 대표적인 공신으로, 소하와 조참을 가리키는 말. 두 사람은 사이가 좋았다고 한다.

29 당 태종 때 어진 두 정승인 방현령과 두여회를 가리키는 말.

운영전雲英傳

작자 미상

　수성궁壽聖宮은 안평대군[1]의 옛집으로 장안성 서쪽으로 인왕산 아래에 있는지라, 산천이 수려하여 용이 서리고 범이 일어나 앉은 듯하며, 사직이 남쪽에 있고 경복궁이 동쪽에 있었다. 인왕산의 산맥이 굽이쳐 내려오다가 수성궁에 이르러서는 높은 봉우리를 이루었고, 비록 험준하지는 않으나 올라가 내려다보면 보이지 않는 곳이 없는지라, 사면으로 통한 길과 저잣거리며 천문만 호가 바둑판과 같고 하늘의 별과 같아서 헤아릴 수 없고 번화 장려함이 이루 형용치 못했다. 동쪽을 바라보면 궁궐이 아득하여 구름 사이에 은은히 비치고 상서로운 구름과 맑은 안개가 항상 둘러 있어 아침저녁으로 고운 자태를 자랑하니 짐짓 이른바 별천지 승지勝地였다.

　당시 주도酒徒들은 몸소 아름다운 여인과 피리 부는 아이를 동반하고 놀았으며, 소인騷人[2]과 묵객墨客은 삼춘 화류시와 구추 단풍절에 그 위에 올라 음풍영월하며 경치를 완상하느라 돌아가기를 잊으니, 산천의 아름다움과 경치의 좋음은 무릉도원보다 뛰어났다.

　이때, 남문 밖 옥녀봉 아래에 선비가 살고 있었으니, 청파사인靑坡士人 유영柳泳이었다. 그는 스물 남짓에 풍채가 준아하고 학문이 유여하되, 가세가 빈곤하여 의식을 이을 길이 없어 울적한 마음을 이기지 못하였다. 이곳의 경개가 좋음을 익히 들어 구경하려 했으나, 의복이 남루하고 얼굴빛이 어두워 남의 웃음을 받는지라 머뭇거리다가 가보지 못한 지가 오래되었다.

만력萬曆 신축辛丑 춘삼월 보름에 탁주 한 병을 샀으나 동복도 없고 또한 친근한 벗도 없는지라, 몸소 술병을 차고 홀로 궁문으로 들어가보니 구경 온 사람들이 서로 돌아보고 손가락질하면서 웃지 않는 이가 없었다. 유생은 하도 부끄러워 몸 둘 바를 모르다가 바로 후원으로 들어갔다. 높은 데 올라서 사방을 보니, 임진왜란을 갓 겪은 후라 장안의 궁궐과 성안의 화려했던 집들은 탕연蕩然[3]하였다. 부서진 담도, 깨어진 기와도, 묻혀진 우물도, 흙덩어리가 된 섬돌도 찾아볼 수 없었다. 풀과 나무만이 우거져 있었으며, 오직 동문 두어 칸막이 우뚝 홀로 남아 있을 뿐이었다.

유생은 천석泉石이 있는 그윽하고도 깊숙한 서원으로 들어가니, 온갖 풀이 우거져서 그림자가 밝은 못에 떨어져 있었고, 땅 위에 가득히 떨어져 있는 꽃잎은 사람의 발길이 이르지 아니하며 미풍이 일 때마다 향기가 코를 찔렀다.

유생은 바위 위에 앉아 소동파가 지은 시구를 읊었다. 문득 차고 있던 술병을 풀어서 다 마시고는 취하여 바윗가에 돌을 베개 삼아 누웠더니, 잠시 후 술이 깨어 얼굴을 들어 살펴보니 유객은 다 흩어지고 없었다. 동산에는 달이 떠 있었고, 연기는 버들가지를 포근히 감쌌으며, 바람은 꽃잎을 어루만지고 있었다. 그때 한 가닥 부드러운 말소리가 바람을 타고 들려왔다. 유영은 이상히 여겨 일어나서 보았다. 한 소년이 절세미인과 마주 앉아 있다가 유영이 오는 것을 보고 흔연히 일어나서 맞이하니, 유영은 그 소년을 보고 묻기를, "수재秀才는 어떠한 사람이기로 낮을 택하지 않고 밤을 택해서 놀고 있느뇨?"

소년은 생긋이 웃으며 대답하였다.

"옛사람이 말한 경개약구傾蓋若舊[4]란 말은 바야흐로 우리를 두고 한 말이지요.”

세 사람은 솥발처럼 앉아서 이야기를 시작하매, 미인이 나지막한 소리로 아이를 부르니 차환[5] 두 명이 숲속에서 나왔다. 미인은 그 아이를 보고 말하였다.

“오늘 저녁 우연히 고인故人을 만났고, 또한 기약하지 않았던 반가운 손님을 만났으니, 오늘 밤은 쓸쓸히 헛되이 넘길 수 없구나. 그러니 네가 가서 주찬酒饌을 준비하고, 아울러 붓과 벼루도 가지고 오너라.”

두 차환은 명령을 받고 갔다가 잠시 후 돌아왔으니 빠르기가 나는 새 오락가락 하는 것과 같았다. 유리로 만든 술병과 술잔, 자하주[6]와 진기한 안주 등은 모두 인세人世의 것은 아니었다.

유영은 먼저 자기의 성명을 말하고 소년에게 물었다. 이에 소년은 대답하였다.

“성명을 말하지 않는 것은 이유가 있어서 그러하온데, 당신이 구태여 알고자 하니 가르쳐드리는 것이 어려울까마는, 말을 하자면 장황합니다.”

수심 띤 얼굴을 하고 한참 있다가 입을 열어 말하였다.

“나의 성은 김이라 합니다. 나이 10세에 시문을 잘하여 학당에서 유명하였고, 나이 14세에 진사 제2과에 오르니, 일시에 모든 사람이 김 진사라 부릅디다. 나이 어린 호혈한 기상으로 호탕함을 능히 억누르지 못하고, 또한 여인으로 하여 부모의 유체를 받들고서 마침내 불효의 자식이 되고 말았으니 천지간 죄인의 이름을 억지로 알아서 무엇하리까? 이 여인의 이름은 운영이고 저 두 여인의 이름은 하나는 녹주요 하나는 송옥이라 하는데, 다 옛날 안평대군의 궁인이었습니다.”

“말을 하였다가 다하지 아니하면 처음부터 말하지 않은 것만 못합니다. 안평대군의 성시盛時의 일이며 진사가 상심하는 까닭을 자상히 들을 수 있겠소?”

진사는 운영을 돌아보면서 말하기를, “성상星霜이 여러 번 바뀌고 일월이 오래되었으니, 그때의 일을 그대는 능히 기억하고 있소?”

“마음에 쌓여 있는 원한을 어느 날인들 잊으리까? 제가 이야기해볼 것이오니. 낭군님이 옆에 있다가 빠지는 것이 있거든 덧붙여주옵소서” 하고는 이야기를 시작하였다.

세종대왕의 왕자 8대군 중에서 셋째 왕자인 안평대군이 가장 영특하였지요. 그래서 상이 매우 사랑하시고 무수한 전민과 재화를 상사하시니, 여러 대군 중에서 가장 나았습니다. 나이 13세에 사궁에 나와서 거처하시니 수성궁이라 하였습니다.

밤에는 독서하고 낮에는 시도 읊으시고 또는 글씨를 쓰면서 일각이라도 허송치 아니하시니, 때의 문인재사들이 다 그 문門에 모여서 그 장단을 비교하고, 혹 새벽닭이 울어도 그치지 않고 담론을 하였습니다. 대군은 필법이 뛰어나 일국에 이름이 났지요. 문종대왕이 아직 세자로 계실 적에 매양 집현전 여러 학사와 같이 안평대군의 필법을 논평하시기를, “우리 아우가 만일 중국에 났더라면 비록 왕희지에게는 미치지 못하겠지만, 어찌 조맹부에 뒤지리오” 하면서 칭찬하시기를 마지않았사옵니다.

하루는 대군이 저희들을 보고 말씀하시기를, “천하의 모든 재사는 반드시 안정한 곳에 나아가서 갈고닦은 후에야 이루어지는 법이니라. 도성都城 문밖은 산판이 고요하고, 인가에서 좀 떨어졌을 것이니 거기에서 업을 닦으면 대성할 수 있을 것이다” 하시고는 곧 그 위에다 정사 여남은 간을 짓고, 당명을 비해당匪懈堂이라 하였습니다. 또한 그 옆에다 단을 구축하고 맹시단이라 하였으니, 명名을 돌아다보고 의義를 생각한 뜻이었지요. 때의 문장文章과 거필巨筆들이 단상에 다 모이니, 문장에는 성삼문이 으뜸이었고 필법에는 최흥효가 으뜸이지만, 대군의 재주에는 미치지 못하였사옵지요.

하루는 대군이 취해서 궁녀 보고 말씀하시기를, "하늘이 재주를 내리심에 남자에게는 풍부하게 하고 여자에게는 적게 하였으랴. 지금 세상에 문장으로 자처하는 사람이 많지마는, 능히 다 상대할 수 없고 아직 특출한 사람이 없으니 너희들도 또한 힘써서 공부하여라" 하시고는 대군께서는 궁녀 중에서 나이가 어리고 얼굴이 아름다운 열 명을 골라서 《소학》, 《언해》, 《중용》, 《대학》, 《맹자》, 《시경》, 《통감》, 《송서》 등을 차례로 가르쳐 5년 이내에 모두 대성하였지요. 열 명의 이름은 소옥, 부용, 비경, 비취, 옥녀, 금련, 은섬, 자란, 보련, 운영이니, 운영은 바로 저였어요.

그리고 항상 영을 내리시기를, "시녀로서 한 번이라도 궁문을 나가는 일이 있으면 죽음을 당할 것이며, 또 외인이 궁녀의 이름을 아는 이가 있다면 그 죄도 또한 죽음을 면치 못할 것이다"라고 말씀하셨습니다.

하루는 밤에 자란이 저에게 묻기를, "여자로 태어나서 시집가고자 하는 마음은 누구나 다 가지고 있다. 네가 생각하고 있는 애인이 누군지는 알지 못하나, 너의 안색이 날로 수척해가므로 안타까이 여겨 내 지성으로 묻나니, 조금도 숨기지 말고 이야기하라".

저는 일어나 사례하며, "궁인이 하도 많아 누가 엿들을까 두려워 말을 못하겠거니와 네가 지극한 우정으로 묻는데 어찌 숨길 수 있겠니?" 하고는 알려주었습니다.

지난가을 국화꽃이 피기 시작하고 단풍이 떨어지기 시작할 때, 대군이 칠언사운 10수를 쓰시고 있었는데, 하루는 동자가 들어와 고하기를, "나이 어린 선비가 김 진사라 자칭하면서 대군을 뵈옵겠다 하옵니다" 하니, 대군은 기뻐하셨습니다. 맞아들이게 한즉, 베옷을 입고 가죽띠를 맨 선비로서 얼굴과 거동은 신선 세계의 사람과 같았습니다.

진사님이 절을 하고 하는 말이, "외람되어 많은 사랑을 입고 존명을 욕되게 하고 이제야 인사를 올리게 되오니 황송하기 말할 수 없사옵니다" 하니, 대군은 위로의 말을 하셨습니다.

진사님이 처음 들어올 때 이미 우리와 상면하였으나, 대군은 진사님의 나이가 어리고 착하므로 우리에게 피하라고 하지도 않으셨습니다. 대군이 진사님 보고 말씀하시기를, "가을 경치가 매우 좋으니 원컨대 시 한 수를 지어 이 집이 광채가 나도록 하여주오" 하시니, 진사가 자리를 피하고 사양하였습니다.

"헛된 이름이 사실을 어둡게 하고 말았나이다. 시의 격률도 모르는 소자가 어찌 감히 알겠나이까?"

이때 대군은 금련으로 노래하게 하시고, 부용으로 거문고를 타게 하시고, 보련으로 단소를 불게 하시고, 제게 벼루를 받들게 하시니, 그때 제 나이는 17세였지요. 낭군은 한 번 보매 정신이 어지러워지고 가슴이 울렁거렸으며, 진사님도 또한 나를 돌아보면서 웃음을 머금고 자주 눈여겨보았습니다.

진사님이 붓을 잡고 5언 4운 한 수를 지으니 그 시는 이러하였습니다.

기러기 남쪽을 향해 가니
궁 안에 가을빛이 깊구나.
물이 차가워 연꽃은 구슬 되어 꺾이고,
서리가 무거우니 국화는 금빛으로 드리우네.
비단 자리엔 홍안의 미녀
옥 같은 거문고 줄엔 백운 같은 음일세.
유하주 한 말로 먼저 취하니

몸 가누기 어려워라.

旅鴈向南去 宮中秋色深

水寒荷折玉 霜菊垂金

統席紅顔女 塔紋白雲音

流霞一斗酒 先醉急難禁

대군이 읊으시다가 놀라시면서, "진실로 천하의 기재로다. 어찌 서로 만나기가 늦었던고" 하셨고, 시녀들도 이구동성으로 말하길, "이는 반드시 신선이 학을 타고 진세에 오신 것이니, 어찌 이와 같은 사람이 있으리오"라고 하였지요.

나는 이후로 누워도 잠을 못 자고, 밥맛은 떨어지고 마음이 괴로워서 허리띠를 푸는 것조차 깨닫지 못했는데, 너는 느끼지 못하더라.

자란은, "그래, 내 잊었군. 이제 너의 말을 들으니 정신의 맑아짐이 마치 술 깬 것과 같구나"라고 하더이다.

그 후로 대군은 자주 진사님과 접촉하였으나, 저희들은 서로 보지 못하게 한 까닭으로 매양 문틈으로 엿보다가 하루는 설도전에다 5언 4운 한 수를 썼습니다.

베옷에 가죽띠를 맨 선비는

신선과 같은데,

매양 바라보건만

어이하여 인연이 없는고.

솟는 눈물로 얼굴을 씻으니

원한은 거문고 줄에 우나니,

가슴속 원한을

머리 들어 하늘에 하소연하오.

布衣草帶士 玉貌女神仙

每向簾間望 何無月下緣

洗顔浪作水 彈琴限鳴紋

無限胸中怨 擡頭獨訴天

　시와 금전 한 쌍을 겹겹이 봉해 진사님에게 부치고자 하였으나 방법이 없었어요.

　얼마 후 진사님이 오셨는데, 얼굴은 파리해져서 더욱이 옛날의 기상은 아니었어요. 제가 벽을 헐어 구멍을 뚫고 봉서를 던졌더니, 진사님이 주워 가지고 집으로 돌아가서 펴 보고는 슬픔을 스스로 이기지 못하며 차마 손에서 놓지 않고 그리워하는 마음은 몸을 가누지 못하는 것 같았습니다.

　한 무녀가 대군의 궁에 드나들면서 사랑과 신용을 얻고 있었는데, 이 소문을 들은 진사님이 그 집을 찾아가보니 나이가 서른도 못 되는 얼굴이 아주 예쁜 여자로서 일찍 과부가 되고는 음녀로 자처하고 있었는데, 진사님을 보고는 기뻐하였지요. 무녀는 진사님을 붙들어놓고 정으로써 돋우고 밤을 새우면서 같이 자리라 마음먹고는, 다음 날 목욕하고 짙은 화장을 하고 화려한 꾸밈을 하고 꽃 같은 담요와 옥 같은 자리를 깔아놓고 계집종으로 하여금 망을 보게 하였답니다. 김 진사가 와서 이 광경을 보고 이상히 여기니, 무녀가, "오늘 저녁은 어떤 저녁이기에 이와 같이 훌륭한 분을 뵈옵게 되었을까?" 하였으나, 김 진사는 뜻이 없었기 때문에 대답도 않았습니다.

　무녀가 또 말하길, "과부의 집에 젊은이가 왜 왕래를 꺼리지 않고 자기의 번

민을 말하지 않는지요?"

"점이 신통할 것 같으면 어찌 내가 찾아오는 뜻을 알지 못하오?"

이에 무녀는 즉시 영전에 나아가 신에게 절하고 방울을 흔들고 몸을 떨며, "당신은 정말로 가련합니다. 그 뜻을 이루지 못할 뿐만 아니라. 3년이 못 가서 황천의 사람이 되겠습니다".

"나도 알고 있습니다. 그러나 마음속에 맺힌 한을 백약으로도 고칠 수 없으니, 만일 당신이 다행히 편지를 전하게 될 것 같으면 죽어도 영광이겠습니다."

"비천한 무녀로서 부르시지 않으면 감히 들어가질 못합니다. 그러하오나 진사님을 위하여 한번 가보겠습니다."

무녀가 편지를 갖고 궁에 들어와 가만히 전해주더이다. 저는 방으로 들어와서 뜯어보았습니다.

한 번 눈으로 인연을 맺은 후부터 마음은 들떠 있고 넋이 나가 능히 마음을 진정치 못하고 매양 성 그쪽을 향하여 몇 번이나 애를 태웠지요. 이전에 벽 사이로 전해주신 편지로 해서 잊을 수 없는 옥음을 황망히 받아 들고 펴기를 다 하지 못하여 가슴이 메고 읽기를 반도 못 하여 눈물이 떨어져 글자를 적시기에 능히 다 보지 못하였으니 장차 어찌 하오리까. 이러한 후부터 누워도 자지를 못하고 음식은 목을 내려가지 않고 병은 골수에 사무쳐 온갖 약이 효험이 없으니 저승이 보이는 것 같습니다. 오직 소원은 조용히 죽음을 따를 뿐이오니, 하느님께서 불쌍히 여겨주시고 신께서 도와주셔서 혹 생전에 한 번만이라도 이 원한을 풀게 하여주신다면 마땅히 몸을 부수고 뼈를 갈아서라도 천지신명의 영전에 제를 올리겠습니다. 다시 무슨 말씀을 하오리까. 예를 갖추지 못하고 삼가 붓을 놓나이다.

사연 끝에 7언 4운 한 수가 적혀 있었으니, 이러했지요.

누각은 저녁 문 닫혔는데

나무 그늘 그림자 희미하여라.

낙화는 물에 떠 개천으로 흐르고

어린 제비는 흙을 물고 제 집을 찾아가네.

누워도 못 이룰 꿈이오. 하늘엔 기러기도 없구나.

눈에 선한 임은 말이 없는데

꾀꼬리 울음소리에 옷깃을 적시네.

樓閣重重擔夕霏 樹陰雲影擔依微

落花流水隨溝出 乳燕含花珍艦歸

倚枕未成瑚媒夢 回峰空望雁魚稀

玉容在眼何無語 草綠燃略浪濕衣

제가 보기를 다하니 기운이 막혀서 입으로는 능히 말할 수 없었고, 눈물이 다하자 피가 눈물을 이었습니다.

하루는 대군이 비취를 불러, "너희들 열 명이 한 방에 같이 있으니 업을 전념할 수 없다" 하시고 다섯 명을 나누어 서궁에 가서 있게 하니, 저는 자란, 은섬, 옥녀, 비취와 같이 그날로 옮겨 갔습니다. 옥녀가 말하길, "그윽한 꽃, 흐르는 물, 꽃다운 수풀이 산가나 야장과 같으니, 참으로 훌륭한 독서당이라 말할 수 있구나".

이에 제가 대답했지요.

"산山 사람도 아니고 중도 아니면서 이 깊은 궁에 갇히었으니, 정말로 이른바

장신궁이다.”

좌중 궁인들이 자탄하고 울적하게 여기지 않는 이가 없었습니다.

그 후로 저는 편지를 써서 뜻을 이루고자 했으며, 진사님도 지성으로 무녀를 찾아 간절히 부탁하였으나 그녀는 오기를 좋아하지 않았으니, 아마 진사의 뜻이 자기한테 없음을 유감으로 여겼기 때문에 그랬을 것 같기도 합니다.

그럭저럭 두어 달이 지나고 계절은 다시 가을로 접어들어 바람이 불고 국화는 황금빛을 토하고 벌레는 소리를 가다듬고 흰 달은 빛을 밝혔습니다. 이때 시내에서 빨래하기가 좋은 때라. 여러 궁녀와 같이 날짜와 빨래할 장소를 결정하려 했으나 의논이 맞지 아니하였지요. 남궁 사람들은, “맑은 물과 흰 돌은 탕춘대 밑보다 나은 데가 없단다”.

그러자 서궁 사람들도 말했습니다.

“소격서동의 물과 돌은 바깥에서 더 내려가지 아니하니 왜 가까운 곳을 버리고 먼 데를 구하는가.”

남궁 사람들이 고집을 부리고서 승낙하지 않으므로 결정을 짓지 못하고 그날 밤에는 그만두고 말았지요. 그 뒤 진사님을 그리워하는 저의 병이 위중해지자, 남궁·서궁의 궁녀들이 모여 의논 끝에 소격서동으로 정하기로 하였지요. 중당에 모였는데, 소옥이 말했습니다.

“하늘은 명랑하고 물이 맑으니 정히 빨래할 때가 왔구나. 오늘 소격서동에다 휘장을 치는 것이 좋겠지?”

이에 여러 사람은 반대가 없었습니다. 저는 서궁으로 돌아가서 흰 나섬에다 가슴속에 가득 찬 슬픔과 원한을 써서 품에 넣고 자란과 같이 일부러 뒤떨어져 마부를 보고 일렀습니다.

“동문 밖 무당이 가장 영험하다 하니, 그 집에 가서 묻고 자란과 같이 오겠다.”

그 집에 가서 좋은 말로 애걸하며, “오늘 찾아온 것은 김 진사를 한 번 만나보고 싶은 것뿐이니, 기별해줄 것 같으면 몸이 다하도록 은혜를 갚겠어요”.

무당이 그 말대로 사람을 보냈더니 진사님이 찾아왔습니다. 둘이 서로 만나니 할 말도 못하고 다만 눈물을 흘릴 뿐이었지요. 제가 편지를 주면서 말했어요.

“저녁에 꼭 돌아올 것이니 낭군님은 여기에서 기다려주옵소서.”

그리고 바로 말을 타고 갔습니다. 진사님에게 전한 편지의 그 사연은 이러하였습니다.

일전 무산 산녀가 전해준 편지에는 낭랑한 옥음이 종이에 가득하였습니다. 정중한 마음으로 읽고 또 읽어보니 슬프고도 기뻐서 마음을 스스로 진정하지 못하고 바로 답서를 보내고자 하였사오나 이미 전할 길이 없었습니다. 또한 비밀이 샐까 두려워서 고개를 들어 멀리 바라보며 날아가고자 하오나, 날개가 없으니 애가 끊어지고 넋이 사라져 다만 죽을 날을 기다리고 있사오니 죽기 전에 이 편지를 통하여 평생의 한을 다 말씀드리오니 엎드려 바라옵건대 낭군께서는 저를 새겨 두옵소서. 저의 고향은 남쪽이옵니다. 부모님이 저를 사랑하시기를 여러 자녀 가운데에서도 편벽되게 사랑하셔서, 나가 놀아도 저 하고자 하는 대로 맡겨두셨습니다. 부모님은 삼강오륜의 행실을 가르치시고 또한 칠언당음을 가르쳐주셨습니다. 나이 13세 때 대군의 부르심을 받은 까닭으로 부모님을 이별하고 형제를 멀리하여 궁중에 들어오니 집으로 돌아갈 생각을 마음 금할 수 없었습니다. 오늘 빨래하러 가는 행차에는 양금의 시녀들이 다 모였던 까닭으로 여기에 오래 머물러 있을 수 없사옵니다. 눈물은 먹물로 변하고 넋은 비단실에 맺혔사오니 바라고 원하옵건대 낭군님께서는 한 번 보아주옵소서.

이러한 글은 가을을 맞이하여 상심하는 글이고, 그 시는 상사의 시였습니다.

제가 말을 타고 무당의 집에 돌아와 본즉 진사님은 종일 느껴 울어 넋을 잃고, 실성하여 제가 온 것도 알지 못하는 것 같았어요. 제가 왼손에 차고 있던 운남의 옥색 금환을 풀어서 진사님의 품속에 넣어주고 말하였습니다.

"낭군께서는 저를 보고 박정하다 하지 않으시고 천금 같은 귀한 몸을 굽혀 더러운 집에 와서 기다리시니, 제가 비록 불민하오나 목석이 아니오니 감히 죽음으로써 허락하리다. 제가 만약 식언한다면 여기에 금환이 있사옵니다."

갈 길이 총총하므로 일어나 작별을 고하니, 흐르는 눈물이 비와 같았습니다. 제가 진사님의 귀에다 대고, "제가 서궁에 있으니 낭군께서 밤을 타 서쪽 담을 넘어 들어오시면 삼생에 있어서 미진한 인연을 이을 수 있을 것입니다".

말을 마치고는 옷을 떨치고 나와서 먼저 궁문을 들어오니, 여덟 사람도 뒤따라 들어오더이다. 얼마 후 제가 자란 보고, "오늘 저녁에는 나와 진사님과 금석의 약속이 있으니, 오늘 오지 않을 것 같으면 내일에는 반드시 담을 넘어오리라. 오면 어떻게 대접할까?"

그날 밤에는 과연 오지 않았습니다. 진사님이 담을 본즉 높고 험준하여 넘지 못하고 돌아와서 근심하고 있는데, 특이라 하는 어린 종이 있어 이를 알고는 진사님을 위해 사다리를 만드니, 매우 가볍고 능히 거두었다 폈다 하기에 아주 편리하였습니다. 그날 밤 궁으로 가려고 할 때 특이 품에서 털옷과 가죽 버선을 주면서 말하였습니다.

"이것이 있으면 넘어가기가 어렵지 아니할 것입니다."

진사님이 입으니 빛이 낮과 같았습니다. 진사님은 그 계교를 써서 담을 넘어 숲속에 엎드리니 달빛은 낮과 같았습니다. 조금 있다가 사람이 안에서 나와 웃으면서, "이리 나오소서. 이리 나오소서".

진사님이 나아가 절을 하니, 자란이 말하였습니다.

"진사님이 오심을 고대하기를 대한에 비를 바라듯 하였는데, 이제야 뵈옵게 되어 저희들이 살아났사오니 진사님은 의심하지 마옵소서."

그리고 바로 이끌고 들어가기에, 진사님이 층계를 거쳐 들어오실 제 저는 사창을 열어놓고 짐승 모양의 금화로에다 향을 사르고, 유리 같은 서안에다 《태평광기》 한 권을 펴들고 있다가, 진사님이 옴을 보고 일어나 맞이하고 절을 하니 진사님도 답례를 하더이다.

자란으로 하여금 진수성찬을 차려놓고 자하주를 따라 권하니, 석 잔을 마시고 진사님은 좀 취한 듯이 말하였습니다.

"밤이 얼마나 깊었는가?"

자란이 마침 그 뜻을 알고는 휘장을 드리우고 문을 닫고 나갔습니다. 제가 등불을 끄고 잠자리에 나아가니 그 즐거움은 가히 알 것입니다. 밤은 이미 새벽이 되고 닭은 날 새기를 재촉하기에 진사님은 바로 일어나 돌아가셨습니다.

이러한 후로부터는 어두울 때 들어와서 새벽에 돌아가시니, 그렇게 하지 않는 저녁이 없었지요. 사랑은 깊어가고 정은 두터워져 스스로 그치기를 알지 못하였어요. 이 때문에 궁중 안 눈 위에는 문득 발자취가 나게 되었습니다. 궁인들은 다 그 출입을 알고 위험하다 하지 않는 이가 없었습니다.

하루는 진사님이 좋은 일의 끝이 화기가 될까 두려워 근심하고 있는데 특이 들어와 물었습니다.

"저의 공이 매우 컸는데 상을 논하지 않으시니 옳은 일이 아닙니다. 진사님의 얼굴빛을 보니 근심이 있는 것 같은데 무슨 까닭이옵니까?”

“보지 못하면 병이 뼛속까지 들고, 보려 하니 헤아릴 수 없는 죄가 있으니, 어찌 근심하지 않겠느냐?”

“그러면 어찌하여 남몰래 업고 도망가지 않으십니까?”

진사는 그렇게 하기로 하고 그날 밤 특의 계교를 저에게 말하였습니다.

“특이 노비지만 지모가 많아 계교를 알려주니 그 계교가 어떠하오?”

저는 허락하여 말하였습니다.

“저의 부모님과 대군이 주신 의복과 보화가 많은데, 이 물건들을 버리고 갈 수 없사오니 어찌하면 좋으리까. 말 열 필이 있다 하여도 다 운반할 수 없습니다.”

진사님이 돌아가서 특에게 말하니, 특은 기뻐하면서, “무엇이 어렵습니까? 저의 벗 중에 역사 20여 명이 있사온데, 이 무리로 하여금 운반케 하면 태산도 옮길 수 있을 것입니다”.

밤마다 수습하여 이레 만에 바깥으로 운반하기를 마치고 난 특이 말했습니다.

“이와 같은 보화는 본댁에 쌓아두면 상전께서 의심할 것이오니 산중에다 구덩이를 파고서 깊이 묻어두는 것이 좋을 것 같습니다.”

그런데 특의 뜻은 보화를 얻은 후에 저와 진사님을 산골로 끌고 들어가서 진사님을 죽이고는 저와 재보를 자기가 차지하려는 계획이었으나, 진사님은 알지를 못하였습니다.

하루는 진사님이 대군의 궁에 갔다 돌아와서 하는 말이, “도망해야 하겠소. 내가 지은 죄로 해서 군이 의심을 품고 있으니 오늘 밤에 도망가야 하겠소. 오늘 밤에 도망가지 않으면 후환이 있을까 두렵소”.

“지난밤 꿈에 한 사람을 보았는데 얼굴이 흉악하고 모돈선우冒頓禪于[7]라 칭하면서 말하기를 '이미 약속한 바 있어 장성 밑에 오래도록 기다렸노라' 하기에 깜짝 놀라 깨어 일어났거니와, 몽조가 상서롭지 아니하니 낭군님도 생각하십시오."

"꿈은 허망하다고 하는데 어찌 믿을 수 있겠소?"

"장성이라고 말한 것은 궁의 담이며, 모돈이라고 말한 것은 특이니, 낭군님은 그 노복의 마음을 잘 알고 있으신지요?"

"그놈은 본래 미련하고 음흉하지만 전일 나에게 충성을 다하였으니 어찌 나중에 악한 일을 하겠소?"

"낭군님의 말씀을 어찌 감히 거역하겠습니까마는 자란이와 나의 정이 형제와 같으니 이를 말하지 않을 수 없어요."

곧 자란을 불러 진사님의 계교를 말하였더니, 자란이 크게 놀라며 꾸짖어 말하더이다.

"서로 즐거워한 지가 오래되었는데 어찌 스스로 화근을 빨리 오게 하느냐? 한두 달 동안 서로 사귐이 족하거늘 담을 넘어 도망하는 것을 어찌 사람으로서 차마 할 수 있으리오? 천지는 그물 같으니 하늘로 올라가거나 땅으로 들어가지 않는 이상 도망간들 어디를 가리오? 혹 잡힐 것 같으면 그 화는 어찌 너의 몸만으로 그치겠느냐? 몽조가 상서롭지 못하다 하는 것은 그만두고라도, 만약 길하다고 하면 네가 기쁘게 가겠느냐? 마음을 굽히고 뜻을 누르고서 정절을 지켜 평안이 있으면 천이를 듣는 것과 같은 것이다. 너의 얼굴이 쇠하면 대군의 사랑도 풀어질 것이니 사세를 보아 병이라 하여 누워 있으면 반드시 고향으로 돌아가게 허락하여주실 것이다. 이때를 당하여 낭군과 같이 손을 잡고 가서 백년해로함이 가장 큰 계교이니 이런 것을 생각하지 못하였는가? 이제 그와 같은 계교를 당하여 네가 사람을 속일 수는 있으나 감히 하늘을 속일 수야 있겠느냐?"

이에 진사님은 일이 이루어지지 못할 것을 알고는 한탄하면서 눈물을 머금고 나갔습니다.

하루는 대군이 서궁 수헌에 와서 철쭉꽃이 만발하였음을 보시고 시녀에게 명하여 오언절구를 지어 올리게 하고는 대군이 칭찬하여 말씀하셨습니다.

"너희들의 글이 날로 발전하므로 매우 가상히 여기거니와 다만 운영의 시에는 뚜렷이 사람을 생각하는 뜻이 있구나. 네가 따라가고자 하는 사람이 어떠한 사람이냐? 김 진사의 상량문에도 의심할 만한 대목이 있었는데, 너는 김 진사를 생각하고 있지 않느냐?"

이에 저는 즉시 뜰에 내려 머리를 땅에 대고 울면서 고했어요.

"대군께 한번 의심을 보이고는 곧 스스로 죽고자 했으나 나이가 아직 스물 미만이고, 또 부모님을 보지 않고 죽으면 구천지하에 죽어서도 유감이 있는 까닭으로, 살기를 도적하여 여기까지 이르렀다가 또한 이제 의심을 나타냈사오니 죽기를 어찌 애석히 여기겠습니까?"

바로 비단 수건으로 스스로 난간에다 목을 매었더니, 대군이 비록 크게 노하였으나 마음속으로는 정말로 죽이고 싶지 않은 고로, 자란에게 구하게 해서 죽지 못하게 하였습니다. 진사가 그날 밤 들어오셨으나 저는 병이 들어 일어나지 못하고, 자란이 맞이해 들여 술 석 잔을 권하고는 봉서를 주면서 제가 말했지요.

"이후로는 다시 볼 수 없을 것이니, 삼생의 인연과 백년의 가약이 오늘 밤으로 다한 것 같습니다. 혹 인연이 끊어지지 않았으면 마땅히 구천지하九天地下에서 서로 찾게 되겠지요."

진사는 편지를 받고 우두커니 서서 마주 보다가 가슴을 치고 눈물을 흘리면서 나갔습니다. 자란은 처량하여 차마 볼 수 없어 몸을 숨기고 눈물을 흘리면서

서 있었습니다. 진사가 집에 돌아와 봉서를 뜯어보았습니다.

　박명한 운영은 두 번 절하고 엎드려 사룁니다. 제가 비박한 자질로서 불행하게도 낭군님께서 유념해주시어 서로 생각하기를 몇 날이며 서로 바라보기를 몇 번이나 하다가 다행히 하룻밤의 즐거움을 나누었을 뿐, 바다같이 크고 넓은 정은 다하지 못하였나이다. 인간사 좋은 일에는 조물주의 시기함이 많아, 궁인이 알고 대군이 의심하시어 조석으로 화가 다가왔으매, 낭군께서는 작별한 후로 저를 가슴에 품어 두시고 상심치 마시옵소서. 힘써 공부하시어 과거에 급제하여 벼슬길에 오르고 후세에 이름을 날리시어 부모님을 기쁘게 하소서. 제 의복과 보화는 모두 팔아서 부처님께 바쳐 여러 가지로 기도하시고 정성을 다하여 소원을 내어 삼생의 미진한 연분을 후세에 다시 이어주시옵소서.

　진사는 다 보지를 못하고 기절하여 땅에 넘어지니 집사람들이 뛰어나와 구하시니 다시 깨어났습니다.
　"궁인이 무슨 말로 대답을 하였기에 이렇게 죽으려 하시나이까?"
　진사는 다른 말은 하지 않고 다만 한 가지만 말할 뿐이었습니다.
　"재보는 네가 잘 지키고 있느냐? 내 다 팔아서 부처님께 숙약을 실천하리라."
　특이 집에 돌아와서 생각하기를, '궁녀가 나오지 않으니 그 재보는 하늘과 나의 것이겠지' 하며 벽을 향하여 남몰래 웃었으나, 사람들은 까닭을 알 수 없었지요.
　하루는 특이 스스로 옷을 찢고 코를 쳐서 피가 흐르게 하여 온몸을 더럽히고 머리를 흐트리고 맨발로 뜰에 엎드려 울면서 말했어요.

“제가 강적의 습격을 받았나이다. 외로이 산중을 지키다가 수많은 도적이 습격하여 목숨을 걸고 도망쳐 왔나이다. 만일 그 보화가 아니었다면 제게 어찌 이와 같은 위험이 있겠습니까?”

주먹으로 가슴을 치면서 통곡하므로 진사님은 따뜻한 말로 위로하셨습니다.

얼마 후 진사님은 특의 소행을 알고 노복 10여 명을 거느리고 가서 불의에 그 집을 수색하여보니 다만 금팔찌 한 쌍과 운남 보경 하나가 있을 뿐이었습니다.

이 말이 전파되어 궁인이 대군께 고하니, 대군이 대노하여 남궁인으로 하여금 서궁을 찾아보게 한즉 저의 의복과 보화가 전부 없어졌으므로, 대군이 서궁 궁녀 다섯 사람을 뜰에 불러놓고 형장을 엄하게 차려놓고 영을 내리기를, “이 다섯 사람을 죽여서 다른 사람을 징계하라!” 하시고는 집장 한 사람에게, “장수를 헤아리지 말고 죽을 때까지 치렷다!”

이에 다섯 사람이 호소하였습니다.

“바라건대 말이나 하고 죽겠나이다” 하고 은섬이 초사를 올리니, 대군이 보기를 마치고 나시더니 또 한 번 초사를 펴고 보시는데, 노여움이 좀 풀리는 것 같으므로 소옥이 엎드려 울면서 아뢰었습니다.

“전날 빨래하러 갈 때 성안으로 가지 말자고 한 것은 저의 의견이었으나, 자란이 밤에 남궁으로 와서 매우 간절히 청하기에 제가 그 뜻을 안타까이 여겨 군의를 물리치고 따랐사옵니다. 운영의 훼절은 그 죄가 저의 몸에 있사옵고 운영에게 있지 아니하오니 저의 몸으로써 운영의 목숨을 이어주옵소서.”

이에 대군의 노여움이 좀 풀어져서 저를 별당에다 가두고 다른 궁녀들은 다 돌려보냈는데, 그날 밤 저는 비단 수건으로 목매어 죽었습니다.

진사는 붓을 잡아 기록하고 운영은 옛일을 당겨서 이야기하는데 매우 자상하였다. 두 사람은 마주 보고 슬픔을 스스로 억제하지 못하다가, 운영이 진사보고 말하였다.

"이다음 이야기는 낭군님께서 하옵소서."

이에 진사는 이야기를 하기 시작하였다.

운영이 자결한 후 모든 궁인이 통곡하지 않는 사람이 없어 부모가 돌아간 것과 같이 했습니다. 저는 공불供佛의 약속을 저버릴 수 없어 구천의 영혼을 위로해주고자 그 금팔찌와 보경을 다 팔아 40석을 사서 청녕사로 보내어 재를 올리고자 하나 믿을 만한 사람이 없어 특을 불러 전일의 죄를 사하고, "운영을 위해 초례를 베풀고 불공을 드려 발원을 빌고자 하니 네가 가지 않겠느냐?"

특이 즉시 절로 가서 3일을 궁둥이를 두드리면서 누워 놀다가, 지나가는 마을 여인을 강제로 끌고 들어와 승당에서 수십 일을 지내고도 재를 올리지 않으므로 중들이 분히 여겨 재를 올리라고 하매, 특이 마지못하여, "진사는 오늘 빨리 죽고 운영은 다시 살아나 특의 짝이 되게 하여주소서".

이와 같이 3일을 밤낮으로 발원하는 말이 오직 이것뿐이었답니다. 그리고 특이 돌아와서 하는 말이, "운영 아씨는 반드시 살길을 얻을 것입니다. 재를 올리던 그날 밤 저의 꿈에 나타나서 정성껏 발원해주니 감사한 마음 이루 다할 수 없다고 하면서 절하고 울었으며, 중들의 꿈도 또한 같았다고 합니다" 하기에 저는 그 말을 믿고 있었지요.

저는 독서하고자 청녕사에 며칠 묵는 동안 중들로부터 특이 한 일을 자세히 듣고는 분함을 이기지 못하여 목욕재계하고 부처님 앞에 나아가 절을 하고 향불을 사르면서 합장하고 빌었습니다. 그랬더니 7일 만에 특이 우물에 빠져 죽었습니다.

이러한 후로부터 저는 세상일에 뜻이 없어 새 옷을 갈아입고 고요한 곳에 누워 나흘을 먹지 않고 한 번 깊이 탄식하고는 다시 일어나지 못할 몸이 되고 말았습니다.

쓰기를 마치자 붓을 던지고 두 사람은 마주 보고 슬피 울면서 능히 스스로 그칠 줄을 몰랐다. 유영은 위로의 말을 해주었다. 김 진사는 눈물을 흘리면서 사례하고 말하기를, "우리 두 사람은 다 같이 원한을 품고 죽었기로 염라대왕이 죄 없음을 가련히 여기시어 다시 인간에 태어나도록 하고자 하였습니다. 그러나 지하의 즐거움이 인간보다 못하지 않은데 하물며 천상의 즐거움은 어떠하겠습니까? 이로써 인간에 나아가기를 원치 않습니다. 다만 오늘 저녁에 슬퍼한 것은 대군이 돌아가시자 고궁에 주인 없고 까마귀와 새들이 슬피 울고 사람의 자취가 이르지 않으므로 그랬을 뿐입니다. 거기에다 새로 병화를 겪은 후로 아름답고 빛나던 집이 재가 되고 섬돌, 담이 모두 무너지고 오직 섬돌 위에 피어 있는 꽃만이 향기 만발하고, 뜰에는 풀만이 깔리어 그 빛을 자랑할 뿐이니, 그 찬란하던 옛날의 모습이 바뀌지 않았다고 하지만 인간사 변화가 이와 같거늘 다시 옛일을 생각하니 어찌 슬프지 않겠습니까".

"그러면 그대들은 천상의 사람입니까?"

"우리 두 사람은 본래 천상 선인으로서 오래도록 옥황상제를 모시고 있었더니, 하루는 제가 반도를 따서 운영과 같이 먹다가 발각되고 전세에 내려와 인간의 괴로움을 골고루 겪다가, 이제 옥황상제께서 전의 허물을 용서하사 삼청궁으로 올라가서 다시 옥황상제의 향안 앞에서 상제를 모시게 하였으므로, 돌아가는 이때를 타서 바람의 수레를 타고 다시 진세에서 옛날 놀던 곳을 찾아와보았을 뿐입니다."

김 진사가 말하고는 눈물을 흘리면서 운영의 손을 잡고 또 말했다.

"바다가 마르고 돌이 불에 타버린들 우리들의 정은 사라지지 않을 것이요, 오늘 저녁에 존군과 서로 만나 이렇듯 따뜻한 정을 나누었으니 속세의 인연이 없으면 어찌 얻을 수 있겠습니까? 바라옵건대 존군께서는 이 원고를 거두어 가지시고 돌아가 뭇사람의 입에 전하여 웃음거리가 되지 않도록 영원히 전해주시면 다행으로 생각하겠습니다."

그리고 김생은 취하여 운영의 몸에 기대어 시 한 수를 읊었다.

꽃 떨어진 궁중에 연작이 날고,

봄빛은 예와 같건만 주인은 간 곳 없구나.

중천에 솟은 달은 차기만 한데,

아직 푸른 이슬은 우의를 적시지 않았네.

花落宮中燕崔飛 春光依舊主人非

中宵月色涼如許 碧露未沾翠羽衣

운영이 받아서 읊었다.

고궁의 고운 꽃은 봄빛을 새로 띠고,

천 년 만 년 우리 사랑 꿈마다 찾아오네.

오늘 저녁 예 와 놀며 옛 자취 찾아보니,

막을 수 없는 슬픈 눈물은 수건을 적시네

故宮柳花帶新春 千載豪花入夢頓

今夕來遊尋舊跡 不禁哀淚自沾巾

　이때 유영도 취하여 잠깐 누워 있다가 산새 소리에 깨어났다. 구름과 연기는 땅에 가득하고 새벽빛은 창망한데, 사방을 살펴보아도 사람은 보이지 않고, 다만 김생이 기록한 책자만이 있었다. 유영은 쓸쓸한 마음 금할 수 없어 신책神冊을 가지고 돌아왔다.

　장 속에 감추어두고 때때로 내서 보고는 망연자실하여 침식을 전폐했다. 후에 명산을 두고 두루 찾아다니더니, 그 마친 바를 알 수 없다고 한다.

저자 소개

작자와 연대를 알 수 없는 조선시대 연정소설로, 원래 제목은 '수성궁 몽유록壽聖宮夢遊錄' 또는 '유영전柳泳傳'이라고도 한다.

한문으로 된 사본이 있고, 1925년 영창서관에서 간행한 한글 번역본이 있다.

주제

답답한 궁중 생활에 고민하면서 신분 해방을 원한 궁녀의 삶

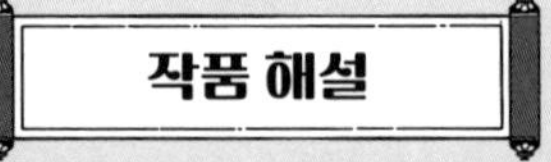

작품 해설

이 작품은 안평대군의 사궁을 배경으로 궁녀 운영과 소년 선비 김 진사의 사랑을 다룬 염정소설이다. 그러나 고전소설에서는 유례를 찾기 힘든 비극적인 결말로 끝맺는다.

조선시대 궁녀들의 구속된 생활과 그들의 고민을 대변한다. 자유롭고 참다운 사랑을 갈구하며 몸부림치는 궁녀들의 생태를 잘 묘사하고 있는 것이다. 남녀 주인공이 사랑을 위해 둘 다 자살하는 것은 사랑이 얼마나 귀중한가를 말해주고 있다.

구성상 몽유록의 형식을 취하고 있는 이 작품은 〈춘향전〉보다 격이 높은 염정소설로 보기도 한다. 남녀 간의 애정을 미화한 대표적인 고전소설일 뿐만 아니라, 문장이 수려하다는 평가를 받기도 한다.

조선조 선조 34년1601 봄이다. 유영이라는 선비가 세종의 셋째 아들 안평대군의 옛집인 수성궁으로 들어가 소동파의 시를 읊고 놀다가 술에 취해 잠이 들어버렸다. 잠을 자고 있는 사이, 꿈에 유영은 안평대군의 궁녀였던 운영과 김 진사를 만나 그들의 슬픈 사랑의 이야기를 듣는다.

안평대군은 여러 궁녀 중에서도 운영을 가장 총애했다. 안평대군은 궁녀들을 궁 밖으로 나가지 못하도록 했다. 만약 바깥사람이 궁녀의 이름을 알고 있다면 죽음을 면치 못하리라고 엄명을 내렸다.

그런데도 궁녀 운영은 안평대군을 찾아온 소년 선비 김 진사를 열렬히 사랑하게 된다. 김 진사의 신선과도 같은 재모에 반하여 그를 사랑하고, 김 진사도 정숙한 운영에게 정을 보낸다. 그 후 김 진사는 밤이 되면 궁의 높은 담을 넘어와서 운영과 사랑을 속삭인다. 무녀와 궁인들과 노비의 도움으로 그들은 서로 사랑을 전하고 확인하였다.

그들의 사랑이 점점 깊어지면서 김 진사의 출입을 알고 있는 이들은 모두가 걱정했다. 운영과 김 진사는 몰래 도망가기로 하고 노비의 계략을 빌리지만, 모든 것은 허사로 돌아가고 만다. 이렇듯 그들의 목숨을 초월한 모험적인 사랑은 드디어 안평대군에게 탄로난다.

운영은 모든 것을 단념하고 옥중에서 자살한다. 김 진사는 운영이 죽자 절에 가서 운영의 명복을 빈 뒤 식음을 전폐하고 울음으로 세월을 보내다가 운영의 뒤를 따라 자결하고 만다.

이야기가 여기에 이르자 김 진사와 운영은 슬픔을 억제하지 못한다. 그러나 그들은 천상의 즐거움이 이승보다 더 크며, 다만 옛날의 정회를 잊지 못하여 이곳을 찾아왔다고 한다. 유영은 그들의 사랑을 세인들에게 전해달라는 부탁을 받는다.

유영이 취하여 졸다가 문득 새소리에 놀라 잠을 깨고 보니 새벽이 되었고, 김 진사와 운영의 이야기를 기록한 책만 옆에 놓여 있었다. 유영은 그것을 가지고 돌아와 상자에 감추어두고서는 명산대천을 두루 돌아다니다가 행방을 알 수 없었다.

　이 작품은 한국판 '로미오와 줄리엣'이라 할 수 있는, 우리 고전소설 중에서 유일한 비극이다. 작가는 남녀 간의 사랑이 인간의 생명보다 중하다고 암시한다.

　처음으로 《조선소설사》를 쓴 김태준은 이 작품의 작자를 작품 안에 있는 몽유자 유영으로 보았으나, 작품 끝에서 몽유자인 유영이 꿈을 깨고 나서 명산을 두루 찾아 놀다가 그의 마친 바를 알 수 없다고 한 것으로 보아 유영을 작자로 보기 어렵다.

　특이한 점은 구성의 주된 매체가 시라는 것이다. 시가 주를 이루고 사건은 시를 뒤따르는 형식으로, 작품 속에는 20여 편의 아름다운 한시가 들어 있다.

　작품 중 문장의 흐름으로 보아 작가는 불교 신자였을 가능성이 크다.

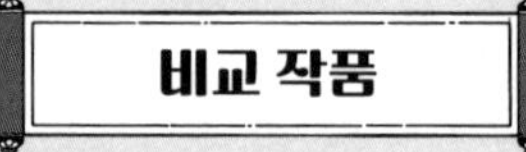

　작품의 구성으로 보아 〈달천몽유록〉과 〈강도몽유록〉과 같은 몽유록 작품을 들 수 있고, 제도에 대한 반항으로 보아서는 〈윤지경전〉이나 〈춘향전〉을 들 수 있다. 애정소설로 구분해본다면 〈이진사전〉, 〈양산백전〉, 〈권용선전〉 등이 있다.

1   조선 세종의 셋째 아들.

2   풍류를 즐기어 노래하고 읊는 사람.

3   공허한 모양.

4   잠깐 만나도 오래 만난 사람처럼 친함.

5   시종 드는 계집아이.

6   신선이 마시는 자줏빛의 술.

7   중국 전한 시대 흉노의 왕. 처음으로 유목민의 대국가를 세웠고, 한 고조를 격파하여 굴욕적
      인 화친책을 쓰게 했다.

임진록 壬辰錄

작자 미상

최일령崔一令

각설, 이때 조선 대황께옵서 꿈을 꾸시니, 어떠한 계집이 기장을 자루에 넣어 이고 들어와 내려놓거늘, 상이 놀라 깨니 일장춘몽이라. 상이 여러 신하를 불러 꿈을 이야기하고는 "경 등은 이 꿈을 풀어라".

영의정 최일령이 말하기를, "신이 해득하오니, 불길합니다" 하였다.

"신이 잠깐 풀어보니, 인人 변에 벼 화禾, 그 아래 계집 여女가 붙어 왜倭 자가 되니, 아마도 왜놈이 들어올 듯합니다."

상이 크게 노하여 꾸짖었다.

"시절이 태평하거늘, 경은 어찌 요망한 말을 하여 인심을 요란케 하고 짐의 마음을 불안케 하느냐? 일령을 원찬[1]하라!"

최일령이 엎드려 빌었다.

"소인이 지식이 없어 요망한 말을 하였으니 그 죄 만번 죽어도 여한이 없으나, 제발 폐하는 죄를 용서해주십시오."

"잔말 말고 얼른 가라."

일령이 하릴없이 귀양 가서 주야로 임금과 처자를 생각하고 탄식했다. 이때가 임진년 춘삼월이라. 백화는 만발하고 방초는 요요한데, 고향을 생각하니 마음이 어지러워 누각에 올라 산천을 구경하였다. 문득 광풍이 일어나며 3척 돛대 단 배 1천여 척이 해상에 떠 들어오거늘, 크게 놀라 동래부사를 불렀다.

"적의 배가 들어오니 그대는 바삐 군사를 거두어 도적을 막으라."

부사, 황급히 군사를 거두며 장계狀啓[2]하더니, 벌써 왜적이 배를 강변에 대고 왜장 소서[3]가 칼을 들고 강변에 뛰어나와 소리를 벽력같이 질렀다.

"조선 동래부사는 빨리 나와 내 칼을 받으라."

부사 이순경을 베어 들고 칼춤을 추며 재주를 부리어 이렇듯이 희롱하니, 왜국 대장 청정淸正[4]이 기뻐하며 북을 울리고 억만 장졸이 물 끓듯 살같이 들어오니, 군사가 70만이요 용장이 수만 명이라.

청정이 장대에 앉아 여러 군졸에 각각 소임을 맡기고 소서에게, "강원도 원주를 치고 평안도를 치라".

동경청東京淸[5]으로 하여금 정병 1만과 용장 1천여 원을 주며, "그대는 전라도를 치고 김해 군량을 수운하라".

문경文京을 불러 정병 5만과 용장 수천여 원을 주며, "충청도 영동을 치고 함경도 26주를 치라".

부경府京을 불러 정병 20만과 용장 3천여 원을 주며, "그대는 강원도 18주를 치고 군량이 다 떨어지거든 강원도로 군량을 수운하라".

마롱馬籠을 불러 정병 1만과 용장 1천여 원을 주며, "그대는 전라도로 가서…… 황해도를 치라".

평수길平秀吉[6]을 불러 군사 5만과 명장 수천여 원을 주며, "경상도를 치라. 청정은 남은 장졸을 거느리고 경상 우도를 짓치고 충청 좌도를 치고, 소서는 충청 우도를 치고 경기도로 득달하여 조선 왕을 항복받은 후에, 내가 스스로 조선왕이 되어 그대 등을 1품 벼슬을 주리라".

여러 군졸이 일시에 영을 받았다.

"만일 군중에 영을 어기는 자 있으면 군법으로 시행하리라."

수만여 원 용장이 명을 듣고 군사를 나눠 팔도에 헤어져서 짓치니, 고각함성鼓角喊聲[7]은 천지에 진동하고 기치창검旗幟槍劍[8]은 햇볕을 희롱하니, 어찌 망극하지 않겠는가.

팔도 백성이 뜻밖에 난을 당해 남녀노소 없이 서로 붙들고 통곡하며 피란하니, 어찌 살기를 바라리요. 이러한 울음소리 곳곳에 낭자하니, 가련하고 불쌍한 모습을 차마 보지 못할러라.

각설, 이때 왜장 소서가 바로 군사를 몰아 강원도로 향하더니 왜국에서 소서의 매씨[9] 편지가 왔다.

"제번除煩[10]하고, 소나무 송松 자 있는 곳을 가지 말라. 송 자 있는 곳을 가면 패할 것이니, 부디 가지 말라."

청송과 송도를 가지 않고 강원도로 들어가 강원감사 이래와 평안감사 이공태를 베고, 그 골 기생 월천은 천하의 절색이라 죽이지 않고 첩을 삼아 주야로 연관정에서 풍류로 세월을 보냈다.

이때 왜장 등이 군사를 몰아 좌충우돌하였다. 선봉장 청정이 경상도를 치고 조령을 넘었으나 조령 별장別將이 방비하지 못하고 청정의 칼에 죽으니, 그 위험을 막을 자 없었다.

이순신

이때 재상에서 물러난 이순신이 이런 변고를 당할 줄 알고 거북배 수천 척을 물에 띄우고, 그 안에 수만여 군사를 태워 배 위에 구멍을 무수히 뚫고 배 안에서 밥을 지어 먹게 하고 연기는 배 입으로 나오게 하니, 완연한 큰 거북이 물에서 떠다니며 안개를 토하게 하는 것 같았다. 왜장 등이 바라보고 놀라 활과 총을 무수히 쏘았는데, 거북 등에 살이 무수히 박혔으나 안은 뚫지 못하였다.

수천 척 거북이 해상에 떠다니며 방포放砲 소리 나고 살이 비 오듯 하며 군사가 무수히 죽으니, 청정이 놀라 활과 총이 빗발치듯 하였다. 거북이 달려들어 입으로 안개를 토하며 살이 비 오듯 하며 군졸이 넘어지는 것을 보고, 왜장이 당해내지 못할 줄 알고 적기를 두르며 산으로 올라가니, 순신이 군사와 배를 재촉하여 적진을 쫓아 한산도에 다다르니, 좌우 산세는 울울한데 반석 위에 철쭉, 진달래, 두견화는 반만 웃고 반기는 듯하고, 온갖 비조 날아들어 춘몽을 희롱하니 슬픈 마음 절로 난다. 경치를 구경하다가 홀연 깨달아 좌우 산천을 바라보니, 산세가 험악하여 갈 길이 없거늘, 여러 군졸이 함지에 빠져 죽는 줄 알고 서로 붙들고 통곡하며 살펴보니, 벌써 죽은 자 태산 같고 피 흘려 개울을 이루었다.

이순신 중군中軍에 분부하여 남은 군사를 매복하였다가 급히 내려가 적진을 짓치니 적졸의 시신이 태산 같아 순신이 승전고를 울리며 본진으로 들어갈 때, 한 군사가 보고하되, "적병이 무수히 온다".

순신이 군사를 재촉하여 급히 들어 대적하니, 적진에서 방포 소리 나며 화살이 순신의 어깨를 맞히니 순신이 황급히 선창 밖에 나와 하늘께 축수하고, 왜전[11]을 먹여 종일토록 쏘다가 기운이 쇠진하여 살에 맞아 죽으니, 여러 장수 등이 군중에 전하길, "순신이 죽은 것을 알리지 말라".

대장의 기를 뱃머리에 세우고 적진을 쫓아가며 고함을 지르니 왜장 등이 배를 물에 띄우고 달아났다. 그래서 순신의 시체를 빈殯[12]하고 이 연유를 나라에 알리려 했으나, 도리어 왜적이 침노하여 알리지 못했다. 왜장이 순신이 죽었단 말을 듣고 기뻐하면서, "이제는 조선에 명장이 없으니, 조선을 함몰시키리라".

바로 경성으로 향하였다. 당초에 청정이 10만 대군을 거느려 경상도를 칠 때, 진주병사 양익태와 경상감사 이짐에게 항복받고 선봉 삼아 길을 갈라 치게 하고, 청정은 우도를 치고 상주를 치니, 상주목사 남덕천이 방비하지 못하여 청정의 칼에 죽었다.

경상도를 치고, "71주 수령으로 군량을 수운하라".

조령을 넘어 충청도를 치니, 이때 신립 장군이 충청도 군사를 거두어 조령산성에 진을 치려 하다가 계집의 간계에 빠져 군사를 퇴진하여 탄금대[13]에서 기다렸다. 청정이 조령을 넘어 신 립의 진을 바라보고 기뻐하였다.

"조선에 명장이 없음을 알겠도다. 신립이 우리를 막지 아니하고 강변에 배수진을 쳤으니 우습다. 옛날 한신은 배수진을 쳐 조나라 군대를 파하였는데, 이제 신립이 배수진을 치고 어찌 나를 당하리요."

일시에 군사를 재촉하여 짓치니, 신립이 미처 손을 놀리지 못하여 10만 대병이 순식간에 함몰되고, 신립은 하릴없이 하늘을 우러러 탄식하고 물에 뛰어들어 빠져 죽으니 주검이 막아 강물이 흐르지 못하였다. 청정이 승전고를 울리며 군사를 퇴진하여 충주목사 지군을 베고 병사 문명을 베고 경기도로 향하니, 그 형세를 당할 자가 없더라.

정출남 鄭出男

각설, 이때는 임진년 4월이라. 충청도에서 장계를 올려 뜯어 보았다.

"왜적이 강성하여 70만 대병을 총독하여 동래부사를 죽이고 각 도를 짓치니, 청정과 소서는 조자룡이라도 당해내지 못한다. 경상도 71주를 항복받고 충청도로 와서 신립과 싸워 신립의 10만 대병을 치고 신립도 물에 빠져 죽었으니, 왜적이 승전하여 충주목사와 병사를 죽이고 서울로 향하오니, 전하는 급히 도적을 막으소서.”

상이 놀라 최일령이 제대로 해몽한 것을 그제야 알고 귀양 보낸 것을 한탄하셨다. 그리고 좌우 신하를 둘러보며 물었다.

“누가 능히 왜적을 대적하리요? 안으로 용장이 없고 밖으로 적세 위급하니, 뉘라서 도적을 함몰하고 종묘사직과 도탄에 든 백성을 구하여…… 짐의 근심을 없게 하리요?”

포도대장 정출남이 나섰다.

“신이 비록 재주는 없사오나 한칼로 왜적을 함몰하고 전하의 근심을 덜겠습니다.”

상이 기뻐하시며 군사 5만과 용장 50여 원을 주며, “경이 나가 조심하여 왜적을 함몰시키고 짐의 근심을 없게 하라”.

출남이 명을 받아 남대문을 나와 여러 장수를 불러 소임을 맡겼다. 김여철로 중군장을 삼고 남익신으로 우익장을 삼고 양희발로 좌선봉을 삼고 김치운으로 후군장을 삼고 남은 장졸에게 각각 소임을 정한 후에, 정출남은 청총마를 타고 70근 장창을 좌우에 갈라 들고 군중에 명령하였다.

“군중에 만일 영을 어기는 자 있으면 군법으로 시행하리라.”

행군하여 충주로 내려와 적진을 살펴보니 진세가 웅장하였다. 출남이 싸움을 돋우니, 청정이 운천동雲天東으로 좌익장을 삼고 여러 장수에게 소임을 각각 맡긴 후에 방포 소리 나며 팔만군사진[14]을 치거늘, 정 원수 또한 방포 소리에 오행진을 치고 중군장 백여철로 하여 지키게 하고 출마하며 크게 소리쳤다.

“적장은 들으라. 네 아무리 무도한들 의를 모르고 외람히 남의 예의지국을 침범하여 불쌍한 백성만 죽이지 말고 빨리 나와 내 칼을 받으라. 우리 전하께옵서 내게 너희들을 함몰하라 하옵기에 왕명을 받고 왔으니, 빨리 나와 내 칼을 받으라.”

적진에서 한 장수가 내달았다.

“조선의 출남은 들으라. 나는 왜국 선봉장 청룡淸龍이니, 네가 당돌히 우리를 능욕하여 우리 대군을 희롱하기로 네 목을 베어 분함을 풀겠다.”

달려들어 싸우니, 양쪽 진의 고각함성은 천지를 흔드는 듯, 분분한 창 빛은 일원을 희롱하더라.

20여 합에도 승부를 내지 못하고 싸우는 모습은 두 마리 범이 밥을 다투는 듯, 청황룡이 여의주를 다투는 듯하였다. 출남이 기운을 돋워 소리를 지르며 칼을 날리어 청룡을 치니, 청룡의 머리 말 아래로 떨어져 칼 끝에 꿰어 들고 크게 소리쳤다.

“청정도 빨리 나와 내 칼을 받으라.”

청정이 제 아우의 주검을 보고 분기충천하여 내달았다. 바라보니 신장이 9척이요, 보신갑을 입고 100근 철주를 들고 오른손에 100근 명천검[15]을 들고, 적토마를 타고 살같이 들어오는지라.

정출남이 한번 바라보니 정신이 아득하여 말머리를 돌리어 본진으로 들어오더니, 청정이 천둥같이 달려오며 소리쳤다.

“조선 장군 정출남은 달아나지 말고 내 칼을 받으라. 네가 내 아우를 죽였구나!”

오른손의 명천검으로 정출남을 치니 출남의 머리가 땅에 떨어졌다. 명천검으로 꿰어 들고 10만 대병을 한칼로 순식간에 함몰하고 횡행하여 베니 주검이 태산 같고 유혈이 강을 이루었다. 청정이 승승하여 승전고를 울리며 본진에 들어오니 장수들이 치하하였다.

“장군 용맹이 아니면 귀신이로다.”

청정이 웃었다.

"대장부가 세상에 나서 용맹이 없으면 만리타국에 나와 남의 나라를 어찌 치리요."

군사를 총독하여 도성으로 향하여 치니 그 형세를 당할 자 없더라.

각설, 이때 전하께서 출남을 전장에 보내시고 10여 일이 되도록 소식을 근심하시더니, 뜻밖에 양주 땅에서 장계가 왔거늘 급히 보셨다.

"정출남은 양주에서 왜전과 합전하여 왜장 청룡을 베고는 도리어 청정의 칼에 죽었고, 인하여 10만 대병을 함몰하고 또 적이 도성을 범하니, 전하는 급히 도적을 막으소서."

상이 놀라 신하들을 모아 탄식하였다.

"적세가 위급하니 무슨 계책을 내어 종묘사직을 안보하리요?"

눈물을 흘리시니, 좌우 신하들이 황급하여 어찌할 줄을 모르더라.

수문장이 급히 고하되, "도적이 벌써 한강을 건넜다!"

상이 망극하사, 어영대장 최달성과 금위대장 백수문을 부르셨다.

"성중의 백성이나 총독하여 동서남북 사대문을 굳게 지키게 하라."

남문으로 나와 갈 바를 알지 못하시더니 김원동이, "평안도는 아직 도적이 들어오지 않았다 하니 전하는 그리로 가사이다".

전하를 모시고 평안도로 갔다.

이때 도적은 조선 왕이 피란한 줄 모르고 도성만 지키고 둘러싸고 크게 소리쳤다.

"조선 왕은 빨리 나와 항복하라."

도성이 무너지는 듯하니, 성중에 있는 사람이야 그 아니 망극할까. 서로 붙들고 통곡하며 물 끓듯 하더니, 문득 남대문으로 오색구름이 일어나며 대장 하나가 억만 대병을 거느리고 왜진을 헤쳐 우레 같은 소리를 지르며 청정을 불렀다.

"우리 조선국 사직이 400년이 넘는데, 너는 방자히 천운을 모르고 불쌍한 백성만 죽여 시절을 요란케 하느냐? 바삐 물러가라. 나는 삼국적 관운장이라."

청정이 대경하여 바라보니 대장 하나가 적토마를 타고 삼각수三角鬚를 거느리고 봉의 눈을 부릅뜨고 청룡도를 비껴들고 천병만마를 거느리고 섰으니 완연한 관운장이라. 황급하여 말께 날려 평안으로 행하였다.

김덕령金德齡

이때 평안도 평강 땅에 김덕령이라는 사람이 있는데, 25세로 힘은 능히 1천 근을 들고 1두 밥을 먹고 둔갑장신遁甲藏身[16]은 삼국 제갈량보다 뛰어나다고 하였다. 시절이 태평하기로 농사를 지었는데, 가운이 불행하여 부친 상사를 당해 애통해하며 세월을 보내더니, 뜻밖에 왜적이 조선을 둘러싼단 말을 듣고 모친에게 여쭈었다.

"소자가 듣사오니 왜적이 가까이 왔다 하오니 모친은 허락하옵소서. 상복을 벗어 상문에 사르고 왜적을 쳐 물리치고 국가의 근심을 덜고, 시절이 태평하오면 소자의 이름이 죽백竹帛[17]에 올라 부모에 영화를 뵙고 복록을 받을 듯하오니, 모친은 허락하옵소서."

모친이 꾸짖었다.

"우리 집 사람은 너 하나뿐이라. 조상에 향화를 받들어야 하는데 어찌 이런 말을 하느뇨? 옛날 명나라 호왕胡王이 둔갑을 이루어 소대성蘇大成[18]을 유인하여 강운동에 불을 질렀으되, 소대성을 잡지 못하고 도리어 대성의 칼을 면치 못하여 죽고, 항우의 기세로도 오강을 못 건너서 머리를 베어 유방에게 주었으니, 너는 무슨 재주로 왜적을 물리치겠는가. 속절없이 전장의 백골이 될 것이니 이런 말 하지 말고 농업이나 힘쓰라."

덕령이 모친의 말을 거역하지 못하고 탄식만 하더니, 도적이 가까이 왔단 말을 듣고 모친 모르게 상복을 벗어 상문에 걸고 집을 떠나 순식간에 왜진에 들어갔다. 청정이 김덕령을 보고 놀라 수문장을 불러 호령하였다.

"진문을 허수히 하여 조선 사람을 들어오게 하는가?"

군중에 명령하였다.

"활과 총으로 쏘아 잡으라."

활과 총이 비 오듯 하거늘, 김덕령이 몸을 피하였다가 총과 화살이 그친 후에 다시 진중에 들어가 청정을 불러 말하였다.

"나는 평안도 평강 땅에 사는 김덕령이니, 네가 천운을 모르고 외람한 뜻을 가져 의기양양하게 굴어 내가 왔으니, 나의 재주를 보라. 내일 오시午時에 수만 명 군사 머리에 백지 한 장씩을 붙일 것이니 그리 알라."

문득 간데없어서 청정이 괴이 여겨 분부했다.

"내일 총과 활을 많이 준비하였다가 사시巳時 말, 오시 초가 되거든 짐승이라도 일시에 쏘아 죽이라."

이튿날 사시 말, 오시 초가 되어 사면에서 채색 구름이 일어나며 지척을 분별 못 하고 눈을 뜨지 못하였다. 이윽고 하늘이 청명하며 덕령이 들어와 청정을 불러 꾸짖었다.

"나의 재주를 보라."

백지를 던지니 억만 군사 머리에 올라 감겨 억만 군사가 백화밭이 되었다.

청정이 그 재주를 보고 크게 질색하였다.

"8년을 공부하였으되 저러한 재주를 배우지 못하였으니 어찌하리요. 저 사람을 유인하여 선봉을 삼으면 염려 없이 대사를 이루리라."

자탄하였다. 덕령이 머리에 달린 백지를 일시에 걷어치우고 청정에게 말하였다.

"나도 운수가 불길하기로 재주만 보였으니 빨리 돌아가라. 만일 듣지 않으면 부친의 상옷을 상문에 사르고 너희를 한칼로 무찌를 것이니, 부디 목숨을 보전하여 급히 돌아가라."

간데없거늘, 청정이 의심하여 급히 성중으로 돌아갔다.

각설, 이때 전하께옵서 영의정 정현덕을 데리고 평안도로 행하셨다. 이때 소서가 평양 성중을 함몰시키고 근처에 온단 말을 들으시고 평안도 토곡 성중에 머무르셨다. 19세 된 아이가 있는데, 힘은 1천 근을 들고 재주와 용맹이 무궁하나 기개가 없기로 소서를 대적치 못하였다. 하루는 양반 하나가 들어와 그 아이를 보며 말하였다.

"네 기상을 보니 재주가 미간에 나타나는구나. 군사를 거느려 도적을 멸하고 큰 공을 세움이 어떠한가?"

그 아이가 생각하되, '이 양반은 혹시 누구신가?'

"소신이 재주는 없사오나 나라의 변이 이러하온데 노약한들 어찌 도적을 치지 않겠습니까."

"네 성명은 뉘라 하느뇨?"

"소신의 성은 김이요, 명은 고원입니다."

상이 즉시 편지를 써주며 말하였다.

"내 말을 타고 곧 관에 가 부윤 한성록에게 주라."

고원이 명을 받들어 곧 관에 가 부윤을 보고 편지를 드리니, 부윤이 크게 놀라 즉시 떠나 평안도 토곡 성중으로 들어와 엎드려 절하되, 상이 반기사 눈물을 흘리시며 탄식하셨다.

"국운이 불행하여 왜적이 짓치니 선조 대왕의 종묘를 어찌 안보하리요. 평양으로 향하였으되, 소서가 평양 성중에 웅거雄據[19]하였기로 이곳에 머무른다."

통곡하셨다. 한성록이 말하였다.

"소신은 나라의 변이 이러하였으되, 대왕께서 이리 와 계신 줄 알지 못하고 있다가 조서를 받아 왔으니, 신의 죄는 만번 죽어도 여한이 없습니다. 전하는 근심치 마소서."

상이 눈물을 거두시고 한성록에게 장계하셨다.

"군사를 모아 도적을 막으라."

이때 조선의 360주에 300주는 왜놈의 땅이 되고 60주만 남았는데, 함경도 천북 군사만 남았으니 길이 막혀 왕래치 못하였다. 황해도 군사는 산곡으로 피란 가고 경기도 군사 80명은 도성을 지키게 하고 다만 평안도 군사만 거두니 겨우 1만 명이었다.

상이 말씀하시길, "군사도 부족하거니와 장수도 없으니 도적을 어찌 막으리요?"

최일령을 생각하시며, 신하들을 둘러보시고 탄식하더라.

각설, 이때 귀양 갔던 최일령이 동래 적소에서 생각하되, '이제 왜적이 사방에 헤어 짓치니 어찌 길을 통하며 왕명을 구하리오'.

그날로 길을 떠나 몸을 감추어 경성으로 향할 때, 도적에게 잡힐까 하여 낮이면 숨어 가고 밤이면 움직여 10여 일 만에 도성에 닿았다. 대왕은 피란하시고 장안에 들어선즉 장안이 적적하고 궐이 소슬하였다. 문득 전하께서 평안도로 피란하셨다는 말을 듣고 토곡성으로 가 전하를 뵙고 엎드려 통곡하니, 상이 놀라 기뻐하시며 일령의 손을 잡으시고 눈물을 흘리셨다.

"짐이 경의 말을 들었으면 이런 환을 당하지 않을 것을 짐이 불명하여 경을 귀양 보냈소. 경은 옛일을 생각지 아니하고 지금 짐을 찾아오니 더욱 참을 수 없구나. 경은 예전을 일은 생각지 말고 선조 공 창건하신 나라를 위하여 도적 막을 묘책을 가르치라.”

최일령이 말하길, “이곳에 김응서라 하는 사람이 있는데, 힘은 3천 근을 들고 재주와 용맹은 삼국의 조자룡을 압도한다 하오니, 급히 그 사람을 불러 도적을 막으소서”.

전하, 기뻐하시며 사신을 보내시더라.

김응서 金應西

각설, 이때 김응서는 본도에 있어 왜란을 당하여도 왕명이 없어 사직을 받들지 못하여 탄식하고 있었다. 하루는 사신이 와서 왕명을 전하니, 김응서는 즉시 갑주를 갖추고 천리 준총마를 달려 토곡성에 득달하여 전하를 뵈었다. 상이 기뻐하시며 바라보니, 눈은 소상강 물결 같고 신장 8척이요, 황금 투구에 순금 갑을 입고 90근 장창을 왼손에 들고 80근 철추를 오른손에 들었으니, 짐짓 영웅이라.

상이 마음이 놓여 기뻐하며 일령에게 말하였다. “이제 명장을 얻었거니와 군사가 부족하니 어찌하리요?”

“조선 군사로서는 당해내지 못할 것이니 전하는 중국 병사를 청하시옵소서.”

상이 옳게 여겨서 청병 사신을 택하라 하실 즈음에, 병조판서 유성룡이 말하였다.

“신이 청병 사신으로 가겠습니다.”

상이 기뻐하시며 즉시 유성룡으로 청병 사신을 정하여 보내더라.

일령이 응서에게 말하였다.

"왜적 소서가 평양 기생 월천을 첩으로 삼았다 하니, 월천과 약속하면 소서를 죽이기는 손쉬울 게요. 그런데 연관정 높은 뜰에 방울로 진을 쳤으니 소리를 막을 재주가 있는가?"

"방울 소리는 둔갑으로 막을 테니, 월천과 약속할 묘책을 알려주십시오."

"당태[20] 한 근과 독한 술 100여 병을 가지고 10여 장성을 넘어가서 당태로 방울 소리를 막은 후에 연관정에 들어가면 자시子時 초가 되어 월천이 나올 것이니, 월천의 손을 잡고 입을 귀에 대고 일일이 약속을 단단히 정하고 술을 먹인 후에 장군이 몰래 소서를 베고 즉시 엎드려서 소서에게 죽기를 면하라."

응서가 당태 한 근과 독한 술 100여 병을 가지고 평양 80리를 진시辰時 초에 떠나 유시酉時 말에 도착해 말을 문밖에 매고 밤을 살펴보니 초경이 되었는지라.

몸을 날려 15장 성을 뛰어넘어 가서 신장을 불러 당태를 주고는, "방울 소리를 막으라".

연관정에 들어가니 소서가 등촉을 밝히고 월천을 데리고 노래도 부르며 희롱하거늘, 응서가 몸을 날려 감추고 월천이 나오기를 기다리니, 자시 초에 월천이 나와 응서가 월천의 손을 잡고 말하였다.

"너는 비록 기생이나 조선 국록을 먹고 왜놈을 섬겨 부부처럼 지내는가? 나는 왕명을 받아 소서를 죽이러 왔으니 너의 뜻이 어떠한가?"

"소녀는 비록 계집이고 소서의 첩이 되었으나, 장군 같은 영웅을 만나지 못하여 밤낮으로 원이 되었습니다. 명천이 감동하사 장군님을 만났으니 어찌 반갑지 아니하리오. 장군님의 약속을 가르쳐주옵소서."

응서가 기뻐하며 독한 술병을 내주고는, "이리이리 하라".

소서의 거동을 낱낱이 물으니 월천이 대답하였다.

"소서가 반잠 들면 한 눈만 뜨고 잠이 다 들면 두 눈을 다 뜹니다."

방으로 들어가 소서더러 말하였다.

"소녀의 오라비가 있는데, 지금 장군님을 뵈러 왔나이다. 문밖에 있습니다."

"너의 오라비 왔다 하니 나와 남매간이라 어찌 반갑지 아니하리요."

월천이 즉시 문밖에 나와 응서를 청하니, 응서가 들어가 예필禮畢[21] 좌정한 후에 소서가 김응서의 상을 보고 기뻐하며 말하였다.

"여러 장수 죽일 재주를 가졌으니 실로 영웅이로다. 그대가 나를 도우면 조선 장수를 벤 후에 나는 청정의 부장이 되고 청정은 조선 왕 되고, 우리 둘이 대공을 이룬 후에 일등 공신이 되어 국록을 먹고 이름을 후세에 빛낼 것이니, 그대는 나를 도움이 어떠한가?"

응서, 거짓으로 허락하더라. 이때 월천이 말하였다.

"소녀의 오라비가 술과 고기를 가지고 왔으니 장군님과 분배하여 잡수실까 바라나이다."

"너의 오라비가 제 누이를 위하여 가지고 왔다 하니 더욱 반갑도다."

월천이 술을 부어 들어 두 손으로 한 잔, 두 잔 권하고 한 병 술을 다 먹으니 크게 자리에 넘어지거늘, 응서가 월천을 데리고 밖으로 나갔다.

"다른 의심은 없느뇨?"

"다른 의심은 없사오니 급히 처치하옵소서."

응서가 문을 열고 보니 소서가 눈을 부릅뜨고 턱수염을 거사리고 잠이 깊이 들었거늘, 응서가 칼을 들고 칼춤 추며 들어가니 소서의 명천검이 벽에 걸려 있다가 응서가 들어오자 몸을 솟구치려 하였다. 칼 임자가 잠이 깊이 들었기로 월천이 응서에게 알려주었다.

"입으로 침 세 번만 뱉고 달려들어 치소서."

응서가 그대로 시행하고 후려치니 소서의 머리가 검광 따라 떨어지는지라.

응서는 칼을 던지고 즉시 땅에 엎드려서 엿보았다. 문득 목 없는 소서가 일어나며 벽에 걸린 칼을 들고 휘휘 두르며 한 번 들어 연관정 대들보를 치고 넘어지거늘, 응서는 그제야 소서의 목을 칼 끝에 꿰어 들고 월천을 옆에 끼고 15장 성을 넘어갔다. 그리고 월천에게 말하였다.

"시운이 불행하여 너도 소서의 첩이 되었으나 잠시라도 부부로 지냈으니, 너 덕분에 소서를 죽였으나 너를 살려두면 나도 소서같이 환을 당하리라."

마지못해 월천의 머리를 베고는 통곡하며 토곡성에 도달하여 전하께 소서의 머리를 드린 후에 또 월천의 머리를 올렸다. 상이 기뻐하시면서도 안타깝게 여기시고 응서의 손을 잡고 칭찬하셨다.

"월천이 비록 미천한 계집이나 일단 충성만 생각하고 소서를 죽이고 또 저도 죽었으니 월천은 천추만대에 이름이 빛나리라."

각설, 이때 유성룡이 중국 청병 사신으로 들어가 황제께 뵈니, "조선에 무슨 연고 있기로 짐의 나라에 들어왔느뇨?"

성룡이 엎드려 말하였다.

"소신의 나라에 왜란을 당해 종묘사직이 위태롭고 중지를 뺏기어 소신의 국왕이 평안도 토곡 중으로 피란하고 적세가 위급하옵기에 들어왔나이다."

패문牌文을 올리거늘, 천자 보시고 대경하사 만조 신하를 모아 물었다.

"조선 국왕이 왜란을 만나 구원병을 청하였으니 경 등의 뜻이 어떠하오?"

좌승상 유필이 말하였다.

"하교 지당하오나 이때는 농사철이니 청병을 보낼 수 없습니다."

천자 혼자 임의로 결단치 못하여 허락하지 않으니, 성룡이 돌아와 그 연유를 알렸다. 상이 일령을 불러 말하였다.

"청병 사신이 그냥 왔으니 어찌하리요?"

"전하는 근심치 마소서. 청병은 스스로 오리다."

상이 청병 오기만 기다리더라.

각설, 이때 왜장 평수길이 3만 군졸을 거느려 경상 우도를 짓쳐 진주패에 웅거하였더니, 이때 모란이라 하는 기생이 있었다. 충성만 생각하고 한 꾀를 내어, 왜장 평수길을 데리고 촉석루에 올라가 잔치를 베풀어 즐기니, 분분한 풍류 소리는 바람 따라 자자하고 불빛 같은 홍상 치마는 누강에 비치며 향기는 10리에 진동하니, 왜장이 탐하는 중에 술이 취했다.

모란이 군졸 없는 때를 타서 거문고를 놓고 섬섬옥수를 넌짓 들어 탁문군의 곡조를 타더니 춤추며 홍상 치마를 걷어 안고 처량한 곡조와 슬픈 소리 부르니, 그 소리가 처량하여 봉황이 우는 듯하더라. 모란이 한갓 충성만 생각하고 생사를 돌보지 않고 일평생에 이름만 빛내고자 함을 뉘가 알리오. 모란의 태도는 사람의 정신이 아득하고 간장이 녹는 듯한지라.

평수길이 흥을 이기지 못하여 모란을 안고 칼춤 추며 즐길 즈음에 모란이 덥석 안고 촉석루 난간에서 뚝 떨어져 만경창파 깊은 못에 속절없이 죽었다. 왜장이 놀라 즉시 평수길의 시체를 건지고 모란의 시체를 건져놓고 군사를 몰아 즉시 청정의 진으로 갔다.

각설, 이때 대왕이 청병 오기만 기다리시더니, 진주 목사 장문이 왔거늘 즉시 개탄하였다.

"이순신이 왜장을 대적할새, 괴이한 묘책을 내어 한산도의 왜장을 무수히 죽이고 성공하여 돌아오다가 왜장 살에 맞아 죽었고, 본읍의 모란이라 하는 기생이 있으되 다만 충성만 생각하고 왜장을 데리고 촉석루에 올라 춤추다 왜장을 안고 물에 빠져 죽사오니, 과연 이런 충성은 전고에 없을까 하나이다."

상이 보시고 크게 칭찬하셨다.

"시절이 태평하거든 순신은 충무공에 봉하여 서원 짓고 춘추로 제향을 받게 하고, 모란은 촉석루 앞에 비를 세워 충렬을 표하라."

이여송 李如松

이때 대국 천자께서 청병 사신을 그냥 보내고 주야로 염려하시더라. 한날 밤에 동대[22]에서 일원 대장이 내려와 탑전[23]에 엎드려 물었다.

"형님은 어찌 청병을 보내지 아니하나이까?"

천자가 놀라서 물었다.

"그대는 귀신인가, 사람인가? 어찌 나더러 형님이라 하느뇨?"

"소장은 삼국 관운장이고, 형님은 유현덕이 환생하여 천자가 되고, 장비는 환생하여 조선 왕이 되었습니다. 소장은 미 부인을 모시고 조조에게 갔다가 무죄한 사람을 죽이므로 환생치 못하고 조선을 지키는데, 지금 왜적이 조선을 덮어 거의 땅을 다 뺏기고 종묘사직이 조만간 망하게 되고 조선 왕의 명이 시각에 있는데, 형님은 어찌 청병을 아니 보내십니까?"

천자는 그 말을 들으시고 마음이 비창하여 대경통곡하셨다. 그 장수를 살펴보니 신장은 9척이요, 손에 청룡도를 비껴들고 봉의 눈을 부릅뜨고 삼각수를 거느리고 왔으니, 분명 운장이었다.

천자가 용상에 내려와 말하였다.

"장군은 누구를 보내라 하십니까?"

운장이 말하길, "청병은 80만만 보내고 장수는 당나라 이여송을 보내시면 왜적을 물리치고 조선을 구하고 올 것입니다. 형님이 내 말을 아니 들으면 무사치 못할 것입니다".

문득 간데없거늘, 천자가 놀라 공중을 향하여 재배하고 이튿날 조회에 백관을 모아 의논하였다.

"짐이 간밤에 꿈을 얻으니, 조선 관운장이 와서 여차여차 하고 저리저리 해 청병을 보내라 하기로, 청병은 못 보낸다 하였으나 경들의 뜻이 어떠한가?"

신하들이 말하였다.

"운장은 본디 충절이 있는 장수오니 지휘대로 하옵소서."

천자는 즉시 조서를 익주益州에 내리셨다.

"군사 80만 명을 거두라."

당나라 이여송을 불러들이셨다.

"짐이 경의 재주를 아는지라. 조선에 나가 왜놈을 물리치고 공을 세워 이름을 빛내고 들어오면 이름을 죽백에 올려 대국의 일등 공신이 되리라."

"소신이 재주 없사오나 조선에 나가 왜적을 함몰시키고 들어오겠습니다."

– 중략 –

유성룡으로 군량장을 삼고 군량을 수운하게 하고 청정의 진으로 향하더라.

이때 청정이 강원도 원주 성중에 웅거하였더니 군사가 고하되, "이여송이 군사를 거느려 오고 있습니다".

청정이 놀라 각 도에 헤어진 장졸을 거두니 명장이 800여요, 정병이 10만여 명이라. 청정이 복을 울리며 방포 일성에 팔만군사진을 치는지라.

이여송이 원주에 득달하여 적진을 살펴보니, 진세를 알 것 같았다. 이여송이 북을 치며 싸움을 돋우니 적진에서 한 장수가 내달았다.

"당나라 장수 이여송은 들으라. 우리 대왕께서 조선을 거의 다 얻었거늘, 너는 무슨 재주가 있는데 망해가는 조선을 구하고자 우리를 치려 하느냐. 네 진중에 내 적수 있거든 빨리 나와 내 칼을 받으라."

선봉 김응서 출마하여 크게 외쳤다.

“우리 진중에 영웅호걸이 구름 모이듯 하였거늘, 너는 어찌 죽기를 재촉하는가?”

30여 합에 이르러 응서의 칼에 왜장 마원태馬元台의 머리가 땅에 떨어지는지라. 응서가 칼끝에 꿰어 들고 좌충우돌하니 적진에서 마원태의 죽음을 보고 번개같이 날랜 5장이 내달았다.

“조선 장수 김응서는 어찌 우리 장수를 죽이는가?”

천둥같이 달려오거늘, 응서가 말머리를 돌려 우레 같은 소리를 지르며 한칼로 5장을 대적하여 10여 합에 이르러 기운이 쇠진하여 본진으로 돌아오고자 하더니, 이때 청정은 5장이 응서를 잡지 못함을 보고 분기충천하여 벽력 같은 소리를 지르며 방패를 갖고 명천검을 들어 응서의 말머리를 깨치니 말이 엎어져 응서가 위급해져 경각에 있는지라.

이여송이 보고 놀라 당장 3인에게 명하여 응서를 급히 구하니 응서 본진으로 와 이여송께 치하하였다.

“장군의 명 아니면 어찌 소장의 명을 보전하였겠습니까?”

이여송의 말을 얻어 타고 급히 들어가 싸우니, 당장은 9인이요, 왜장은 5인이라. 양진의 고각함성은 천지 진동하고 분분한 칼 빛은 하늘에 덮였는지라. 산중 맹호가 밥을 다투는 듯하고 벽해수 잠긴 용이 굽이치는 듯한지라.

10여 합에 이르러 적장의 칼이 번듯하며 당장 이여월의 머리가 떨어지고, 선장 강홍엽의 칼이 번듯하며 왜장 한업의 머리 떨어지고, 김승태의 칼이 번듯하며 왜장 문경의 머리 떨어지니, 청정이 5장의 죽음을 보고 분기를 이기지 못하여 말게 올라 나는 듯이 내달아 우레같이 소리를 질렀다.

“당장은 무슨 일로 나의 장수를 다 죽였는가?”

바라보니 신장이 9척이요 100근 투구를 쓰고 몸에 구리 갑을 입고 우수에

100근 철추를 들고 좌수에 100근 명천검을 들고, 한 자 입을 벌리고 달려들어 30합에 청정의 칼이 번듯하며 태경의 머리 떨어지거늘, 이여송이 당장의 죽음을 보고 출마하였다.

"적장 청정은 어찌 나의 장수를 죽였는가? 너의 근본을 들어라. 너희 놈이 옛날 진시황을 속이고 동남 동녀 500인을 거느리고 들어가 나오지 아니하여 씨를 퍼뜨려 자칭 황제라 하고 강포強暴만 믿고 조선국 같은 예의지국을 침범하니 어찌 분하지 아니하리요. 너는 나를 당치 못하거든 내 칼을 받으라."

천지가 진동하더라. 청정이 듣고 노하였다.

"조선을 거의 다 얻었거늘, 너는 청병으로 와서 어찌 나를 당하리오."

명천검으로 이여송을 대적하고자 하니, 고각함성은 천지 진동하여 천붕지탁하는 듯하여, 10여 합에 승부를 결단치 못하고 청정이 기운이 진하여 말머리를 돌려 본진으로 들어가거늘, 명장 7인이 합세하여 청정을 쫓아가며 호통하는 중에 청정이 전면을 바라보니 억만 대병이 내달아 길을 막으며 일원 대장이 말하였다.

"망발생의妄發生意[24]하였으니, 어찌 천신인들 무심하랴. 청정은 달아나지 말고 내 칼을 받아라."

청정이 눈을 들어보니 일전에 본 관운장이라. 놀라서 운장과 더불어 10여 합에 기운이 쇠진하여 칼 빛이 점점 둔한지라. 명장 7인이 달려들어 싸우니, 청정은 그물에 든 고기요, 쏘아놓 은 범이라. 이여송의 칼이 공중에 번개 되어 운무 중에 빛나더니, 청정의 머리가 검광을 따라 떨어졌다. 슬프다. 청정의 용맹이 속절없이 죽으니, 천신도 애닯도다. 응서가 달려들어 칼끝에 꿰어 들고 본진에 들어와 춤추며 이여송에게 치하하였다.

"장군의 용맹은 왜국에 진동하고 천추에 전해지리다."

각설, 이때 전라도 갔던 동철同鐵이 일시에 진을 파하고 청정의 진에 합세하려 하다가, 청정이 죽었단 말을 듣고 대경실색하여 일시에 달려들었다.

"당장 이여송과 조선 장수 김응서와 강홍엽은 어찌 우리 대장을 죽였는가? 우리 등이 네 머리를 베어 우리 대왕께 원수를 갚으리라. 달아나지 말고 내 칼을 받아라."

이여송이 듣고 분기를 이기지 못하여 칼을 들고 내닫고자 하거늘, 응서와 강홍엽이 만류하였다.

"장군은 노함을 참으소서. 소장 등이 나가 왜장을 베어 장군의 노함을 풀리라."

일시에 출마하여 벽력같이 소리쳤다.

"너는 김응서와 강홍엽을 아는가, 모르는가? 두렵지 아니하면 빨리 나와 우리 칼을 받아라."

왜장이 일시에 달려들어 12합에 응서의 칼이 반공중에 번개 되어 마웅태를 치니 그 머리 땅에 떨어졌다. 문경이 놀라서 소리쳤다.

"적장은 어찌 우리 장수를 해하는가? 내 명심코 너를 죽여 우리 장수의 원수를 갚으리라."

10여 합에 거짓 패하여 응서와 홍엽이 본진으로 향하니, 문경이 분기를 이기지 못하여 크게 소리쳤다.

"너는 잔말 말고 내 칼을 받아라."

급히 쫓아오거늘, 응서와 홍엽이 본진에 들어와 방포 일성에 삼겹 오행진을 굳게 치니 나는 제비라도 벗어날 길이 없었는지라.

왜장 문경이 진중에 들어와 벗어날 길이 없어 하릴없어 주저하거늘, 응서가 달려들어 문경의 말머리를 깨치니 말이 엎어져서 문경을 사로잡아 장대 아래

앉히고 물었다.

"네가 감히 예의지국을 침범하느뇨?"

문경이 살기를 원하여 항복하겠다고 애걸하자 이여송이 호령하였다.

"네놈 천륜을 모르고 외람한 뜻을 두어 조선 같은 예의지국을 침범하는가? 조선에 영웅호걸이 구름 모이듯 하여 너의 대장 청정과 소서, 평수길도 우리 칼에 혼백이 되었거늘 너희 놈은 방자하여 범람한 뜻을 두니 두렵지 아니하냐? 그럴수록 방자하여 감히 내 진중에 들어왔는가? 이제 너희를 벨 것인데 이미 항복했으니 그냥 놓아 보내니 빨리 돌아가 다시는 외람된 뜻을 두지 말라."

차설, 진을 파하매 왜인의 주검이 태산 같고 피 흘러 강물이 되었다.

이여송이 칭찬하길, "조선 대왕이 벌써 저러한 영웅을 두었도다" 탄식하더라.

– 중략 –

김덕령

이때 대왕이 제신과 군사를 거느리고 태평곡을 울리며 환궁하시고 문무 제신을 차례로 봉하실 때, 최일령으로 태부처[25]를 삼으시고 강홍엽으로 선봉을 삼으시고 유성룡으로 우의정을 삼으시고 유홍수로 좌의금을 삼으시고, 문두황으로 부원수를 삼으시고 정태경으로 좌도령을 삼으시고, 그 남은 제장은 각 도 각 읍의 방백·수령으로 봉하시고 백성 조세를 3년을 탕감하시고 각 도에 학업과 검술을 숭상하게 하니, 세화연풍歲和年豊하고 노소 백성이 곳곳에서 격양가라. 순시舜時[26]라. 정출남으로 충렬공을 삼으시고 서원을 사역하사 춘추로 제향받게 하시니라.

각설, 이때 무술년이라. 김덕령의 소문을 들으시고 금부도사를 명령하여, "덕령을 잡아 올리라".

도사가 명받아 내려가 덕령을 보고 왕명을 전하니, 덕령이 놀라 모친께 들어가 그 연유를 고하니 모자지생母子之生의 거스름을 어찌 다 측량하리오. 덕령이 하직하고 나오니 도사 철망으로 씌워 갈새, 철원 땅에 이르러서 덕령이 도사더러 말하였다.

"여기 친한 사람이 있으니 잠깐 놓아주면 가서 보고 감이 어떠하겠소?"

"공公에 사정이 없으니 어찌 잠시인들 놓아 보내리오."

덕령이 꾸짖었다.

"아무리 왕명이 지엄하신들 잠깐 사정이야 없으리오."

몸을 요동하니 철망이 썩은 새끼줄 떨어지듯 하거늘, 칼을 들고 공중에 솟아 10여 장이나 넘는 나무 끝을 번개같이 다니며 나무를 무수히 벌하니, 도사가 아무 말도 못 하고 구경만 할 뿐이었다. 문득 공중에서 한 사람이 날아와 덕령의 손을 잡고 말하였다.

"내 아니 그렇다더냐. 환을 당하였으니 바삐 가 천명을 받아들여라. 뉘를 원망하며 뉘를 한하리오. 이제 운수 불길하여 이런 환을 당하였으니 나는 다시 세상에 나오지 아니하리라. 그대를 위하여 입신양명하려 했더니 성공치 못하고 비명에 죽어 내 마음이 도리어 슬프도다."

간데없거늘, 덕령이 도로 철망을 쓰고 전하를 뵀다. 상이 가라사대, "너는 어찌 대환을 당하여 시절이 불안한데 국가를 받드는 것이 고금의 당연한 일이려니와, 너는 무슨 뜻으로 국가를 돕지 아니하고 도적의 진에 들어가 술법만 배우고 종묘사직이 망하게 됐는데 돕지 아니하는가?"

무사에게 명하여, "끌어내 베라".

일시에 달려들어 칼춤 추며 덕령을 치니 칼이 덕령에 맞지 않고 세 동강이 나는지라. 무사 등이 크게 놀라 그 연유를 탑전에 알리니 상이 노하셨다.

"큰 매로 치라."

덕령이 말하였다.

"신이 죄는 없사오나 전하께옵서 신을 죽일 마음이 있으시거든 '만고 효자 충신 김덕령'이라 현판에 새겨주시면 신이 죽사오되, 그렇지 않으면 여한이 되겠나이다."

즉시 하령해 현판에 새기고, "죽이라".

"신은 그냥은 죽지 않습니다. 왼쪽 다리 아래 비늘이 있으니 비늘을 떼고 치면 죽으리라."

무사, 일시에 달려들어 비닐을 떼고 한 번 치니 그제야 죽거늘, 상이 덕령의 죽음을 보시고 시체를 본가에 보내게 하셨다.

슬프다. 덕령의 모친이 덕령을 보내고 주야로 슬퍼하더니 하루는 덕령의 죽은 시체가 왔거늘, 내달아 덕령의 시체를 안고 뒹굴며 얼굴을 대고 슬피 통곡하였다.

"이것은 너의 죄가 아니라 내가 보내지 아니한 죄로다. 모자뿐이라 의탁하고 세월을 보내더니 이렇듯 죽었으니 나 혼자 살아 누구를 의탁하여 살리오."

슬피 통곡하니, 애원한 울음소리 산천에 사무쳐 자자하니 뉘 아니 슬퍼하리오. 선산에 안장하니라.

사명당

각설, 이때는 경자년 3월이라. 평안도 안빈낙사에 있는 서산대사라 하는 중이 있으되, 육도삼략六韜三略과 천문지리와 오행 술법을 통달하며 산중에 처하여 세상 풍진을 모르더니, 하루는 맑은 하늘 달이 밝은데 탄식하였다.

"왜인이 임진년 원수를 갚고자 하니 이제 왜인이 조선을 침범하면 종묘사직이 위태하고 우리 불교도들도 위태하리라. 내가 산중에 있으나, 조선 수토水土를 먹으니 어찌 조선을 돕지 아니하리오.”

즉시 가사를 걸치고 육환장을 짚고 경성에 올라가 좌승상을 보고 전하께 뵈옵기를 청하니, 승상이 그 연유를 물은 후에 탑전에 들어가 아뢰되 즉시 불러들이셨다. 대사가 관내에 들어가 엎드리되, 상이 물으셨다.

“무슨 연고로 짐을 보고자 하느뇨?”

대사가 답하였다.

“소승은 평안도 안빈낙사에 있었는데, 임진년에 대왕께서 왜난을 당하였으되 진작 나와 돕지 못한 죄는 만번 죽어도 여한이 없습니다.”

“노승은 국가를 생각하니 가장 반갑도다. 그러나 무슨 일이 있느뇨?”

“소승이 천기를 보니 왜놈이 임진년 원수를 생각하고 조선을 침노코자 하기로 이 사연을 알리고자 불원천리 왔습니다. 이제 김응서·강홍엽은 다 죽고 다른 장수가 없으니 뉘라서 왜놈을 당하겠습니까? 왜놈을 나오지 못하게 할 묘책이 있습니다.”

상이 놀라 물었다.

“그러하면 어찌하리오?”

“소승의 상좌 사명당이라 하는 중이 있으되, 육도삼략을 통달하옵고 팔만대장경과 둔갑장신술이 능통하오니, 그 중을 불러 왜국에 사신을 보내옵소서.”

상이 즉시 유성룡에게 불러오라 하였다. 사명당이 명에 따라 경성에 득달하여 전하를 뵈었다.

“대사의 말을 들으니 그대가 측량치 못하는 재주를 가졌다 하니, 수고를 아끼지 말고 일본국에 들어가 항복받아 후환이 없게 하고 돌아오기를 바라노라.”

사명당이 답했다.

"소승이 비록 산중에 있으나, 조선 수토를 먹사오니 어찌 그만한 수고를 아끼 겠습니까?"

상이 기뻐하시며 사명당을 봉명 사신으로 정하시니 사명당이 전로에 노문[27] 놓고 탑전에 숙배하니, 비록 중이라도 사신의 위의를 갖추고 행장을 수습하여 10여 일 만에 경상도 동래에 득달하여 3일을 머물렀다. 동래부사 송경이 나와 보지도 않고 말하였다.

"조선 사람이 허다하거늘, 하필 중놈을 보내는고."

사명당이 준함을 이기지 못하여 무사를 명하여, "부사를 잡아들이라".

무사가 일시에 부사를 잡으니, 사명당이 꾸짖었다.

"명색이 중이려니와 왕명을 받아 사생을 생각지 않고 만리타국에 들어가거 늘, 너는 왕명을 생각지 아니하고 중이라 우습게 여겨, 근본만 생각하고 명을 따르지 아니하니 국가의 만고역적이라. 어찌 죄를 용서하리오."

무사를 명하여, "급히 참하라".

동래부사의 죄를 장계하여 전하게 알리고 행군하여 배를 타고 일본에 득달하 여 패문을 보내니라. 왜왕이 열어보았다.

"조선 사명당 생불生佛이 들어온다."

왜왕이 놀라 여러 신하를 모아 의논하였다.

"조선 같은 작은 나라에 어찌 생불이 있으리오만 생불이라 하였으니 어찌하 리오?"

"좋은 묘책이 있으니 심려치 마십시오. 360간 병풍을 만들어 1만 1천 구의 글을 지어 병풍에 써서 남대문 밖에 동편으로 두르고 사신을 청하여 천리마를 급히 몰아 사처에 오거든 글을 외라 하여 만일 외지 못하거든 죽이십시오."

즉시 실시하여 360간 병풍에 1만 1천 구 글을 써서 동편에 두르고 사신을 청하니 말을 타고 급히 몰아오니, 조선 생불이란 말을 듣고 남녀노소 없이 구경하는 사람이 100리에 연하였더라.

사처에 좌정한 후에 왜왕이 예필 후에 물었다.

"사신이 생불이라 하니 들어오는 길에 병풍의 글을 보았느요?"

"보았노라."

"글을 보았다 하니 외워보라."

"어찌 그만한 글을 연송치 못하겠는가?"

삼경에 시작하여 이튿날 오시까지 연송하니 1만 990구를 연송하였다.

"어찌 열 구는 연송치 아니하느뇨?"

사명당이 물었다.

"없는 글도 외라 하느뇨?"

왜왕이 괴히 여겨 사관으로 하여금, "가서 보라".

"병풍 두 칸이 닫혔다."

왜왕이 그제야 고개를 숙이고 대답지 못하더라.

사명당이 별당으로 나오니 왜왕이 밥을 지어 올리거늘, 사명당이 답했다.

"일본 음식을 먹지 못한다."

왜왕이 신하들을 모아 의논하였다.

"조선 사신이 생불이 분명하니 어찌하리오?"

"150자 구리 방석을 만들어 물에 띄우고 앉으라 하면 제아무리 부처라도 죽을 겁니다."

왜왕이 옳게 여겨 구리 방석을 만들어 물가에 나와 사신을 청하였다.

"그대가 생불이라 하니 방석을 타라."

방석을 물에 띄우고 팔만대장경을 외니 동풍이 불면 서로 가고 서풍이 불면

동으로 가며 완연히 떠다니며 일엽주를 임의로 타고 만경창파 대해 중에 다니며, "호사로다. 호사로다".

왜왕이 보고 크게 놀라 신하들에게 의논하였다.

"조선 사신을 어찌하리오?"

한 신하가 말하였다.

"내일은 잔치를 배설하고 채단 방석을 놓고 오르라 하여 채단 방석에 앉으면 필연 오물娛物이요, 백목白木[28]을 취하면 부처려니와 그렇지 아니하거든 죽이십시오."

이튿날 채단 방석을 놓고 사신을 청하여, "방석에 앉으라".

사명당이 108염주를 손에 들고 백목에 앉거늘, 왜왕이 물었다.

"그대가 부처면 어찌 비단이 아니라 백목에 앉았느뇨?"

"부처가 백목을 취하니, 어찌 비단을 취하리오? 백목은 목화나무에 핀 꽃이요, 비단은 버러지 집에서 나오는 것이니 취하지 않노라."

왜왕이 다시 말 없이 잔치를 파하고 신하를 모아 물었다.

"조선 사신이 생불이 분명하니 어찌하리오?"

"내일은 구리로 한 칸 집을 짓고 생불을 청하여 구리 집에 들어가거든 문을 잠그고 사면으로 숯을 피우면 제아무리 생불이라도 그 안에서 죽으리라."

왜왕이 옳게 여겨 구리 집을 짓고 사신을 청하여 방 안에 앉힌 후에 문을 잠그고 사면으로 숯을 쌓고 풀무를 놓아 부니, 불꽃이 일어나며 겉으로 구리가 녹아 흐르니 아무리 술법 있는 생불인들 어찌 살기를 바라겠는가?

사명당이 그 간계를 알고 사면의 벽에 서리 상霜 자를 써 붙이고 방석 밑에는 얼음 빙氷 자를 써놓고 팔만대장경을 외니 방 안이 빙고 같은지라. 왜왕이 말하였다.

“조선 생불의 혼백이라도 남지 못하였으리라.”

사관을 명하여 문을 열고 보니, 생불이 앉았으되 눈썹에는 서리가 끼고 수염에는 고두래미[29]가 달렸는지라. 사명당이 사관을 보고 꾸짖었다.

“왜국이 남방이라 덥다 하더니 어찌 이러하게 차냐?”

사관이 혼이 나서 그 사연을 왕께 고하니 왜왕이 놀랐다.

“분명한 생불을 죽이지 못하고 쓸데없이 재물만 허비하였노라. 달래어 화친하느니만 못하다.”

꾀를 생각하고 무쇠 말을 달궈놓고 사신을 청하였다.

“그대가 부처라 하니 저 쇠 말을 타고 다니라.”

사명당이 그 간계를 알고 밖에 나와 조선을 바라보며 팔만대장경을 외우니 사방에서 난데없는 구름이 모여들어 뇌성이 진동하며 소나기가 끊기지 않고 왔다. 성중에 물이 고여 강과 바다를 이루어 인민이 무수히 빠져 죽는지라.

사명당이 호령하였다.

“간사한 왜왕은 깨닫지 못하고 여러 가지로 나를 죽이려 하거니와 내 어찌 간계에 빠지리오. 이제 왜국을 함몰하려 하니, 만일 명을 보전하려거든 급히 항서를 올리면 비를 그치게 하려니와 그렇지 아니하면 너희 일본은 동해를 만들리라.”

삼룡三龍을 불러, “비를 주며 왜왕을 놀라게 하라”.

삼룡이 일시에 굽이치며 소리를 지르니 천지가 무너지는 듯하거늘, 왜왕이 대경 망극하여 어찌할 줄을 모르더라.

구중궁궐이 바다가 되어 물결이 태산같이 점점 뜰에 들어오니, 왜왕이 하릴없이 인끈을 목에 매고 용포를 벗어 땅에 깔고 두 무릎을 공손히 꿇고 두 손을 마주 잡았다.

"비나이다, 비나이다. 하늘을 우러러 조선 사신 사명당 전에 비나이다. 제발 살려주옵소서. 소왕의 나라 인민이 다 함몰하게 되니 살려주옵소서. 부처님 전에 비나이다. 소왕이 무도하여 부처님인 줄 모르고 무수히 희롱하였사오니 그 죄는 죽어도 마땅하거니와 제발 살려주옵소서."

부자지국 항서를 올리거늘 사명당이 받지 아니하였다.

"너의 명을 보전하려거든 연년에 인피 300장씩 하여 바치되, 15세, 16세 된 규녀 가죽으로 바치고, 또 불알 3두씩 바치되, 15세, 16세 된 유아로 하라."

"부처님께 명을 바칠지라도 인피와 불알을 바칠 수 없나이다."

"해마다 인피 300장과 불알을 3두씩 바치는 항서와 부자지국 항서를 바삐 써 올리고 그렇지 아니하면 비를 더 주어 함몰케 하리라."

삼룡을 호령하니, 비가 우박 퍼붓듯 하는지라.

왜왕이 하릴없이 급히 써 올리거늘 사명당이 항서를 받은 후에 왜왕을 꾸짖었다.

"너는 무슨 욕심으로 청정과 소서와 평수길을 내보내어 우리 조선을 요란하게 한 죄목을 묻고자 하사 전하께옵서 나를 보내시니, 아무리 한들 우리 예의지국을 해하리오. 그 죄를 생각하고 씨 없이 다 죽이고자 하였더니 인명이 지중하기로 십분 용서하였거니와, 차후는 다시 효람된 마음을 두지 말고 조선을 잘 섬기라. 우리나라에 영웅호걸이 구름 모이듯 하고 나라가 비록 편소지국이나 천하에 제일이요, 남경 천자라도 미치지 못할 것이요, 타국이 다 범람한 뜻을 내지 못하고 각보일우各保一隅하느니, 우리나라에 나 같은 생불이 연년 수천여 명이라. 이번에 나를 보내시며 그대 나라에 들어가 부자지국 항서를 받으라 하시기로 왔느니, 다음에 다시 범람한 뜻을 두면 1천 부처가 일시에 들어와 너희 일본은 동해를 만들 것이니, 차후는 반항하지 말라."

왜왕이 머리를 조아려 사죄하였다.

"소왕이 아무리 무지한들 부처님 가르치시는 걸 어찌 거역하리까. 가르치시는 대로 시행하리다."

즉시 잔치를 베풀고 즐기다가 이튿날 사명당이 돌아가자, 일본 인민은 조선 생불이 고국한단 말을 듣고 다투어 구경하더라.

왜왕이 100리 밖에 나와 전송하여 진귀한 보물을 무수히 드리거늘, 사명당이 본래 탐욕이 없는지라 물리쳤다.

"불알 3두씩, 인피 300장씩 바치되, 연년 300장에서 한 개, 한 장이라도 덜 바치면 또 건너와 일본을 함몰시킬 것이니 각별 조심하라."

길을 떠나 물가에 다다르니, 삼룡이 배를 대고 순식간에 건너서 3일 만에 조선에 도달하여, 왜왕에게서 받은 항서를 봉하여 경성으로 보내고 길을 떠나니, 위풍과 이름이 나라에 진동하더라.

각설, 이때 대왕이 일본 항서를 보시고 크게 기뻐하셨다.

"사명당의 공로는 천추에 제일이로다."

못내 칭찬하시며 들어오기를 고대하던 차에 사명당이 경성에 도착하여 탑전에 엎드려 절하되, 왕이 손을 잡고 칭찬하셨다.

"그대가 만리타국에 들어가 빛난 이름을 세우고 무사히 들어오니 그 공로는 천구에 없도다."

사명당과 서산대사에게 벼슬을 주실새, 서산대사는 병조판서 호위대장을 삼으시고, 사명당은 금부도사를 삼으시니, 두 대사가 엎드려 말하였다.

"비록 조그마한 공로가 있사오나 중대한 벼슬을 주시니 국은이 망극합니다."

벼슬에 있을 때 7삭 만에 두 대사가 절하며 청하였다.

"저희의 벼슬을 갈아주시면 산중에 들어가 불도를 숭상하고 싶습니다."

상이 서운하였지만 마지못해 승낙하였다.

"경의 소원이 그러할진대 임의로 하라."

두 대사가 물러나오니 만조백관이 멀리 나와 전송하더라.

이때 왜왕이 인피 300장과 불알 3두씩을 해마다 바치니, 이로 충분치 않아 동래 땅에 왜관을 짓고 구리쇠 360근과 주석쇠 3만 6천 근, 통쇠 3만 6천 근과 사우쇠 3만 6천 근으로 부자지국 조공을 해마다 하더라.

이때 대명大明 천자, 조선의 일왕께 금자광록대부金紫光祿大夫 가자加資[30]를 보내서 덕택을 사해에 빛나게 하시더라.

| 작가 소개와 작품 해설 |

작자 연대 미상이다. 임진왜란을 배경으로 한 군담소설로 조선조 인조 이후의 작품인 듯하며, 한문본과 국문본이 목판본과 필사본 등으로 30여 종이나 된다.

외적의 침입에 대한 민족적 자부심 고취 및 전쟁에 임하는 의지

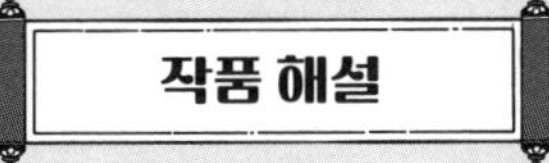

〈임진록〉은 임진왜란을 배경으로 한다. 도처에서 싸워 이기는 우리 군사의 용맹함을 표현하여 민족의 사기를 높인다.

사명대사와 서산대사, 이순신, 권율 등 여러 인물이 전략과 도술의 힘으로 적군을 물리칠 뿐 아니라, 일본까지 쳐들어가 일본 왕의 항복을 받고 개선한다. 패전으로 인한 수모를 정신적으로 보상받는 내용이다. 임진왜란은 우리 민족에게 큰 시련을 안겨준 전란이었다. 우리 민족이 왜적에게 비참하게 패한 나머지 그들에 대한 울분과 복수심을 표출하고자 지은 것으로 추정한다.

물론 전개되는 사건은 대개 허구이며 등장인물도 반 이상이 가공의 인물이다. 작품적인 가치는 크지 않으나 민족적인 주제가 강한 작품이다. 또한 당시 중앙정부의 당쟁에 의한 허점을 드러내 왜적의 침략을 자초했던 뼈아픈 참회와 반성의 역사의식을 표출한다.

임진록 壬辰錄

중국 소설인 《서유기》나 《수호지》의 도술적인 용병술을 모방하여 임진왜란이라는 역사적 아픔을 형상화함으로써 패전의 쓰라림을 위로한다.

최위공의 부인이 남방으로 큰 별이 떨어져 광채를 발하는 태몽을 얻어 일령을 낳는다. 최일령은 자라서 벼슬에 올라 어느 날 선조의 꿈을 해몽하여 왜군이 쳐들어올 것이라고 주장해 귀양을 간다.

이순신은 난이 일어날 줄을 미리 알고 거북배 수천 척을 만들어놓고 있었다. 임진왜란이 일어나자 이순신은 수많은 적선을 쳐부수고 적군을 죽여 큰 전공을 올린다. 그러나 그는 난이 평정된 후에 세상을 보지 못하고 전함에서 왜군의 화살에 맞아 숨을 거둔다.

이때 정출남은 왜장 청룡의 목을 베고 자신은 청정의 칼에 죽는다. 김덕령은 부친 상중에 있는데도 왜군이 쳐들어왔단 소식을 듣고 출전하여 묘술을 발휘하지만 억울하게 죽음을 당한다.

명나라 무장 이여송은 청병으로 들어왔다가 그냥 돌아가려고 한다. 이때 최일령이 지략으로 이를 막는다. 그리하여 이여송은 왜군 청정의 머리를 베어 큰 전공을 남긴다.

사명당은 일본으로 들어가 여러 가지 신통력을 발휘하여 일왕으로부터 항서를 받아 온다. 이에 일왕은 많은 재물을 조선에 조공으로 바치게 된다.

우리 민족이 일찍이 겪어보지 못한 대전란 이후 떨어진 민족의 사기를 높이고 왜적에 대한 민족적 적개심을 고양하기 위한 작품이라, 허구적 사실을 더해 만들어졌다. 그러므로 내용이 사실과 어긋난다든가, 인명과 지명 등이 틀린 것은 크게 문제

가 되지 않는다. 문학적인 허용이라지만 정신적 승리를 표방해 여러 허구적인 요소를 넣었다.

이러한 군담소설이 민중 사이에 널리 읽히고 받아들여진 것은, 문화는 발달하였으나 국력이 이를 따라가지 못해 주변의 이민족에게 늘 위협받는 민족에게 공통되는 사실이다. 동서를 막론하고 약소민족의 문학이 갖는 특징이라고 할 수도 있을 것이다.

특히 우리 민중은 《임진록》을 통하여 민족적 영웅의 출현을 갈망하였다. 이순신, 곽재우, 김덕령, 정문부, 조헌, 김응서, 논개, 계월향 등의 부각과 존경은 이를 입증하고 있다. 이러한 의식은 그 후 임진왜란 뒤 병자호란으로 이어져 잇따라 군담소설이 출현하였다. 그러나 일제 관헌에 의해 금해지며 많은 박해를 받기도 했다.

구성상 비슷한 작품으로는 〈남윤전〉이 있다. 또한 중국의 〈삼국지연의〉도 있다. 무엇보다도 병자호란을 소재로 한 〈박씨전〉은 유사점이 많다.

단어 해설

1 멀리 귀양 보냄.

2 왕명을 받고 지방에 나가 있는 신하가 관하의 중요한 일을 왕에게 보고하던 일.

3 고니시 유키나가를 가리키는 이름.

4 가토 기요마사를 가리키는 이름.

5 가토 기요마사이거나, 그 옆의 장수 중 하나로 보임.

6 도요토미 히데요시를 가리키는 이름.

7 적과 싸울 때, 사기를 돋우려 피리를 불고 북을 치며 난리를 피우는 모양.

8 기, 창, 칼의 총칭.

9 남의 누이를 높여 부르는 말.

10 편지에서, 번거로운 인사말을 덜어버리고 본론만 적겠다는 뜻.

11 짧은 화살.

12 시체를 관에 넣고 염하는 일.

13 충주 달천강 근처.

14 진법의 한 가지.

15 중국의 명검.

16 남에게 보이지 않게 여러 술법을 써서 몸을 마음대로 감추는 일.

17 서적. 특히 사서를 일컫는다.

18 군담소설 〈소대성전〉의 주인공. 출생부터 남달랐던 영웅으로 묘사된다.

19 일정한 지역을 차지하고 굳게 막아 지킴.

20 중국에서 나는 솜.

21 예를 표하는 것.

22 중국 태산을 이르는 다른 이름.

23 임금의 자리 앞.

24 조상을 욕되게 하는 행위를 함.

25 왕세자의 스승.

26 순임금 시대. 태평성대라는 뜻.

27 조선시대 후기에 관원이 공무로 출장을 가는 등 이동할 때 발급하는 공문서.

28 무명.

29 고드름.

30 종3품 이상의 품계를 내리는 일.